CANARIAS. ISLAS Y PUEBLOS

THE CANARY ISLANDS. ISLANDS AND VILLAGES
DIE KANAREN. INSELN UND DÖRFER

Autor-Editor / Author-Editor / Urheber-Herausgeber
Juan Francisco Delgado Gómez (Licenciado en Geografía e Historia y Ciencias de la Educación).

Asesoramiento y colaboración / Advice and cooperation / Beratung und Zusammenarbeit
Octavio Rodríguez Delgado. (Doctor en Biología. Profesor Titular de Botánica de La Laguna y Cronista Oficial de Güímar); Viviana Bonillo (Técnica Superior en Diseño Gráfico y Comunicación Visual); Luis Felipe Galindo Delgado (Ingeniero Técnico en Informática de Gestión); Rafael Sánchez Silva (Licenciado en Geografía e Historia. Profesor de Primaria); Pedro Pablo Pérez Torres (Licenciado en Geografía e Historia. Profesor de Secundaria); Virgilio Pérez Sanjuán (Licenciado en Geografía e Historia. Catedrático de Secundaria); Manuel Alonso Díaz (Licenciado en Geografía e Historia. Profesor de Secundaria); Concepción Lourdes Delgado Gómez (Profesora de Primaria); Carmen Nieves Lorenzo Acosta (Licenciada en Pedagogía. Profesora de Primaria); Esteban Gómez (Técnico Especialista en Cocina); Samuel Delgado Quintero (Diplomado en Empresas y Actividades Turísticas); F. Pablo De Luca López (Profesor de Secundaria. Lingüista del Centro de Estudios Imazighen de Canarias. C.E.I.C.); José Andrés Lorenzo Palenzuela (Licenciado en Historia del Arte); Florentino Guzmán Plasencia Medina (Diplomado en Turismo y Relaciones Laborales); María Luisa Violero Fernández (Licenciada en Geografía e Historia. Profesora de Secundaria); Tomás Antonio Afonso González (Licenciado en Filosofía y Experto en Gestión y Planificación Cultural); Bárbara Sánchez Ruiz (Licenciada en Traducción e Interpretación. Correctora Profesional); Octavio Expósito Pérez (Técnico Especialista en Delineación); Fernando Roger Hernández (Guía Turístico), Antonia María Hernández Álvarez.

Colaboradores / Collaboration / Mitwirkende
Lanzarote
Julián Rodríguez Rodríguez (Funcionario del Ayuntamiento de Tías); Marcial Medina Medina (Patrón de Puertos); José Farray Barreto (Fotógrafo); Rita Marrero Romero (Técnica Arqueóloga del Cabildo Insular de Lanzarote).

Fuerteventura
Plácido Estévez Martín (Profesor de Primaria); Rosario Cerdeña Ruiz (Funcionaria del Cabildo de Fuerteventura); Francisco Govantes Moreno (Licenciado en Biología. Profesor de Secundaria).

Gran Canaria
Marco Márquez García (Licenciado en Geografía); Beatriz Fidalgo Sosa (Ingeniero Técnico Agrícola)

Tenerife
Rafael Sánchez Silva (Licenciado en Geografía e Historia. Profesor de Primaria); Pedro Pablo Pérez Torres (Licenciado en Geografía e Historia. Profesor de Secundaria).

La Gomera
David Gámez Rodríguez (Licenciado en Psicología); Luis Jerez Darias (Licenciado en Geografía e Historia); Daniel Herrera Díaz (Estudiante de Turismo).

La Palma
Rafael Sánchez Silva (Licenciado en Geografía e Historia. Profesor de Primaria); Carmen Dolores Pérez Silva (Licenciada en Filología Inglesa. Profesora de Secundaria).

El Hierro
Venancio Acosta Padrón (Licenciado en Biología. Profesor de Secundaria).

Traductores / Translations / Übersetzung
Anglo Saxon Traducciones. Plaza de los Patos 4 Santa Cruz de Tenerife. Tel. 922 288 916.

Diseñadora / Design / Design
Viviana Bonillo. Técnica Superior en Diseño Gráfico y Comunicación Visual.

Impresión / Printing / Druck
Litografía Romero, S.L.

Fotografías / Photography / Fotografien
La totalidad de las fotografías son propiedad del autor y han sido realizadas por el mismo, con excepción de las siguientes, que han sido cedidas para esta publicación:
Vidal Martín-SECAC (foto 13, pág. 57; foto 21, pág. 53; foto 4, pág. 84; foto 5, pág. 87); José Farray (fotos La Graciosa); Archivo fotográfico Cabildo Fuerteventura (foto 19, pág.52); Marco Márquez (foto 6, pág.73; foto 6, pág. 75; fotos 4 y 5, pág. 94); Archivo fotográfico del Excmo. Cabildo Insular de La Gomera (foto 6, pág.170; foto 2, pág. 172); Teo Lucas (foto 8, pág.110; foto 11, pág.114; foto 6, pág. 123); Octavio Fernández Lorenzo (foto 7, pág. 187, asistentes: Daniel Gómez, Yeray Rodríguez, Anselmo Rodríguez; foto 8, pág 205. Asistente: Fernando Dumpiérrez; foto 4 y contraportada, pág.188. Asistentes: Fernando Dumpiérrez, Elba González, Óscar González; foto 1, pág. 193. Asistentes: Fernando Dumpiérrez, Daniel Gómez; foto 4, pág. 206, asistentes: Daniel Gómez, Elba González, Marina Mata); Grupo de Espeleología de Tenerife Benisahare (Alfredo Lainez, Fco. Pérez, José C. Yanes, Ángel J. Bonilla. Fotos: pág. 13; foto 9, pág. 21; foto 6, pág. 23; foto 4, pág. 115; foto 2, pág. 126; foto 2, pág. 224; foto 5, pág 112; foto 16, pág. 36); Carlos Borbonés Pérez (foto 2, pág. 109; foto 1, pág. 120; foto 4, pág. 121; foto 2, pág. 146; foto 9, pág. 202; foto pág. 231); Luciano Cedrés Albelo (foto 3, pág.113; foto 6, pág. 115; foto 1, pág.120; foto 4, pág. 135; foto 2, pág. 137; foto 1, pág. 188); Viviana Bonillo (foto 7, pág.110); Centro de Buceo Dive-Art-La Gomera (foto 3, pág. 165; foto 5, pág. 166); Centro de Buceo El Hierro (foto 5, pág. 221-márgen derecho); Centro de Buceo Meridiano Cero-El Hierro (foto 5, pág. 221-parte superior); fotos de La Palma (Rafael Sánchez Silva y C. Dolores Pérez Silva); Luis Castro Fco. (foto pág. 10; foto 3, pág. 204; foto 10, pág. 205); Marcos J. Lorenzo Martín (foto 2, pág. 203); Efrén Brito Castañeda (foto 5, pág.182); Ayto. de Barlovento (foto 4, pág. 181); Ayto. de Tazacorte (foto 11, pág. 202); Ayto. de S/C de La Palma (foto 7, pág. 199); César Díaz García (foto 6, pág. 204); Fotos de Tenerife (Rafael Sánchez y Juan Fco. Delgado); Francisco Govantes Moreno (foto 10, pág 51; foto 9, pág. 63; foto 7, pág. 216; foto 4, pág. 220); Pirámides de Güímar (foto 7, pág.125); Eduardo Grund (foto 19, pág. 219; foto 1, pág. 215; foto 9, pág. 225); Cabildo de Lanzarote (foto 12, pág. 22); Román Hernández Cabrera (foto 4, pág. 141); Alfredo Fernández (foto), Fotos del capítulo de quesos, vinos (empresas propietarias); anagramas y logos cedidos por cada una de las empresas e instituciones.

Cartografía / Cartography / Karthografie
Instituto Geográfico Nacional-Centro Nacional de Información Geográfica.

I.S.B.N.
84-611-2493-6

Depósito Legal
TF-1149-2006

Ninguna parte de esta publicación, incluido el diseño, puede ser reproducida, almacenada o transmitida en manera alguna ni por medio alguno, ya sea electrónico, óptico, de grabación o de fotocopia, sin permiso previo y expreso del editor.

"A los más de treinta colaboradores que han participado en este libro y a todos los que aman estas Islas Canarias, ya sea por su nacimiento o porque han aprendido a hacerlo durante su estancia en ellas"

"To all the over thirty people who have taken part in the production of this book and to all those people who love the Canary Islands, either because they were born here or because they have learned to do so when they have visited us"

„An alle 30 Mitarbeiter, die an diesem Buch mitgewirkt haben und an alle, die die Kanarischen Inseln lieben, sei es weil sie auf ihnen geboren wurden oder weil sie sie während ihres Aufenthalts lieben gelernt haben"

Agradecimientos / Thanks / Wir danken

A todos los Ayuntamientos de Canarias y a los Cabildos Insulares
Excmo. Cabildo Insular de Lanzarote
Excmo. Cabildo Insular de Fuerteventura
Excmo. Cabildo Insular de Gran Canaria
Excmo. Cabildo Insular de Tenerife
Excmo. Cabildo Insular de La Gomera
Excmo. Cabildo Insular de La Palma
Excmo. Cabildo Insular de El Hierro.

CajaCanarias OBRA SOCIAL Y CULTURAL

Consejería de Educación Cultura y Deportes del Gobierno de Canarias.
Consejería de Turismo del Gobierno de Canarias.
Consejería de Medio Ambiente y Ordenación Territorial del Gobierno de Canarias.
Dirección General de Patrimonio Histórico del Gobierno de Canarias.
Dirección General del Libro, Archivos y Bibliotecas.
Ministerio de Medio Ambiente. Organismo Autónomo de Parques Nacionales.
Ministerio de Fomento. Centro de Información Geográfica.
Federación Canaria de Espeleología, Federación Canaria de Montañismo, Federación Canaria de Actividades Subacuáticas, Federación Canaria de Desarrollo Rural, Asociación Canaria de Turismo Rural (ACANTUR), Asociaciones Empresariales Hoteleras, Centro de Iniciativas y Turismo de Gran Canaria, Federación de Centros de Iniciativas y Turismo de la Provincia de Santa Cruz de Tenerife (FECITEN).
D. Álvaro Arvelo Hernández, D. Julián de Armas Rodríguez, D. Antonio Tejera Gaspar, Dª Ana María Oramas González-Moro, D. José Manuel Bermúdez Esparza, Dª Flora Marimón Rodríguez, D. Ángel Llanos Castro, D. José Zenón Ruano Villalba, D. Agustín Naranjo Cigala, D. Pablo Javier Esteban Ruiz, D. Carlos Borbonés Pérez, D. Octavio Fernández Lorenzo, D. Luciano Cedrés Albelo (Presidente de la Federación Canaria de Actividades Subacuáticas), D. Alfredo Lainez (Grupo de Espeleología de Tenerife "Benisahare"), Grupo de Espelología "Tebexcorade"- La Palma, Escuela Regional de Espeleología OJE- Canarias (Fuerteventura), Asociación de Canaricultores "Pinzón del Teide", Teo Lucas, Claudia Rodríguez Suárez, Ester Margaix Beltrán, Liborio León Lima, Celia Rodríguez Molina.

www.canarias-islasypueblos.com

NOTA / NOTE / ANMERKUNG

Los últimos datos legales de población hasta la fecha de impresión del presente libro, corresponden a 1-1-2005 (Revisión del Padrón Municipal de Habitantes), facilitados por el I.N.E./ ISTAC.
The most recent official population data up to the date of printing of this book correspond to 1/1/2005 (Revision of the Municipal Register of Inhabitants) supplied by the National Statistical Institute / ISTAC.
Die letzten Bevölkerungszahlen entsprechen bis zum Zeitpunkt des Druckes dieses Buches dem Stand 01-01-2005 (Revision des Gemeinde-Einwohnerverzeichnisses), zusammengestellt vom I.N.E./ ISTAC.

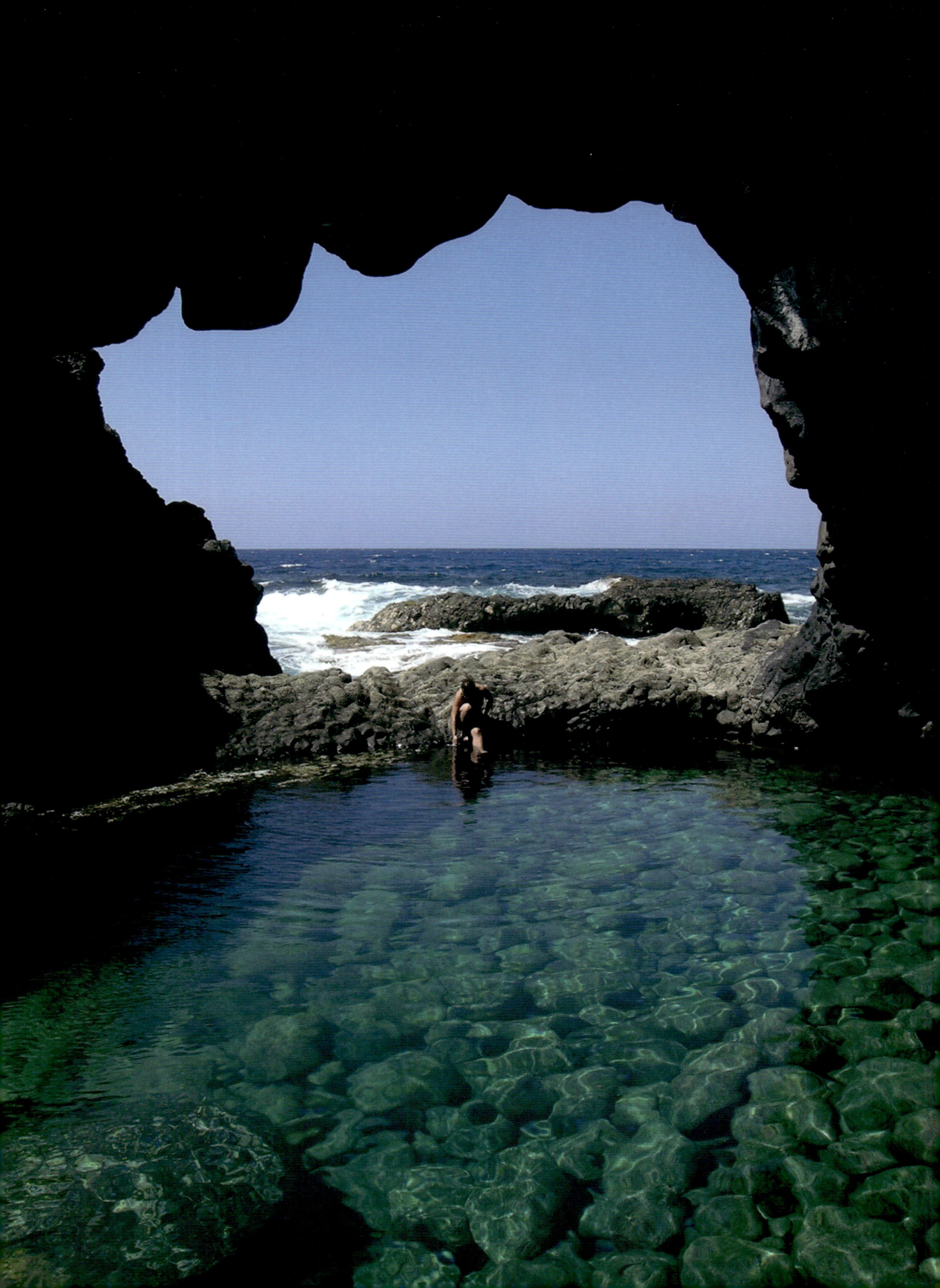

ÍNDICE
CONTENTS / INHALT

CARACTERÍSTICAS GEOGRÁFICAS DE CANARIAS 7
GEOGRAPHICAL CHARACTERISTICS OF THE CANARY ISLANDS
GEOGRAFISCHE CHARAKTERISTIKEN DER KANAREN

ALGUNOS ASPECTOS SOBRE LA HISTORIA DE LAS ISLAS CANARIAS 9
A FEW ASPECTS OF THE HISTORY OF THE CANARY ISLANDS
EINIGE GESICHTSPUNKTE ZUR GESCHICHTE DER KANARISCHEN INSELN

UNA APROXIMACIÓN A LA ANTIGUA LENGUA CANARIA. LISTADO Y TRADUCCIÓN DE TÉRMINOS. 11
AN APPROXIMATION TO THE OLD CANARIAN LANGUAGE. LIST AND TRANSLATION OF TERMS.
EINE ANNÄHERUNG AN DIE ALTE KANARISCHE SPRACHE. LISTE UND ÜBERSETZUNG DER BEGRIFFE.

LANZAROTE
- Aspectos geográficos 15
  Geographical aspects
  Geografische Gesichtspunkte
- Breve reseña histórica 16
  A short historical summary
  Kurzer historischer Überblick
- Arrecife 17
- Haría 20
- San Bartolomé 23
- Teguise 25
  - Isla de la Graciosa 28
- Tías 29
- Tinajo 31
- Yaiza 33
- Red de Espacios Naturales Protegidos 37
  Network of Protected Natural Spaces
  Das Netz der Naturschutzgebiete
- B.I.C. y otros lugares de interés histórico 38
  B.I.C. and other locations of historical interest
  B.I.C. und andere historisch interessante Orte

FUERTEVENTURA
- Aspectos geográficos 41
  Geographical aspects
  Geografische Gesichtspunkte
- Breve reseña histórica 42
  A short historical summary
  Kurzer historischer Überblick
- Antigua 43
- Betancuria 46
- La Oliva 49
- Pájara 55
- Puerto del Rosario 58
- Tuineje 62
- Red de Espacios Naturales Protegidos 65
  Network of Protected Natural Spaces
  Das Netz der Naturschutzgebiete
- B.I.C. y otros lugares de interés histórico 66
  B.I.C. and other locations of historical interest
  B.I.C. und andere historisch interessante Orte

GRAN CANARIA
- Aspectos geográficos 69
  Geographical aspects
  Geografische Gesichtspunkte
- Breve reseña histórica 70
  A short historical summary
  Kurzer historischer Überblick
- Agaete 71
- Agüimes 72
- Artenara 73
- Arucas 74
- Firgas 76
- Gáldar 77
- Ingenio 79
- Las Palmas de Gran Canaria 80
- Mogán 84
- Moya 86
- San Bartolomé de Tirajana 87
- La Aldea de San Nicolás (antiguamente San Nicolás de Tolentino) 89
- Santa Brígida 90
- Santa Lucía 92
- Santa María de Guía 93
- Tejeda 94
- Telde 96
- Teror 98
- Valsequillo 99
- Valleseco 100
- Vega de San Mateo 101
- Red de Espacios Naturales Protegidos 102
  Network of Protected Natural Spaces
  Das Netz der Naturschutzgebiete
- B.I.C. y otros lugares de interés histórico 103
  B.I.C. and other locations of historical interest
  B.I.C. und andere historisch interessante Orte

TENERIFE
- Aspectos geográficos 107
  Geographical aspects
  Geografische Gesichtspunkte
- Breve reseña histórica 108
  A short historical summary
  Kurzer historischer Überblick
- Adeje 109
- Arafo 111

Arico	112
Arona	113
Buenavista del Norte	115
Candelaria	116
El Rosario	117
El Sauzal	118
El Tanque	119
Fasnia	120
Garachico	121
Granadilla de Abona	122
Guía de Isora	123
Güímar	124
Icod de los Vinos	126
La Guancha	127
La Laguna	128
La Matanza de Acentejo	131
La Orotava	132
La Victoria de Acentejo	134
Los Realejos	135
Los Silos	136
Puerto de la Cruz	137
San Juan de la Rambla	139
San Miguel de Abona	140
Santa Cruz de Tenerife	141
Santa Úrsula	145
Santiago del Teide	146
Tacoronte	147
Tegueste	148
Vilaflor	149
Red de Espacios Naturales Protegidos	150
Network of Protected Natural Spaces	
Das Netz der Naturschutzgebiete	
B.I.C. y otros lugares de interés histórico	151
B.I.C. and other locations of historical interest	
B.I.C. und andere historisch interessante Orte	

LA GOMERA

Aspectos geográficos	157
Geographical aspects	
Geografische Gesichtspunkte	
Breve reseña histórica	158
A short historical summary	
Kurzer historischer Überblick	
Agulo	159
Alajeró	161
Hermigua	163
San Sebastián de La Gomera	165
Valle Gran Rey	169
Vallehermoso	172
Red de Espacios Naturales Protegidos	175
Network of Protected Natural Spaces	
Das Netz der Naturschutzgebiete	
B.I.C. y otros lugares de interés histórico	176
B.I.C. and other locations of historical interest	
B.I.C. und andere historisch interessante Orte	

LA PALMA

Aspectos geográficos	179
Geographical aspects	
Geografische Gesichtspunkte	
Breve reseña histórica	180
A short historical summary	
Kurzer historischer Überblick	
Barlovento	181
Breña Alta	182
Breña Baja	184
El Paso	186
Fuencaliente	188
Los Llanos de Aridane	190
Puntagorda	193
Puntallana	194
San Andrés y Sauces	196
Santa Cruz de La Palma	198
Tazacorte	201
Tijarafe	203
Villa de Garafía	204
Villa de Mazo	206
Red de Espacios Naturales Protegidos	208
Network of Protected Natural Spaces	
Das Netz der Naturschutzgebiete	
B.I.C. y otros lugares de interés histórico	209
B.I.C. and other locations of historical interest	
B.I.C. und andere historisch interessante Orte	

EL HIERRO

Aspectos geográficos	213
Geographical aspects	
Geografische Gesichtspunkte	
Breve reseña histórica	214
A short historical summary	
Kurzer historischer Überblick	
La Frontera	215
. El Pinar	220
. La Dehesa (zona comunal)	223
Valverde	224
Red de Espacios Naturales Protegidos	228
Network of Protected Natural Spaces	
Das Netz der Naturschutzgebiete	
B.I.C. y otros lugares de interés histórico	229
B.I.C. and other locations of historical interest	
B.I.C. und andere historisch interessante Orte	

CANARIAS RURAL — 230
THE RURAL CANARY ISLANDS
KANAREN RURAL

INFORMACIÓN TURÍSTICA — 232
TOURIST INFORMATION
TOURISTIKINFORMATION

ALGUNOS ASPECTOS SOBRE LA GASTRONOMÍA CANARIA — 233
A FEW ASPECTS OF CANARIAN CUISINE
EINIGE GESICHTSPUNKTE ZUR KANARISCHEN GASTRONOMIE

VINOS Y QUESOS DESTACADOS DE CANARIAS — 235
OUTSTANDING WINES AND CHEESES OF THE CANARY ISLANDS
HERAUSRAGENDER WEIN UND KÄSE DER KANAREN

GLOSARIO DE TÉRMINOS Y ABREVIATURAS — 239
GLOSSARY OF TERMS AND ABBREVIATIONS
GLOSSAR UND ABKÜRZUNGEN

BIBLIOGRAFÍA — 240
BIBLIOGRAPHY
BIBLIOGRAFIE

CARACTERÍSTICAS GEOGRÁFICAS DE CANARIAS
THE GEOGRAPHICAL CHARACTERISTICS OF THE CANARY ISLANDS / GEOGRAFISCHE CHARAKTERISTIKEN DER KANAREN

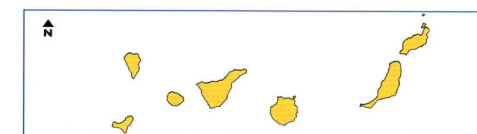

Superficie / Area / Fläche	Población / Population / Bevölkerung	Espacios Naturales Protegidos / Protected Natural Areas / Naturschutzgebiet
7.492,36 km²	1.968.280 habitantes	301.335,1 hectáreas

🇪🇸 Canarias es un archipiélago atlántico situado al Noroeste del continente africano, del que dista aproximadamente unos 100 kms. Se localiza entre los 27° 37′ y 29° 25′ de latitud norte y los 13° 20′ y 18° 10′ de longitud oeste. Está formado por siete islas: El Hierro, La Palma, La Gomera, Tenerife, Gran Canaria, Fuerteventura y Lanzarote, además del islote de Lobos y los que conforman el Archipiélago Chinijo (La Graciosa, Montaña Clara, Alegranza, Roque del Oeste y Roque del Este). La altitud máxima del Archipiélago y de España se alcanza en Tenerife, en el Pico Teide (3.718 m).

La actividad volcánica que ha ido formando el Archipiélago comenzó hace más de 35 millones de años y ha dejado numerosos testigos, como volcanes, calderas, campos de lava, roques, etc. En ellos ha actuado posteriormente la erosión, que ha formado barrancos, calderas de erosión, grandes acantilados, etc. Sobre el origen de las islas existen muchas teorías como la del Punto Caliente (que en la actualidad es la más defendida), la Fractura propagante, los Bloques levantados, etc., que intentan explicar su origen volcánico.

El clima, al que se le podría definir como subtropical, se caracteriza por temperaturas suaves y precipitaciones escasas e irregulares, que aumentan de las islas orientales a las occidentales. Entre los factores geográficos que influyen en el clima destacan: la latitud, la orografía y orientación de las vertientes, la corriente oceánica fría que pasa por Canarias, la proximidad a África y la incidencia de los vientos alisios húmedos del Nordeste.

La vegetación, ligada al clima, se distribuye en pisos desde la costa hasta la cumbre, sucediéndose en el ascenso: tabaibal-cardonal, bosques termoesclerófilos, monteverde, pinar y retamar-codesar de cumbre. Además, ligadas a sustratos o ambientes ecológicos particulares, podemos encontrar comunidades halófilas de roca, psamófilas, rupícolas, hidrofíticas, etc. En todas ellas son muy numerosas las plantas endémicas y algunas reliquias vegetales del Terciario.

Canarias cuenta con una amplia Red de Espacios Naturales Protegidos que afecta al 40% de la superficie de las islas. Destacan sus cuatro Parques Nacionales: El Teide (Tenerife), Caldera de Taburiente (La Palma), Garajonay (La Gomera) y Timanfaya (Lanzarote). La importancia de su patrimonio natural ha sido igualmente reconocida por la UNESCO, al ser declarado Patrimonio de la Humanidad el Parque Nacional de Garajonay en La Gomera y Reservas de la Biosfera las islas de Lanzarote, El Hierro y La Palma.

En la actualidad, la economía de las islas gira en torno al sector servicios, en el que el turismo actúa como principal motor económico. Las otras actividades de importancia están centradas en la agricultura de exportación (plátanos, tomates y flores cortadas); y un sector industrial concentrado casi exclusivamente en Tenerife y Gran Canaria.

La población canaria ha superado recientemente los 2.000.000 de habitantes, la mayor parte en las islas de Tenerife y Gran Canaria. Asimismo, Lanzarote y Fuerteventura han sufrido un aumento demográfico espectacular en los últimos diez años, debido al desarrollo turístico y la consecuente inmigración. Por lo que respecta a las islas de La Palma, La Gomera y El Hierro, han mejorado sus instalaciones turísticas, especialmente las rurales, y el número de visitantes ha aumentado de forma muy positiva.

Administrativamente, Canarias cuenta con 87 municipios, 7 Cabildos Insulares y un Gobierno Autónomo, cuya capitalidad es compartida por las ciudades de Santa Cruz de Tenerife y Las Palmas de Gran Canaria.

🇬🇧 The Canaries are a group of Atlantic islands about one hundred kilometres off the northwest coast of Africa. The islands are located between 27° 37′ and 29° 25′ of latitude north and 13° 20′ and 18° 10′ of longitude west. They consist of seven islands: El Hierro, La Palma, La Gomera, Tenerife, Gran Canaria, Fuerteventura and Lanzarote, apart from the minor island of Lobos and those that make up the Chinijo Archipelago (La Graciosa, Montaña Clara, Alegranza, Roque del Oeste and Roque del Este). The highest point above sea level on the islands and indeed in Spain as a whole is Mount Teide on the island of Tenerife (3,718 m).

The volcanic activity that has created the Canary Islands began some thirty-five million years ago and has left behind numerous signs such as volcanoes, calderas, lava fields, rocks, etc. Subsequently, erosion has acted, which has formed ravines, erosive calderas, large cliffs, etc. There are many theories regarding the origin of the islands such as that of the Hot Point (which is currently the most widespread), the propagating fracture, the raised blocks, etc. which attempt to explain their volcanic origin.

The climate, which could be defined as sub-tropical, is characterised by moderate temperatures and only slight rainfall, which however increases from east to west. Among the geographical factors which have an influence on the climate, the most important are: the latitude, the contours and the orientation of the slopes, the cold oceanic current which passes by the Canary Islands, the proximity of Africa and the moist trade winds from the northeast.

The vegetation, just like the climate, is distributed in layers from the coast up to the heights: tabaibal-cardonal (balsam spurge-candelabra spurge), thermophilous woods, "monteverde", pinewoods and "retamar-codesar" in the mountains). Furthermore, connected to special substrates and ecological atmospheres, you can find halophilous, psammophilous, rupicolous and hydrophytic communities, etc. In all of these, the endemic plants are highly numerous and include some plant relics of the Tertiary Era.

The Canary Islands have a wide network of Protected Natural Spaces which covers 40% of the area of the islands. The four National Parks are particularly important: Mount Teide (Tenerife), Caldera de Taburiente (La Palma), Garajonay (La Gomera) and Timanfaya (Lanzarote). The importance of the natural heritage has likewise been recognised by UNESCO, with the declaration of the Garajonay National Park on La Gomera as a World Heritage Site and the islands of Lanzarote, El Hierro and La Palma as Biosphere Reserves.

The economy of the islands is now devoted especially to the service sector, in which tourism is the main driving force. Other important activities include export agriculture (bananas, tomatoes, and cut flowers), and an industrial sector that is almost exclusively located on Tenerife and Gran Canaria.

The population of the Canary Islands recently grew to over 2,000,000 inhabitants, most of whom live on Tenerife and Gran Canaria. Likewise, Lanzarote and Fuerteventura have suffered a spectacular demographic takeoff over the last ten years, due to the development for tourism and the consequent immigration. As regards the islands of La Palma, La Gomera and El Hierro, their tourist installations have improved, especially the ones for traditional holidays in the countryside, and the number of visitors has increased in a very positive way.

Administratively, the Canary Islands have eighty-seven municipal districts, seven island authorities and a Regional Government, with the status of capital being shared between the two cities of Santa Cruz de Tenerife and Las Palmas de Gran Canaria.

🇩🇪 Die Kanarischen Inseln bilden einen Archipel im Atlantik, der etwa 100 km nordwestlich vom afrikanischen Kontinent entfernt liegt. Dieser befindet sich zwischen 27° 37′ und 29° 25′ nördlicher Breite und 13° 20′ und 18° 10′ westlicher Länge. Er setzt sich aus sieben Inseln zusammen: El Hierro, La Palma, La Gomera, Teneriffa, Gran Canaria, Fuerteventura und Lanzarote, außerdem gehören noch die kleine Lobos Insel und die Inseln des Chinijo Archipels mit dazu (La Graciosa, Montaña Clara, Alegranza, Roque del Oeste und Roque del Este). Der höchste Berg des Archipels und gleichzeitig von Spanien steht auf Teneriffa: der Pico Teide (3.718 m).

Der Vulkanismus, der den Archipel geformt hat, begann vor mehr als 35 Millionen Jahren und hat zahlreiche Zeugnisse abgelegt, wie Vulkane, Calderas, Lavafelder, Felsen usw. Durch die anschließende Erosion bildeten sich Schluchten, abgetragene Calderas, Steilklippen usw. Über den Ursprung der Kanaren existieren viele Theorien, wie die „Hotspot-Theorie" (derzeit am meisten verbreitet), die Theorie der Kontinentaldrift, die Theorie der Plattentektonik usw. die alle ihren vulkanischen Ursprung zu erklären versuchen.

Das Klima, das man subtropisch nennen kann, zeichnet sich durch milde Temperaturen und seltene und unregelmäßige Niederschläge aus, die auf den westlichen Inseln häufiger sind als auf den östlichen. Die wichtigsten Klimafaktoren sind: die geografische Breite, die Inselorographie und Ausrichtung der Berghänge, die kalte ozeanische Strömung, die an den Kanaren entlang zieht, die Nähe zu Afrika und die Existenz des feuchten Nordostpassats.

Die vom Klima abhängige Vegetation verteilt sich auf unterschiedliche Höhenlagen, von der Küste bis zu den Gipfeln, in der Reihenfolge von unten nach oben: Tabaibal-Cardonal, thermo-sklerophyle Wälder, Monteverde (immergrüner Wald), Kiefernwald und Retamar-Codesar auf den Gipfeln. Außerdem finden wir je nach Substrat oder spezielles ökologisches Umfeld halophile Pflanzengemeinschaften an Felsen, Dünenpflanzen, auf Felsen lebende Pflanzen, Regenwald usw. vor. Überall existieren zahlreiche endemische Pflanzenarten sowie einige pflanzliche Reliquien aus dem Tertiär.

Die Kanaren besitzen ein umfangreiches Netz an Naturschutzgebieten, das 40% der Gesamtfläche der Inseln ausmacht. Hier stehen die vier Nationalparks im Vordergrund: El Teide (Teneriffa), Caldera de Taburiente (La Palma), Garajonay (La Gomera) und Timanfaya (Lanzarote). Die Bedeutung ihres Naturerbes ist von der UNESCO anerkannt worden, die den Parque Nacional de Garajonay auf La Gomera zum Welterbe ernannte und die Inseln Lanzarote, El Hierro und La Palma zum Biosphärenreservat.

Heute basiert die Wirtschaft der Kanarischen Inseln auf dem Dienstleistungssektor, für den der Tourismus die wichtigste ökonomische Rolle spielt. Weitere bedeutende Aktivitäten sind der landwirtschaftliche Anbau von Exporterzeugnissen (Bananen, Tomaten und Schnittblumen), sowie der Industriesektor, der sich exklusiv auf Teneriffa und Gran Canaria konzentriert.

Die kanarische Bevölkerung beträgt seit kurzem über 2.000.000 Einwohner, die meisten davon leben auf Teneriffa und Gran Canaria. Doch auch Lanzarote und Fuerteventura haben in den letzten zehn Jahren einen spektakulären demografischen Zuwachs erfahren, wegen der touristischen Entwicklung und wegen der Immigration. Die Inseln La Palma, la Gomera und El Hierro haben ihrerseits bessere touristische Einrichtungen vorzuweisen, besonders im Ruralsektor, und die Besucherzahl hat sich entsprechend auf positive Weise vermehrt.

Verwaltungstechnisch besitzen die Kanaren 87 Gemeindebezirke, 7 Inselverwaltungen (Cabildos) und eine autonome Regierung, wobei der Hauptstadtstatus von den Städten Santa Cruz de Tenerife und Las Palmas de Gran Canaria geteilt wird.

ALGUNOS ASPECTOS SOBRE LA HISTORIA DE CANARIAS
SOME ASPECTS OF THE HISTORY OF THE CANARY ISLANDS / EINIGE GESICHTSPUNKTE ZUR KANARISCHEN GESCHICHTE

Las Islas Canarias fueron mencionadas en la Antigüedad por autores griegos y latinos, como el naturalista Plinio el Viejo (23-79, s. I. d.C.) o Ptolomeo (s.II d.C.). En el Mundo Antiguo se las conoció como Campos Elíseos, Jardín de las Hespérides o Islas Afortunadas.

Según los estudios realizados hasta la fecha (aunque existen algunas lagunas), los antiguos pobladores llegaron a las islas entre el siglo V a.C. y el I d.C. y eran originarios del Noroeste de África.

Los europeos comenzaron a visitar las Islas Canarias en los siglos XIV-XV y, según las diferentes crónicas, encontraron muchas diferencias entre ellas. Así por ejemplo, en la sociedad aborigen destacaban las figuras de los gobernantes, conocidos como menceyes en Tenerife y guanartemes en Gran Canaria; los sacerdotes, faycán en Gran Canaria, adivinos o guañameñes en Tenerife; y los guerreros, encargados de defender los pastos y ganados. Sus principales divinidades eran el Sol y la Luna, y practicaban ritos y ofrendas en lugares considerados sagrados como El Teide (Tenerife), Tindaya (Fuerteventura), Roque Idafe (La Palma) y Roque Bentaiga (Gran Canaria). Sus muertos eran enterrados en cuevas o en túmulos en algunas islas, practicándose, por lo menos en Tenerife y Gran Canaria, la momificación de personas importantes.

Se dedicaban principalmente al pastoreo, de cuyos animales se alimentaban, pero además incluían en su dieta los frutos silvestres, cereales tostados y diversos productos del mar. De sus manifestaciones culturales se conservan muchos grabados rupestres, cerámica, etc. En Tenerife, Gran Canaria o El Hierro, los aborígenes también hablaban entre sí mediante el silbo, antiguo medio de comunicación que en la actualidad sólo se conserva en La Gomera.

En un primer momento, la conquista de las islas fue financiada por particulares, por lo que tuvo carácter "señorial". Así, Lanzarote fue conquistada en 1402 por Juan de Bethencourt y Gadifer de la Salle; posteriormente, el mismo Bethencourt ocupó Fuerteventura, y El Hierro. Más tarde, a mediados del siglo XV, se inició la conquista de La Gomera, que no se vino a culminar hasta 1488. A partir del último tercio del siglo XV la conquista pasó a ser "realenga", propiciada por los Reyes Católicos; de ese modo, en 1478 Juan Rejón comenzó la ocupación de Gran Canaria, que culminó Pedro de Vera en 1483; Alonso Fernández de Lugo conquistó La Palma en 1492 y Tenerife, la última en ser incorporada a la Corona de Castilla, en 1496. Terminado este proceso, la economía canaria se caracterizó por la implantación de determinados ciclos productivos (monocultivos), que se han venido sucediendo a lo largo de la historia insular. En el siglo XVI fue la caña de azúcar; en los siglos XVII y XVIII, la vid; en el XIX, la cochinilla, insecto que se desarrolla en las tuneras o pencones del que se obtiene un colorante muy apreciado; en el XX, los plátanos y tomates; y en la actualidad, el boom turístico.

La población de las islas ha sufrido en estos siglos periodos de crisis agrarias, sequías, epidemias y ataques piráticos, que en muchas ocasiones ha propiciado la emigración hacia Cuba, Luisiana, Texas, Uruguay y Venezuela. Como curiosidad, en el último tercio del siglo XVII las exportaciones americanas iban acompañadas por un grupo de familias obligadas a embarcar para poblar tierras, es el llamado "tributo de sangre".

En 1852 se promulgó el Decreto de Puertos Francos, que facilitó el comercio interinsular y con el exterior.

El siglo XX se caracterizó principalmente por la creación de los Cabildos (1912), la división de Canarias en dos provincias (1927), la Guerra Civil, con focos de resistencia en varias islas, la emigración y el boom turístico; todos estos acontecimientos, unidos a la promulgación de la Constitución de 1978, culminaron con la creación de la Comunidad Autónoma Canaria en 1982.

El comienzo del siglo XXI está marcado por la búsqueda de nuevas alternativas económicas, el fortalecimiento del sector turístico y las negociaciones para la aprobación del nuevo Estatuto de Autonomía para el Archipiélago Canario.

The Canary Islands were mentioned in Antiquity by Greek and Roman authors, such as the naturalist Pliny the Elder (23-79 A.D.) or Ptolemy (second century A.D.). In the Ancient World they were known as the Elysian Fields, the Garden of the Hesperides or the Fortunate Isles.

According to the studies carried out up to now (although there are still some gaps), the ancient inhabitants of the islands arrived between the fifth Century B.C. and the first Century A.D. and came from North-west Africa.

The Europeans began to visit the Canary Islands in the 14th and 15th Centuries and, according to the different chronicles, they found many differences between one and another. So, for instance, in native society the governors were outstanding figures, known as Menceys on Tenerife and Guanartemes on Gran Canaria; the priests were called Faycanes on Gran Canaria, adivinos or guañameñes on Tenerife; and there were also warriors, who were responsible for defending the pastures and the livestock. The principal divinities were the Sun and the Moon, and they practised rites and offerings at places that were considered to be sacred such as Mount Teide (Tenerife), Tindaya (Fuerteventura), Roque Idafe (La Palma) and Roque Bentaiga (Gran Canaria). The dead were buried in caves, or in barrows on some islands, and important persons were mummified, at least on Tenerife and Gran Canaria.

They devoted themselves particularly to the keeping of livestock, which they would eat, and would also include in their diet wild fruits, toasted cereals and a range of produce of the sea. There are many rock markings and much pottery remaining as a mark of their culture. On Tenerife, Gran Canaria and El Hierro, the natives also spoke to one another by a kind of whistling language, which is now only conserved on La Gomera.

At first, the Conquest of the islands was privately financed, and its nature was therefore "señorial". Thus, Lanzarote was conquered in 1402 by Juan de Bethencourt and Gadifer de la Salle; subsequently,

Bethencourt occupied Fuerteventura, and El Hierro. Later, in the mid-fifteenth Century, the Conquest of La Gomera started, which was not complete until 1488. From the last third of the 15th Century onwards, conquest became a matter of "realenga", that is to say sponsored by the king or queen, supported by Ferdinand and Isabel of Spain; thus in 1478 Juan Rejón began the occupation of Gran Canaria, which was completed by Pedro de Vera in 1483; Alonso Fernández de Lugo conquered La Palma in 1492 and Tenerife, the last of the islands to be incorporated into the possessions of the Crown of Castile, in 1496. Once this process was complete, the Canarian economy became characterised by the implantation of a certain range of cycles of monocultures which have followed one upon another throughout the history of the islands. In the 16th Century, it was sugar cane, in the 17th and 18th Centuries the vine, and in the 19th, cochineal, an insect which lives on the typical cactus from which a highly-appreciated dye was gained; in the 20th Century, bananas and tomatoes are foremost and currently the tourist boom.

The population of the islands has undergone periods of agricultural crises, droughts, epidemics and pirate attacks, which on many occasions have led to emigration to Cuba, Louisiana, Texas, Uruguay and Venezuela. As a curiosity, in the final third of the 17th Century, the exports to America were accompanied by a group of families who were forced to go to people the lands, the so called "tribute in blood".

In 1852, the Free Ports Decree was promulgated, which made trade between the islands and overseas much easier.

The 20th Century was characterised mainly by the creation of the Island Authorities (1912), the division of the Canary Islands into two provinces (1927), the Civil War, with resistance on a number of islands, emigration and the tourist boom; all these events, together with the 1978 Constitution culminated in the creation of the Canary Islands Autonomous Community in 1982.

The beginning of the 21st Century is characterised by the search for new economic alternatives, the strengthening of the tourism sector and negotiations for the approval of the new Statute of Autonomy for the Canary Islands.

🇩🇪 Die Kanarischen Inseln wurden schon in der Antike von griechischen und römischen Autoren erwähnt, wie dem Naturalisten Plinius der Alte (23-79, 1.Jh. n. Chr.) oder Ptolemäus (2.Jh. n. Chr.). In der Welt der Antike waren sie bekannt als die Elysischen Gefilde, die Gärten der Hesperiden oder auch die Glückseligen Inseln.

Gemäß dem heutigen Wissenstand (der allerdings lückenhaft ist) gelangten die ersten Siedler zwischen 500 v. Chr. und 100 n. Chr. auf die Inseln; sie stammten wohl aus Nordwestafrika.

Die Europäer begannen die Kanarischen Inseln zwischen dem 14. und 15. Jahrhundert zu besuchen, und gemäß den verschiedenen Chroniken stellten sie große Unterschiede zwischen ihnen fest. So kam in der Ureinwohnerwelt beispielsweise den Regenten, auf Teneriffa als Menceyes und auf Gran Canaria als Guanartemes bekannt, eine besondere Bedeutung zu; die Priester hießen auf Gran Canaria Faycán und auf Teneriffa Adivinos oder Guañameñes, und dann gab es noch die Krieger, deren Aufgabe es war, Weidegründe und Vieh zu verteidigen. Ihre obersten Gottheiten waren die Sonne und der Mond und sie praktizierten Riten und erbrachten Opfer an heiligen Stätten, wie dem Teide (Teneriffa), Tindaya (Fuerteventura), Roque Idafe (La Palma) und Roque Bentaiga (Gran Canaria). Ihre Toten bestatteten sie in Höhlen oder auf einigen Inseln in Grabhügeln, und, zumindest auf Teneriffa und Gran Canaria, mumifizierten sie wichtige Persönlichkeiten.

Sie widmeten sich hauptsächlich dem Weidegang und ernährten sich davon, sowie von wilden Früchten, gerösteten Getreide und diversen Meereserzeugnissen. Von ihren kulturellen Manifestationen sind noch heute unter anderem viele Felsgravuren und Keramiken erhalten. Auf Teneriffa, Gran Canaria oder auch El Hierro kommunizierten die Ureinwohner mittels des Silbo untereinander, eine Art gepfiffene Sprache, die heute nur noch auf La Gomera praktiziert wird.

Am Anfang wurde die Eroberung der Inseln aus privater Hand finanziert, daher der „herrschaftliche" Charakter. Lanzarote wurde 1402 von Juan de Bethencourt und Gadifer de la Salle erobert; danach besetzte der gleiche Bethencourt noch Fuertventura und El Hierro. Später, Mitte 15. Jahrhundert, begann die Eroberung von La Gomera und dauerte bis 1488 an. Ab dem letzten Drittel des 15. Jahrhunderts ging die Conquista in die Hände der Krone über, und war damit Sache der katholischen Könige; auf diese Weise begann Juan Rejón 1478 mit der Besetzung von Gran Canaria, die mit Pedro de Vera 1483 ihren Höhepunkt fand. Alonso Fernández eroberte 1492 La Palma und Teneriffa, die letzte Insel, die 1496 an die Spanische Krone angegliedert wurde. Nach Abschluss dieses Prozesses wurde die kanarische Wirtschaft durch die Einführung bestimmter Produktionszyklen geprägt (Monokulturen), die sich durch die gesamte Inselgeschichte hindurch ziehen. Im 16. Jahrhundert baute man Rohrzucker an, im 17. und 18. Jahrhundert Wein, im 19. Jh. züchtete man die Koschenille, ein Insekt, das in den Feigenkakteen einen sehr geschätzten Farbstoff produziert, im 20.Jh. Bananen und Tomaten und heute stützt sich die Wirtschaft auf die touristische Entwicklung.

Die Bevölkerung der Kanarischen Inseln erlitt im Laufe der Jahrhunderte Landwirtschaftskrisen, Dürreperioden, Epidemien und Piratenangriffe, die oftmals zu Auswanderungswellen nach Kuba, Louisiana, Texas, Uruguay und Venezuela führten. Als besondere Kuriosität gilt, dass im letzten Drittel des 17.Jahrhunderts die amerikanischen Exporte von einer Gruppe von Familien begleitet wurden, die verpflichtet wurden, mit an Bord zu gehen, um Ländereien zu besiedeln, was man gewöhnlich „Blutstribut" zu nennen pflegte.

1852 wurde das Decreto de Puertos Francos (Freihafenverordnung) erlassen, der den Handel zwischen den Inseln und nach außen erleichterte.

Das 20. Jahrhundert zeichnet sich im Wesentlichen durch die Erschaffung der Cabildos, der Inselräte, aus (1912), die Teilung der Kanaren in zwei Provinzen (1927), den Bürgerkrieg, mit einigen Widerständen, die Emigration und den Touristikboom. Alle diese Ereignisse, zusammen genommen mit der Verfassungserklärung von 1978, finden 1982 ihren Höhepunkt in der Erschaffung der Autonomen Kanarischen Gemeinschaft.

Der Beginn des 21. Jahrhunderts ist geprägt vor der Suche nach neuen alternativen Wirtschaftsformen, dem Ausbau des Touristiksektors und den Verhandlungen über die Billigung der neuen Satzung über die Autonomie der Kanaren.

UNA APROXIMACIÓN A LA ANTIGUA LENGUA CANARIA
AN APPROXIMATION TO THE OLD CANARIAN LANGUAGE / EINE ANNÄHERUNG AN DIE KANARISCHE SPRACHE

🇪🇸 Listado y traducción de algunas de las numerosas voces que han permanecido vigentes hasta nuestros días, a través de las fuentes escritas etnohistóricas y de la tradición oral canaria. Se incluyen antropónimos (AN), topónimos (TOP), fitónimos (FIT) y voces o denominaciones comunes (VC).

🇬🇧 List and translation of some of the numerous words which have remained in use up to the modern day through the ethnic and historical written sources and Canarian oral tradition. We include names for people (AN), places (TOP), plants (FIT) and ordinary words (VC).

🇩🇪 Liste und Übersetzung von einigen der vielen Wörter, die uns bis heute mittels schriftlicher ethnologisch-historischer Quellen oder aus dem kanarischen Sprachgebrauch erhalten geblieben sind. Darunter befinden sich Personennamen (AN), Ortsnamen (TOP), Pflanzennamen (FIT) sowie allgemein gebräuchliche Bezeichnungen (VC).

- **Achaman** (VC)
  Divinidad-cielo en Tenerife: *"el que aumenta el agua"*.
  God of the sky on Tenerife: *"he who increases the water"*.
  Himmelsgott von Teneriffa: „*Der das Wasser vermehrt*".
- **Aceró** (TOP)
  Cantón o Bando en La Palma (Caldera de Taburiente); Lomo de Acero, en Arico (Tenerife); Toscas de Acero, Santa Úrsula, (Tenerife); Vueltas de Acero, Valleseco (Gran Canaria): *"muralla rocosa cortada a pico"*.
  Canton on La Palma (Caldera de Taburiente); Lomo de Acero, in Arico (Tenerife); Toscas de Acero, Santa Úrsula, (Tenerife); Vueltas de Acero, Valleseco (Gran Canaria): *"rocky wall cut with a pick"*.
  Kanton auf La Palma (Caldera de Taburiente); Lomo de Acero, in Arico (Teneriffa); Toscas de Acero, Santa Úrsula, (Teneriffa); Vueltas de Acero, Valleseco (Gran Canaria): „*mit einem Pickel zerteilte Felsmauer*".
- **Acoran** (VC)
  Denominación de la divinidad en Gran Canaria: *"el guía, protector"*.
  Name of the god on Gran Canaria: *"guide, protector"*.
  Gottheit auf Gran Canaria: „*der Führer, Beschützer*".
- **Adeje** (TOP)
  Localidad en Tenerife, Fuerteventura y Gran Canaria: *"arena fina"*.
  Place name on Tenerife, Fuerteventura and Gran Canaria: *"fine sand"*.
  Ort auf Teneriffa, Fuerteventura und Gran Canaria: „*feiner Sand*".
- **Aguere** (TOP)
  Nombre de La Laguna, Tenerife: *"lago, extensión de agua"*.
  Name of La Laguna, Tenerife: *"lake, area of water"*.
  Name von La Laguna auf Teneriffa: „*See, Wasservorkommen*".
- **Añazo** (TOP)
  Nombre de Santa Cruz de Tenerife: *"lo que es de calvicie, sin vegetación"*.
  Name of Santa Cruz de Tenerife: *"bald, without vegetation"*.
  Name von Santa Cruz de Tenerife: „*kahl, ohne Vegetation*".
- **Añepa** (VC)
  Bastón de mando del mencey (Tenerife): *"bastón grueso y largo, de 3-5 cm. de ancho y 1,50-1,80 m. de largo"*.
  Ceremonial staff of the Mencey (Tenerife): *"Long thick staff, 3-5 centimetres wide and 1.50-1.80 metres long"*.
  Zepter der Menceys (Teneriffa): „*3-5cm dicker und 1,50-1,80m langer Stab*".
- **Arrorró** (VC)
  Canción de cuna: *"niño.., niño..."*
  Lullaby: *"niño.., niño..."*
  Wiegenlied: „*niño...niño...*"
- **Auarita** (VC)
  Antigua denominación del habitante de La Palma: *"el de la tribu Hawwara, Ahouara o Houara"*. Noble Linaje.
  The old denomination for the inhabitants of La Palma: *"he of the Hawwara, Ahouara or Houara tribe"*. Noble lineage.
  Alter Name der Einwohner von La Palma: „*der vom Stamm der Hawwara, Ahouara oder Houara*". Adelsrasse.
- **Awañac** (VC)
  República, cosa pública: *"lo que es de todos"*.
  Republic, public thing: *"that which belongs to everyone"*.
  Öffentliche Person, Sache: „*was alle betrifft*".
- **Baifo** (VC)
  Cría de la cabra desde que nace hasta que deja de mamar, en Tenerife y La Gomera: *"este de las mamas o ubres"*.
  Young of the goat from birth until it is weaned, on Tenerife and La Gomera: *"of the breasts or udders"*.
  Ziegenjunges, vom Zeitpunkt der Geburt bis es aufhört Muttermilch zu saugen, auf Teneriffa und La Gomera: „*das von der Zitze oder dem Euter*".
- **Balo** (FIT)
  Arbusto (*Plocama pendula*) con características ramas colgantes: *"(la del) pequeño pene"*.
  Bush (*Plocama pendula*) with characteristic hanging branches: *"(the one of) the small penis"*.
  Küstenstrauch (*Plocama pendula*) mit herabhängenden Ästen: „*(die vom) kleinen Penis*".
- **Banot** (VC)
  Arma arrojadiza, jabalina: *"este que se fija o adhiere"*.
  A javelin or throwing weapon: *"this which becomes fixed or stuck"*.
  Wurfwaffe, Speer: „*der den man festmacht oder anhaftet*".
- **Bejeque** (FIT)
  Plantas crasuláceas del género *Aeonium*: *"el de coagular"*.
  Plant *Crassulaceae* of the genus *Aeonium*: *"that which coagulates"*.
  Dickblattgewächs der Gattung *Aeonium*: „*der Gerinnende*".
- **Benahoare** (TOP)
  Nombre de La Palma: *"el o los de los Ahouaren"* (nobles).
  Name of La Palma: *"that of the Ahouaren"* (nobles).
  Name von La Palma: „*der oder die von den Ahouaren*" (Adlige).
- **Bimbache** (VC)
  Antigua denominación del herreño: *"el de la tribu de Ben-Bachir"* (según Sabino Berthelot).
  The old name for El Hierro: *"of the tribe of Ben-Bachir"* (according to Sabino Berthelot).
  Alte Bezeichnung der Bewohner von El Hierro: „*der vom Stamm der Ben-Bachir*" (gemäß Sabino Berthelot).
- **Chajiraji (Chaxiraxi)** (VC)
  Virgen de Candelaria: *"esta (que) sostiene y me alumbra"*.
  Virgin of Candelaria: *"who sustains and enlightens me"*.
  Die Jungfrau María von Candelaria: „*die, (die) mich stützt und erleuchtet*".
- **Chacerquen** (VC)
  Miel de mocán: *"esta (de) cocer al fuego lento"*.
  Honey of mocanera: *"this which is cooked on a slow fire"*.
  Honig vom Mocán: „*die auf kleiner Flamme gekocht wird*".
- **Echeide** (VC)
  Antigua denominación guanche del volcán Teide, en donde vivía *guayota*, el genio maligno: *"el fatídico, el malo"*.
  Old Guanche name of Mount Teide, where *guayota* lived, the malign spirit: *"fatal, evil"*.
  Alter Guanchenname de Teide Vulkans, in dem *Guayota*, der böse Geist wohnte: „*der Unheil bringende, der Böse*".
- **Efequén** (VC)
  En Fuerteventura: *"templo de ofrendas"*.
  On Fuerteventura: *"temple of offerings"*.
  Auf Fuerteventura: „*Opfertempel*".
- **Erbani, Erbania** (TOP)
  Antigua denominación de la isla de Fuerteventura: *"el (lugar) de la construcción"*, en alusión al muro divisorio que partía en dos mitades la isla, Jandia y Mahorata.
  The old name for the island of Fuerteventura: *"place of construction"*, alluding to the wall which divided the two halves of the island, Jandia and Mahorata.
  Alter Name der Insel Fuerteventura: „*der (Ort) der Konstruktion*", in Anspielung auf die Trennmauer, welche die Insel in Jandia und Mahorata teilte.
- **Eres** (VC)
  Pozo: *"agujero para sacar agua a más de 2 m. de profundidad"*.
  Well: *"hole for taking water from at over two metres' depth"*.

- **Faycán** (VC)
  En Gran Canaria: "el de las ofrendas, el sacerdote".
  On Gran Canaria: "he of the offerings, the priest".
  Auf Gran Canaria: „er mit den Opfern, der Priester".
- **Gambuesa** (VC)
  Corral de ganado: "este (lugar) de dar a luz".
  Corral for livestock: "this place for giving birth".
  Viehgehege: „dieser (Ort) der Geburt".
- **Gánigo** (VC)
  Vasija de barro: "este de cocer".
  Clay vessel: "this for firing".
  Tongefäß: „dieses zum kochen".
- **Garoé** (VC)
  En El Hierro: "los reunidores o recogedores (de agua)".
  On El Hierro: "the collector (of water)".
  Auf El Hierro: „die (Wasser)-versammler und -sammler".
- **Guaidil** (FIT)
  Arbusto (Convulvulus floridus) con numerosas flores de color blanco: "este cubierto", posiblemente en relación a la amplia "cubierta" de flores blancas.
  Plant (Convulvulus floridus) with numerous white flowers: "covered", possibly in relation to the broad "coverage" of white flowers.
  Pflanze (Convulvulus floridus) mit zahlreichen weißen Blüten: „dieses Bedeckte", wahrscheinlich in Verbindung mit Flächen, die mit weißen Blumen „bedeckt" waren.
- **Guanarteme** (VC)
  En Gran Canaria: "este del parentesco de sangre o linaje real".
  On Gran Canaria: "this man of the blood relationship or royal lineage".
  Auf Gran Canaria: „der Blutsverwandte oder der aus der Königsfamilie".
- **Guanche** (VC)
  En Tenerife: "este (hijo) del fatídico o volcán".
  On Tenerife: "this (son) of the fateful one or of the volcano".
  Auf Teneriffa: „dieser (Sohn) des Unheils oder des Vulkans".
- **Guanil** (VC)
  Ganado de suelta: "este de enfrente o alrededores".
  Free livestock: "this from opposite or around".
  Freies Vieh: „Das von gegenüber oder aus der Umgebung".
- **Guañameñe, Guanamene** (VC)
  Adivino o santón en Tenerife: "este de decir o el dicente", en relación a las predicciones.
  Shaman on Tenerife: "this one who says or the sayer", in relation to his predictions.
  Wahrsager oder Guru auf Teneriffa: „der des Sagens oder der Sagende".
- **Gofio** (VC)
  Voz pancanaria: "lo que me ahoga" (harina, polvo muy fino).
  A word from all over the Canary Islands: "what drowns me" (flour, very fine dust).
  Allgemein kanarisches Wort: „Was mich erstickt" (Mehl, feines Pulver).
- **Hupalupa** (AN)
  Jefe gomero: "el colérico o irascible".
  Gomeran chief: "the angry or irritable one".
  Oberhaupt auf La Gomera: „der Cholerische oder Jähzornige".
- **Icod, Icoden** (TOP)
  Localidades en Tenerife: Icod de los Vinos, Icod el Alto; Lomo de Icod, en la zona central de La Gomera: "las bolas o enjambres de abejas".
  Places on Tenerife: Icod de los Vinos, Icod el Alto; Lomo de Icod, in the central part of La Gomera: "balls or hives of bees".
  Orte auf Teneriffa: Icod de los Vinos, Icod el Alto; Lomo de Icod, im Inselzentrum von La Gomera: „Der (Bienen-)Schwarm".
- **Irama** (FIT)
  Nombre dado en El Hierro al salado blanco (Schizogyne sericea): "la del gusto", por su sabor de gusto salado.
  Name given on El Hierro to salados (Schizogyne sericea), "tasty ones", as a result of their salty taste.
  Auf El Hierro heisst diese Pflanze „salado blanco" (Schizogyne sericea): „die vom Geschmack", wegen ihres salzigen Geschmacks.
- **Julan** (FIT) (TOP)
  En El Hierro, planta cañaheja, forrajera, Ferula linkii: "lo abundante". Dehesa del Julan.
  On El Hierro, a cane, for forage Ferula linkii: "the plentiful one". Dehesa del Julan.
  Auf El Hierro, Riesenfenchel, Futterpflanze, Ferula linkii: „die reichlich Vorhandene". Dehesa del Julan.
- **Majo, mago** (VC)
  Antiguo habitante de Lanzarote; denominación tradicional del campesino pancanario: "el noble y libre".
  Ancient inhabitant of Lanzarote; the traditional name for the country person all over the Canary Islands: "he who is noble and free".
  Ehemalige Einwohner von Lanzarote, altes Wort für den kanarischen Bauern: „der Gutmütige und Freie".
- **Majorero** (VC)
  Denominación del poblador de Fuerteventura. Es una adaptación castellana, variante y sinónima de la voz anterior: "el noble y libre".
  Name of the inhabitants of Fuerteventura. This is a Castilian adaptation, a variant or synonym for the previous word "he who is noble and free".
  Bezeichnung des Bewohners von Fuerteventura. Es handelt sich um eine Adaption aus dem Spanischen als Variante des oben genannten Wortes: „der Gutmütige und der Freie".
- **Mencey** (VC)
  Jefe territorial, Tenerife: "el que pasa primero, el principal".
  Territorial chief, Tenerife: "he who goes first, the head".
  Gebietsoberhaupt, Teneriffa: „der vorne vorhergeht, der Wichtigste".
- **Tabaiba** (FIT)
  Arbustos del género Euphorbia: "esta de ser cortada o pinchada".
  Plant of the genus Euphorbia: "this which cuts or punctures".
  Pflanze aus der Familie der Euphorbien: „die geschnitten wird oder die Stechende".
- **Tabona** (VC)
  Cuchillo de obsidiana o basalto: "la (obra) del aprendiz"
  Knife of obsidian or basalt: "the (work) of the apprentice"
  Obsidian- oder Basaltmesser: „das (Werk) des Lehrlings".
- **Tacoronte** (TOP)
  Municipio del norte de Tenerife: "esta (tierra) recogida".
  Borough in the north of Tenerife: "this secluded (land)".
  Gemeinde im Norden von Teneriffa: „diese gesammelte (Erde, Heimat)".
- **Tafeña** (VC)
  Millo o trigo tostado, en grano: "la caldereta, calentador"
  Toasted maize or wheat, unground: "the stew, heater".
  Gerösteter Mais oder Weizen, in Körnern: „Das Ragout, der Heizer".
- **Tagasaste** (FIT)
  Planta forrajera, similar al escobón, La Palma, Chamaecytisus proliferus: "planta gramínea de hoja dura".
  Forage plant, similar to broom, La Palma, Chamaecytisus proliferus: "grassy plant with hard leaves".
  Futterpflanze, ähnlich dem Ginster, La Palma, Chamaecytisus proliferus: „Graspflanze mit harten Blättern".
- **Tagoror** (VC)
  Asamblea: "la cerca, recinto circular de piedra".
  Assembly: "the wall, stone circle".
  Versammlung: „die Umzäunung, der runde Steinplatz".
- **Tajinaste** (VC)
  Arbustos del género Echium: "goma resinosa".
  Plant of the genus Echium: "resinous rubber".
  Pflanze aus der Gattung der Echiums: „harzhaltiges Gummi".
- **Tamaragua** (VC)
  Antiguo saludo canario: "esta es de alegría", equivalente al actual "me alegro de verte".
  Old Canarian greeting: "this is of happiness", equivalent to the modern "I'm pleased to see you".
  Alter kanarischer Gruß: „Das ist erfreulich", entspricht dem heutigen „Ich freue mich, dich zu sehen".
- **Tamarco** (VC)
  Vestimenta guanche: "la calentadora".
  Guanche clothing: "the warmer".
  Bekleidung der Guanchen: „die Erwärmende".
- **Tanausú** (AN)
  Jefe palmero de la Caldera de Taburiente, del cantón de Azeró, en 1493. Fue capturado y enviado encadenado a España en un navío. Se dejó morir de hambre al verse privado de libertad: "el del gran hígado" (valentía, coraje).
  Chief on La Palma from the Caldera de Taburiente, in the Canton of Azeró, in 1493. He was captured and sent in chains to Spain on a ship. He voluntarily died of hunger when he found that his freedom had been taken away. "he of the large liver" (bravery, courage).
  Oberhaupt von Caldera de Taburiente, La Palma, des Kantons Azeró, 1493. Er wurde gefangen genommen und in einem Schiff nach Spanien geschickt. Doch dieser verhungerte lieber, als in Gefangenschft leben zu müssen: „der mit der großen Leber" (Mut, Courage).
- **Tenerife** (TOP)
  Nombre de la isla: "la (tierra) del tostamiento" (volcán).
  Name of the island: "the (land) of toasting" (volcano).
  Inselname: „die röstende (Erde)" (Vulkan).
- **Tindaya** (TOP)
  Montaña sagrada en Fuerteventura: "la de sobrecoger o impresionar". La tradición oral la denomina "montaña embrujada".
  The sacred mountain of Fuerteventura: "that which takes the breath away". Oral tradition also calls it the "enchanted mountain".
  Heiliger Berg auf Fuerteventura: „der Überraschende oder Beeindruckende". Abgeleitet aus der mündlichen Überlieferung zu: „verhexter Berg".
- **Vacaguaré** (VC)
  Grito de Tanausú al dejarse morir: "quiero ser de los nobles" (no esclavo).
  Cry of Tanausú when he voluntarily died of hunger: "I wish to be of the nobles" (not a slave).
  Ruf des Tanausú, als er starb: „ich möchte zu den Adligen gehören" (nicht zu den Sklaven).
- **Zonzamas** (AN)
  Régulo de Lanzarote a finales del siglo XIV: "el de las sonrisas, el risueño, el alegre".
  Ruler of Lanzarote at the end of the 15th Century: "he of the smiles, the smiling one, the happy one".
  Duodezfürst von Lanzarote gegen Ende des 14. Jahrhunderts: „der des Lachens, der Vergnügte, der Heitere".

Fuente / Source / Quelle: Centro de Estudios Imazighen de Canarias (C.E.I.C)

LANZAROTE

. Más Información. **www.cabildodelanzarote.com**
. Tel. Cabildo de Lanzarote. 928 810 100

Superficie / Area / Fläche	886,77 km²
Altitud / Height / Höhe ü.d.M.	Peñas del Chache 671 m.
Población / Population / Bevölkerung	123.039 habitantes
Espacios Naturales Protegidos / Protected Natural Areas / Naturschutzgebiet	35.029,2 hectáreas

CANARIAS. ISLAS Y PUEBLOS

LANZAROTE

Fuente / Source / Quelle: Instituto Geográfico Nacional. Centro Nacional de Información Geográfica.
Escala 1:350.000

INTRODUCCIÓN
INTRODUCTION / EINLEITUNG

ASPECTOS GEOGRÁFICOS
GEOGRAPHICAL ASPECTS / GEOGRAFISCHE GESICHTSPUNKTE

🇪🇸 Desde el punto de vista geológico, Lanzarote es una de las islas más antiguas de Canarias, siendo además la más oriental y septentrional del Archipiélago. Al Norte de la isla y dependientes de ella se sitúa un grupo de islotes que constituyen el Parque Natural del Archipiélago Chinijo (palabra ésta que significa pequeño): La Graciosa, Montaña Clara, Alegranza y los Roques del Este y del Oeste.

Esta isla cuenta con 13 Espacios Naturales Protegidos, destacando de manera especial el Parque Nacional de Timanfaya (declarado en 1974) y el Parque Natural de Los Volcanes, que reúnen una excelente muestra de volcanismo histórico, con multitud de conos volcánicos y diferentes tipos de materiales lávicos. En la vegetación dominan los matorrales áridos y de jables, así como el tabaibal dulce y el palmeral, cuya mejor representación se encuentra en el valle de Haría. Cuenta asimismo con numerosos endemismos vegetales y animales, entre los que llama la atención el cangrejo ciego de los Jameos del Agua. Debido a los altos valores naturales que contiene fue declarada Reserva de la Biosfera por la UNESCO en 1993.

La economía gira en torno al sector servicios, pues la isla depende casi exclusivamente del turismo. Por lo que respecta al sector primario hay que destacar (especialmente para consumo local y regional) la producción de batatas, legumbres, cebollas y vid; este último de cierta relevancia, ya que sus vinos han alcanzado gran prestigio tanto a nivel nacional como internacional.

Lanzarote posee una gran variedad de atractivos en sus playas, museos y paisajes, sorprendiendo el equilibrio entre arte, cultura y naturaleza, del que el artista César Manrique fue unos de sus principales impulsores.

La población se reparte en seis municipios, siendo su actual capital Arrecife, la que concentra la mitad de los habitantes de la isla.

🇬🇧 From the geological point of view, Lanzarote is one of the oldest of the Canary Islands and it is also the most easterly and northerly. To the north of the island and depending on it, there is a group of minor islands which make up the Chinijo Archipelago Nature Park (Chinijo means small): La Graciosa, Montaña Clara, Alegranza, Roque del Este and Roque del Oeste.

Lanzarote has thirteen Protected Natural Spaces, with the Timanfaya National Park (declared a National Park in 1974) standing out particularly together with the Natural Park of Los Volcanes, which have a superb range of relics of historical volcanic activity with a multitude of volcanic cones and different types of lava materials. Among the vegetation, the bushes of arid and sandy environments stand out as well as the "tabaibal dulce" (balsam spurge) and the palm trees, of which the best specimen is in the valley of Haría. There are also numerous endemic plants and animals, foremost among which is the blind crab of los Jameos del Agua. Due to the island's great natural value, it was declared a UNESCO Biosphere Reserve in 1993.

The economy is based on the service sector as the island depends almost exclusively on tourism. As for the primary sector, it is necessary to emphasise (especially for local and regional consumption) the production of sweet potatoes, legumes, onions and vines; the latter have a certain importance as the wines of Lanzarote have achieved great prestige nationally and internationally.

Lanzarote has a wide variety of attractions in its beaches, museums and landscapes, with the balance between art, culture and nature, of which the artist César Manrique was one of the greatest exponents, being a particular surprise.

The population lives in a total of six boroughs and the current capital, Arrecife, is home to half.

🇩🇪 Aus geologischer Sicht ist Lanzarote eine der ältesten Inseln der Kanaren, außerdem ist sie die östlichste und nördlichste des Archipels. Nördlich der Insel befindet sich ein Gruppe kleinerer Inseln, die den Naturpark Chinijo Archipel bilden (Chinijo=klein): La Graciosa, Montaña Clara, Alegranza und los Roques del Este sowie Roque del Oeste.

Die Insel verfügt über 13 Naturschutzgebiete, darunter insbesondere den Timanfaya Nationalpark (seit 1974) und den Naturpark Los Volcanes; beide repräsentieren die Geschichte des Vulkanismus der Insel, mit unzähligen Vulkankratern und diversen Lavagesteinsarten. Bezüglich der Vegetation dominieren trockene Büsche in den Sanddünen, sowie der Tabaibal Dulce und Palmenhaine, deren größtes Vorkommen in El Valle de Haría zu bewundern ist. Auf ihr leben außerdem zahlreiche endemische Pflanzen und Tiere, darunter besonders der Cangrejo Ciego *(Munidopsis polymorpha)* von Los Jameos de Agua. Wegen ihrer großen naturellen Reichtümer wurde sie von der UNESCO 1993 zum Biosphärenreservat erklärt.

Die Wirtschaft basiert auf dem Dienstleistungssektor, da die Insel fast ausschließlich vom Tourismus lebt. Bezüglich des Primärsektors (hauptsächlich für den lokalen und regionalen Verbrauch) muss der Anbau von Bataten, Hülsenfrüchten, Zwiebeln und Wein erwähnt werden; letzterer hat eine gewisse Bedeutung gewonnen, da sich die hergestellten Weine sowohl nationaler als auch internationaler Beliebtheit erfreuen.

Lanzarote besitzt eine Vielzahl an Attraktionen: Strände, Museen und Landschaften, eine überraschungsvolle Harmonie zwischen Kunst, Kultur und Natur, die von dem Künstler César Manrique angeregt wurde.

Die Bevölkerung teilt sich auf sechs Gemeindebezirke auf, deren Hauptstadt Arrecife ist. Hier lebt die Hälfte aller Inselbewohner.

BREVE RESEÑA HISTÓRICA
A SHORT HISTORICAL SUMMARY / KURZER HISTORISCHER ÜBERBLICK

🇪🇸 El nombre de Lanzarote proviene del genovés Lancelotto Malocello que la visitó en el siglo XIV. Los aborígenes la denominaban Tytheroygatra (Tyterogaka). Los "majos", sus antiguos pobladores, practicaban la ganadería, así como la pesca con redes de juncos y el marisqueo; mientras que la agricultura solo tuvo carácter testimonial.

Fue ocupada por Juan de Bethencourt y Gadifer de la Salle, inicialmente de forma pacífica. Desembarcaron en 1402 en El Rubicón, en el Sur de la isla, donde levantaron un pequeño castillo defensivo; allí establecieron la capital y la sede del Obispado del Rubicón. Ante los abusos de Gadifer, los lanzaroteños, con su rey Guadarfía a la cabeza, se levantaron en armas; pero Bethencourt consiguió pacificarlos en 1404, tras su regreso de Europa.

Con Teguise como capital, la isla fue un señorío de la casa de Los Herrera. Durante los siglos XVI-XVII-XVIII, sufrió ataques y saqueos de piratas berberiscos e ingleses, debiendo fortificarse con castillos como los de San Gabriel y San José en Arrecife, o el de Santa Bárbara en el volcán Guanapay de Teguise.

Sequías, plagas, crisis agrarias, erupciones volcánicas (Timanfaya 1730-1736 y 1824) motivaron una persistente emigración a las islas mayores o América. Pero en el siglo XX se produjo un vuelco en su economía, con el comienzo y promoción de la actividad turística. En todo este proceso se debe destacar la labor desarrollada por el artista lanzaroteño César Manrique, que dejó obras de enorme valor y atractivo por toda la isla.

🇬🇧 The name of Lanzarote comes from the Genoan, Lancelotto Malocello, who visited the island in the 14th Century. The natives called it Tytheroygatra (Tyterogaka). The "majos", the ancient inhabitants, practised livestock-keeping, as well as fishing with nets of reeds and gathering shellfish, while agriculture was almost entirely absent.

The island was occupied by Juan de Bethencourt and Gadifer de la Salle, initially in a peaceful manner. They disembarked in 1402 at El Rubicón, in the south of the island, where they raised a small defensive castle; this also became the capital and the see of Rubicon. As a result of mistreatment by Gadifer, the people of Lanzarote rose up in arms, with their king, Guadarfía, at their head. However, Bethencourt managed to pacify them again on his return from Europe.

With Teguise as capital, the island was a domain of the house of Herrera. During the 16th, 17th and 18th Centuries, it suffered attacks and sackings by Barbary and English pirates and had to fortify itself with castles such as those of San Gabriel and San José in Arrecife, or that of Santa Bárbara at the Guanapay volcano in Teguise.

Droughts, pests, agricultural crises, volcanic eruptions (Timanfaya 1730-1736 and 1824) gave rise to persistent emigration to the larger islands or America. But in the 20th Century, there was a major change in the economy with the start of and growth in tourist activity. In all this process, it is important to emphasise the work done by the Lanzarote artist, César Manrique, who left highly attractive works of enormous value all over the island.

🇩🇪 Der Name Lanzarote stammt von dem Genuesen Lancelotto Malocello, der die Insel im 14. Jahrhundert besuchte. Die Ureinwohner nannten sie Tytheroygatra (Tyterogaka). Die „Majos", die alten Ureinwohner, betrieben Viehzucht, fischten mit Binsennetzen und sammelten Meeresfrüchte, während die Landwirtschaft nur eine untergeordnete Rolle spielte.

Die Insel wurde, anfangs noch mit friedlichen Absichten, von Juan de Bethencourt und Gadifer de la Salle besetzt. Sie gingen 1402 in El Rubicón, im Süden der Insel, an Land, wo sie eine kleine Verteidigungsanlage errichteten; dort gründeten sie die Hauptstadt und den Bischofssitz von el Rubicón. Doch nach dem Vertrauensbruch von Gadifer griffen die Lanzaroteños mit ihrem König Guardafía an der Spitze, zu den Waffen, aber Bethencourt konnte sie 1404, nach seiner Rückkehr von Europa, besänftigen.

Mit Teguise als Hauptstadt war die Insel Herrensitz der Familia Los Herrera. Während des 16. bis 18. Jahrhunderts wurde sie von Angriffen und Plünderungen berberischer und englischer Piraten heimgesucht. Damit wurden Festungsanlagen notwendig, die man in San Gabriel und San Jose, in Arrecife, baute. Ein weiteres Beispiel ist das Kastell Santa Barbara im Vulkan Guanapay von Teguise.

Dürreperioden, Plagen, Agrarkrisen, Vulkanausbrüche (Timanfaya 1730-1736 und 1824) veranlassten viele Menschen zu den größeren Inseln oder nach Amerika auszuwandern. Doch im 20.Jahrhundert ereignete sich mit dem Beginn des Tourismus der wirtschaftliche Umschwung. Bei diesem Prozess muss das Wirken des lanzarotenischen Künstlers César Manrique hervorgehoben werden, der Werke von außergewöhnlichem Wert schuf.

ARRECIFE

- Más Información. **www.arrecife.es**
- Tel. Ayuntamiento de Arrecife. 928 812 750

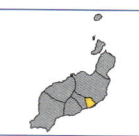

Superficie / Area / Fläche	Altitud / Height / Höhe ü.d.M.	Población / Population / Bevölkerung
22,72 km²	**20 m.**	**53.920 habitantes**

01 🇪🇸 Antiguas salinas de Puerto Naos.
   🏴󠁧󠁢󠁥󠁮󠁧󠁿 The old saltworks of Puerto Naos.
   🇩🇪 Alte Salinen von Puerto Naos.
02 🇪🇸 Charco de San Ginés. Extensa laguna con sabor marinero.
   🏴󠁧󠁢󠁥󠁮󠁧󠁿 Charco de San Ginés. A broad lagoon with a seagoing flavour.
   🇩🇪 Charco de San Ginés. In der großen Lagune ankern Fischerboote.
03 🇪🇸 Callejón del Aguaresío. Un rincón lleno de encanto.
   🏴󠁧󠁢󠁥󠁮󠁧󠁿 Callejón del Aguaresío. A spot that is full of enchantment.
   🇩🇪 Callejón del Aguaresío. Ein zauberhafter Ort.
04 🇪🇸 Puente de Las Bolas. Monumento emblemático de la ciudad, que servía de acceso al Castillo de San Gabriel.
   🏴󠁧󠁢󠁥󠁮󠁧󠁿 Las Bolas bridge. An emblematic monument of the city, which served as access to the Castillo de San Gabriel.
   🇩🇪 Puente de Las Bolas. Emblematisches Stadtdenkmal, das den Zugang zum Castillo de San Gabriel darstellte.

05 🇪🇸 Castillo de San José. Fortaleza del siglo XVIII transformada por César Manrique en uno de los museos de Arte Contemporáneo más importantes de Canarias. Tel. 928 812 321.

🇬🇧 Castillo San José. An 18th Century fortress transformed by César Manrique into one of the most important museums of Contemporary Art in the Canary Islands. Phone. 928 812 321.

🇩🇪 Castillo San José. Die Festung aus dem 18. Jahrhundert wurde von César Manrique in ein eins der wichtigsten Museen zeitgenössischer Kunst der Kanaren verwandelt. Tel. 928 812 321.

06 🇪🇸 Calle Real. Una de las principales calles comerciales.

🇬🇧 Calle Real. One of the main shopping streets.

🇩🇪 Calle Real. Eine der wichtigen Einkaufsstrassen.

07 🇪🇸 Iglesia San Ginés. Construida en el siglo XVII, es una de las reliquias históricas de la Isla.

🇬🇧 San Ginés Church. Built in the 17th century, it is one of the historical relics of the island.

🇩🇪 Iglesia San Ginés. Die im 17.Jh. erbaute Kirche ist eine der historischen Reliquien der Insel.

08 🇪🇸 Parque temático. Lugar de recreo y distracción.

🇬🇧 Theme park. A place of recreation and fun.

🇩🇪 Freizeitpark. Ort für Spaß und Unterhaltung.

09 🇪🇸 Vista parcial del "Parque Islas Canarias".

🇬🇧 Partial view of the "Parque Islas Canarias".

🇩🇪 Teilansicht auf „Parque Islas Canarias".

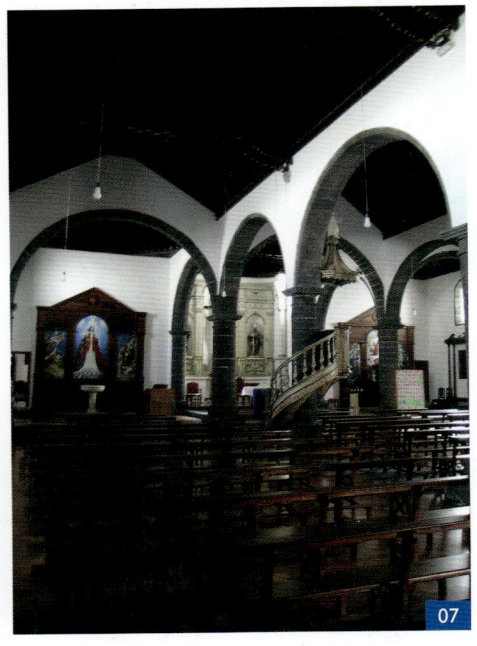

10 🇪🇸 Patio interior de la "Casa de Los Arroyos".
🇬🇧 The internal courtyard of the "Casa de Los Arroyos".
🇩🇪 Innenhof der Casa de Los Arroyos.

11 🇪🇸 Antigua fachada exterior de la sede del Cabildo Insular de Lanzarote.
🇬🇧 The old façade of the Lanzarote Island Authority building.
🇩🇪 Alte Außenfassade des Sitzes des Cabildo Insular de Lanzarote (Inselrat).

12 🇪🇸 Castillo de San Gabriel. Su construcción se remonta al año 1571, aunque fue reconstruido en 1666. En él se ubica en la actualidad el museo Etnográfico y Arqueológico de Lanzarote.
🇬🇧 Castillo San Gabriel. Its construction goes back to the year 1571, although it was rebuilt in 1666. The castle is now the home of the Ethnographic and Archaeological Museum of Lanzarote.
🇩🇪 Castillo San Gabriel. Der Bau der Festung geht auf das Jahr 1571 zurück, allerdings wurde sie 1666 umgebaut. Heute befindet sich darin das Ethnologische und Archäologische Museum von Lanzarote.

13 🇪🇸 Playa del Reducto. Playa natural a la que se ha otorgado en numerosas ocasiones la "Bandera Azul" de la Unión Europea.
🇬🇧 Playa del Reducto. A natural beach which has often been awarded the "Blue Flag" of the European Union.
🇩🇪 Playa del Reducto. Der Naturstrand erhielt schon mehrmals die Blaue Fahne der Europäischen Union.

14 🇪🇸 Muelle de "La Pescadería", y al fondo "Muelle Viejo".
🇬🇧 The dock of "La Pescadería", and in the background the "Muelle Viejo" or old quay.
🇩🇪 Hafen von „La Pescadería", und im Hintergrund „Muelle Viejo".

15 🇪🇸 Una de las salas pertenecientes al "Almacén". (Centro de Arte y Cultura de Arrecife).
🇬🇧 One of the halls belonging to the "Almacén". (Arts and Culture Centre in Arrecife).
🇩🇪 Einer der Säle im „Almacén". (Zentrum für Kunst und Kultur in Arrecife).

HARÍA

. Más Información. www.ayuntamientodeharia.com
. Tel. Ayuntamiento de Haría. 928 835 009

Superficie / Area / Fläche	Altitud / Height / Höhe ü.d.M.	Población / Population / Bevölkerung	Espacios Naturales Protegidos / Protected Natural Areas / Naturschutzgebiet	Distancia por carretera / Distance by car / Distanz auf Verkehrswegen
106,59 km²	270 m.	4.894 habitantes	4.487,14 hectáreas	28 km. a Arrecife

01 🇪🇸 Mirador del Río. Un lugar de visita obligada, desde el que se contempla una espectacular vista del Archipiélago Chinijo. Tel. 928 526 548.

🇬🇧 Mirador del Río. An obligatory visit, from where you can see a spectacular view of the Chinijo Archipelago. Phone. 928 526 548.

🇩🇪 Mirador del Río. Der Besuch dieses Aussichtspunktes ist Pflicht, denn von hier aus bietet sich ein spektakulärer Blick auf den Chinijo Archipel. Tel. 928 526 548.

02 🇪🇸 Pequeño Puerto-refugio de Órzola.

🇬🇧 Small port and harbour of Órzola.

🇩🇪 Der kleine Schutzhafen von Órzola.

03 🇪🇸 Cueva de los Verdes. Su formación se produce tras el proceso de enfriamiento y solidificación de la corteza superior de las corrientes de lava en su contacto con la atmósfera, mientras continúa discurriendo la lava por la parte inferior, lo que origina un conjunto de grutas y galerías subterráneas. Tel. 928 848 484.

🇬🇧 Cueva de los Verdes. The formation took place after a process of cooling and solidification of the upper crust of a lava flow due to contact with the atmosphere while the flow continued inside, giving rise to a set of grottos and underground galleries. Phone. 928 848 484.

🇩🇪 Cueva de los Verdes. Die Höhle entstand bei der Abkühlung und Festigung der oberen Schicht von Lavaströmen, als diese mit der Atmosphäre in Kontakt kam, während sich im Inneren ein Komplex an unterirdischen Grotten und Tunneln bildete. Tel. 928 848 484.

04 🇪🇸 Iglesia de Maguez (siglo XX), diseñada por César Manrique.

🇬🇧 Church of Maguez (20th century), designed by César Manrique.

🇩🇪 Iglesia de Maguez (20.Jh.), entworfen von César Manrique.

05 🇪🇸 Paisaje de Maguez.
🌞 Maguez Landscape.
🇩🇪 Die Landschaft von Maguez.

06 🇪🇸 Paisaje de Órzola.
🌞 Órzola Landscape.
🇩🇪 Die Landschaft von Órzola.

07 🇪🇸 Vista panorámica de las antiguas Salinas del Río. Utilizadas desde hace más de 600 años.
🌞 Panoramic view of the old Salinas del Río saltworks. They have been in use for over six hundred years.
🇩🇪 Ausblick auf die alten Salinen el Río. Sie waren schon vor über 600 Jahren in Betrieb.

08 🇪🇸 La Playa Bajo el Risco, es una de las mejor conservadas de la isla. Se accede por un sendero.
🌞 The Bajo el Risco Beach; this is one of the best kept beaches on the island. You gain access along a pathway.
🇩🇪 La Playa Bajo el Risco ist einer der best erhaltenen Strände der Insel. Der Zugang erfolgt über einen Fußweg.

09 🇪🇸 Interior del tubo volcánico de la Cueva de Los Siete Lagos.
🌞 The interior of the volcanic tube of the Cave of Los Siete Lagos.
🇩🇪 Innensicht der Vulkanröhre der Cueva de los Siete Lagos.

10 🇪🇸 Caletón Blanco. En este bello lugar podemos bañarnos en sus numerosas piscinas naturales.
🌞 Caletón Blanco. Here in this beautiful place, you can have a swim in one of the many natural swimming pools.
🇩🇪 Caletón Blanco. Dieser bezaubernde Ort bietet die Möglichkeit in einem der zahlreichen Naturbassins zu baden.

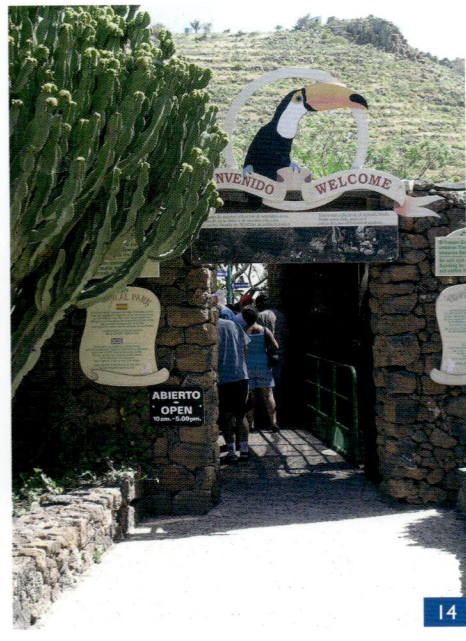

🇪🇸 Plaza León y Castillo, anexa a Iglesia de Nuestra Señora de La Encarnación.

🇬🇧 Plaza León y Castillo, next to the Church of Nuestra Señora de La Encarnación.

🇩🇪 Plaza León y Castillo, an der Iglesia de Nuestra Señora de La Encarnación.

12 🇪🇸 Jameos del Agua. Ubicado muy cerca de la Cueva de los Verdes, en el Malpaís de La Corona. Se produjo como consecuencia del desplome del techo de un tubo volcánico. En su interior se ha habilitado un espectacular auditorio. Tel. 928 848 020.

🇬🇧 Jameos del Agua. Located very close to the Cueva de los Verdes, in the Malpaís de La Corona. The hole was created as a consequence of the falling of the roof of a volcanic tube. In the interior, there is a spectacular auditorium. Phone. 928 848 020.

🇩🇪 Jameos del Agua. Befindet sich ganz in der Nähe von Cueva de los Verdes, im Malpaís de La Corona. Die Öffnung entstand beim Einbruch der Decke eines vulkanischen Tunnels. Im Inneren befindet sich ein sensationelles Auditorium. Tel. 928 848 020.

13 🇪🇸 Antigua Ermita de San Juan.

🇬🇧 The old Chapel of San Juan.

🇩🇪 Alte San Juan Kapelle.

14 🇪🇸 Guinate Tropical Park. Exótico jardín zoológico y botánico. Tel. 928 835 500.

🇬🇧 Guinate Tropical Park. Exotic zoo and botanical garden. Phone. 928 835 500.

🇩🇪 Guinate Tropical Park. Exotischer zoologischer und botanischer Garten. Tel. 928 835 500.

15 🇪🇸 Vista panorámica de Haría y Volcán de La Corona.

🇬🇧 Panoramic view of Haría and the Volcán de La Corona.

🇩🇪 Schöner Blick auf Haría und den Vulkan La Corona.

SAN BARTOLOMÉ

- Más Información. www.sanbartolome.org
- Tel. Ayuntamiento de San Bartolomé. 928 520 272

Superficie / Area / Fläche	Altitud / Height / Höhe ü.d.M.	Población / Population / Bevölkerung	Espacios Naturales Protegidos / Protected Natural Areas / Naturschutzgebiet	Distancia por carretera / Distance by car / Distanz auf Verkehrswegen
40,90 km²	**240 m.**	**17.452 habitantes**	**1.306,64 hectáreas**	**6,20 km. a Arrecife**

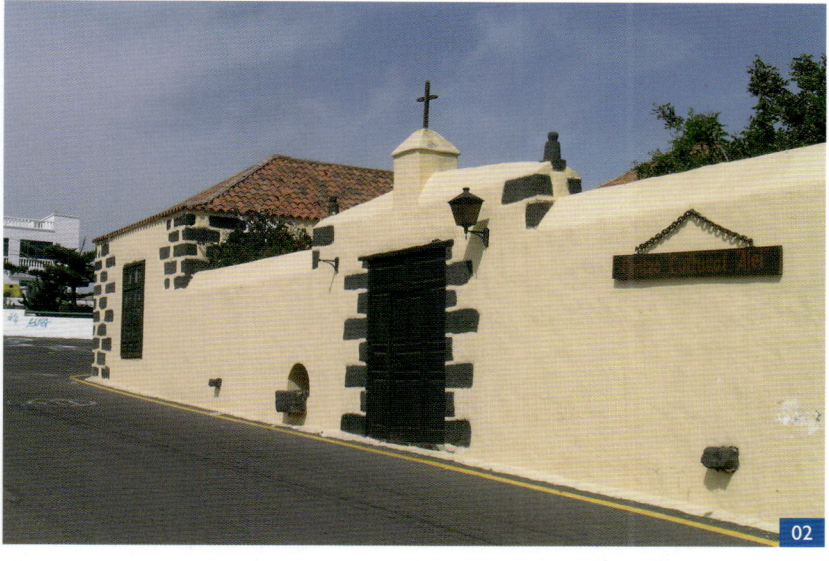

01 Iglesia de San Bartolomé.
    Church of San Bartolomé.
    Iglesia de San Bartolomé.
02 Casa Ajey.
    Casa Ajey.
    Casa Ajey.
03 Monumento al Campesino. Obra de César Manrique.
    Monument to the Peasant. The work of César Manrique.
    Bauerndenkmal. Werk von César Manrique.
04 Escultura dedicada a la Vendimia (obra de Paco Curbelo).
    Sculpture to the grape-harvest (the work of Paco Curbelo).
    Dem Weinanbau gewidmete Skulptur (Werk von Paco Curbelo).
05 Plaza León y Castillo, que da acceso a la Iglesia de San Bartolomé.
    Plaza León y Castillo, which gives access to the Church of San Bartolomé.
    Plaza León y Castillo, vor der Iglesia de San Bartolomé.
06 Cueva volcánica de los Naturalistas o Las Palomas.
    Volcanic cave of the Naturalists or Las Palomas.
    Vulkanische Höhle von los Naturalistas oder Las Palomas.

07 🇪🇸 Canteros con protección de bardos de trigo, al objeto de frenar el jable y resguardar a la plantación del viento.

🇬🇧 Terraces with the protection of clumps of wheat, so as to stop the sand and save the plantation from the wind.

🇩🇪 Acker mit Weizenstreifen, die die Sandverwehung aufhalten.

08 🇪🇸 Museo Etnográfico "Tanit". Tel. 928 802 549. www.museotanit.com

🇬🇧 "Tanit" Ethnographic Museum. Phone. 928 802 549. www.museotanit.com.

🇩🇪 Ethnografisches Museum „Tanit". Tel. 928 802 549. www.museotanit.com.

09 🇪🇸 Molina (izquierda) y molino (derecha), destinados a la elaboración del gofio.

🇬🇧 Windmills devoted to the preparation of gofio.

🇩🇪 Mühle (links) und Mühle (rechts); hier Word Gofio hergestellt.

10 🇪🇸 Casa Museo "El Grifo". En sus instalaciones del siglo XVIII podemos visitar un interesante museo. Sus bodegas son las más antiguas de Canarias. Tel. 928 524 951. www.elgrifo.com.

🇬🇧 "El Grifo" House and Museum. In this 18th Century house there is an interesting museum. The wine-cellars are the oldest in the Canary Islands. Phone. 928 524 951. www.elgrifo.com.

🇩🇪 Museum „El Grifo". Das Museum ist in einem Gebäude aus dem 18.Jahrhundert untergebracht. Die Keltereien gelten als die ältesten der Kanaren. Tel. 928 524 951. www.elgrifo.com.

11 🇪🇸 Casa Mayor Guerra. Casona del siglo XVIII que se ha convertido en un atractivo para el visitante.

🇬🇧 Casa Mayor Guerra. Large 18th-Century house which has been converted into a tourist attraction.

🇩🇪 Casa Mayor Guerra. Die alte Villa aus dem 18. Jahrhundert stellt eine große Attraktion für Besucher dar.

TEGUISE

- Más Información. www.teguise.com
- Tel. Ayuntamiento de Teguise. 928 845 001

Superficie Area Fläche	Altitud Height Höhe ü.d.M.	Población Population Bevölkerung	Espacios Naturales Protegidos Protected Natural Areas Naturschutzgebiet	Distancia por carretera Distance by car Distanz auf Verkehrswegen
263,98 km²	**305 m.**	**15.824 habitantes**	**7.803,85 hectáreas**	**10,20 km. a Arrecife**

01 🇪🇸 Playa de Famara.
🇬🇧 Playa de Famara.
🇩🇪 Playa de Famara.

02 🇪🇸 Estación Arqueológica denominada "La Quesera" (Zonzamas).
🇬🇧 Archaeological station known as "La Quesera" (Zonzamas).
🇩🇪 Die archäologische Anlage „La Quesera" (Zonzamas).

03 🇪🇸 Iglesia de Nuestra Señora de las Nieves. Desde su entorno se divisan bellos paisajes.
🇬🇧 Church of Nuestra Señora de las Nieves. Beautiful landscapes are visible from here.
🇩🇪 Iglesia de Nuestra Señora de las Nieves. In ihrer Umgebung befinden sich bezaubernde Landschaften.

04 🇪🇸 Campesino "guindando" agua del aljibe.
🇬🇧 A countryman "guindando" water from the tank.
🇩🇪 Ein Bauer schöpft Wasser aus einer Zisterne.

05 🇪🇸 Puerta de acceso a la "Fundación César Manrique". Se ubica en el Taro de Tahíche, casa en la que habitó el artista internacional César Manrique. Un lugar de visita obligada. Tel. 928 843 138. www.fcmanrique.org.
🇬🇧 The gate to the "César Manrique Foundation". It is located at Taro de Tahíche, the house that the international artist, César Manrique, lived in. An obligatory visit. Phone. 928 843 138. www.fcmanrique.org
🇩🇪 Eingang zur „Fundación César Manrique". Die Stiftung befindet sich im Taro de Tahíche, das Haus, in dem der internationale Künstler César Manrique lebte. Der Ort gehört zu den Pflichtbesuchen. Tel. 928 843 138. www.fcmanrique.org.

CANARIAS, ISLAS Y PUEBLOS

06 🇪🇸 Cultivo de batatas.
🇬🇧 Cultivation of sweet potatoes.
🇩🇪 Anbau von Bataten.

07 🇪🇸 Vista panorámica de Famara y sus playas.
🇬🇧 Panoramic view of Famara and its beaches.
🇩🇪 Panoramablick auf Famara und ihre Strände.

08 🇪🇸 Ermita de San Rafael.
🇬🇧 Chapel of San Rafael.
🇩🇪 Ermita de San Rafael.

09 🇪🇸 Cultivo de cebollas.
🇬🇧 Cultivation of onions.
🇩🇪 Zwiebelanbau.

10 🇪🇸 Castillo de Santa Bárbara. Fue construido por Sancho Herrera en el siglo XVI. Actualmente se ha convertido en un museo del emigrante. Tel. 928 845 999.
🇬🇧 Castillo de Santa Bárbara. It was built by Sancho Herrera in the 16th Century. It is now the museum of the emigrant. Phone. 928 845 999.
🇩🇪 Castillo de Santa Bárbara. Wurde im 16. Jahrhundert von Sancho Herrera konstruiert. Derzeit beherbergt das Gebäude das Emigrantenmuseum. Tel. 928 845 999.

11 🇪🇸 Antigua calera (horno de cal).
🇬🇧 The old calera (lime kiln).
🇩🇪 Alter Kalksteinbruch (Kalkofen).

12 🇪🇸 Iglesia de Nuestra Señora de Guadalupe.
🇬🇧 Church of Nuestra Señora de Guadalupe.
🇩🇪 Iglesia de Nuestra Señora de Guadalupe.

13 🇪🇸 Museo agrícola El Patio. Tradición, arquitectura y naturaleza; "un viaje a través del tiempo". Tel. 928 529 134.

🇬🇧 The El Patio agricultural museum. Tradition, architecture and nature; "a journey through time". Phone. 928 529 134.

🇩🇪 Agrikulturmuseum El Patio. Tradition, Architektur und Natur; „eine Reise durch die Zeit". Tel. 928 529 134.

14 🇪🇸 Jardín de Cactus (obra de César Manrique). En él podemos observar una gran variedad de especies de cactus. Tel. 928 529 397.

🇬🇧 Cactus Garden (the work of César Manrique). Here you can observe a large variety of species of cactus. Phone. 928 529 397.

🇩🇪 Jardín de Cactus (Werk von César Manrique). Hier kann man eine große Vielfalt an Kakteenarten bewundern. Tel. 928 529 397.

15 🇪🇸 Vista panorámica de El Castillejo y Archipiélago Chinijo.

🇬🇧 Panoramic view of El Castillejo and the Chinijo Archipelago.

🇩🇪 Panoramablick auf El Castillejo und den Chinijo Archipel.

16 🇪🇸 Palacio Spinola. Casona del siglo XVIII. Tel. 928 845 181.

🇬🇧 Palacio Spinola. A large 18th Century house. Phone. 928 845 181.

🇩🇪 Palacio Spinola. Alte Villa aus dem 18. Jahrhundert. Tel. 928 845 181.

17 🇪🇸 Paisaje en Costa Teguise.

🇬🇧 Landscape at Costa Teguise.

🇩🇪 Landschaft in Costa Teguise.

18 🇪🇸 Plantación de *aloe vera*.

🇬🇧 Plantation of *aloe vera*.

🇩🇪 *Aloe vera* Plantage.

ISLA DE LA GRACIOSA

🇪🇸 La isla de La Graciosa, perteneciente al municipio de Teguise, tiene una superficie aproximada de 29 km² y una población en torno a 600 habitantes, concentrados en Caleta del Sebo. Está separada de Lanzarote por El Río, brazo de mar que en su parte más estrecha no llega a un km de anchura, con una profundidad media de 10 m. La máxima altitud, 266 m., se alcanza en el cono volcánico de Pedro Barba, que también da nombre a un segundo caserío, que sólo se habita temporalmente. Se comunica por vía marítima con el puerto de Órzola y la principal actividad de sus habitantes es la pesca, así como un incipiente turismo, predominantemente local.

🇬🇧 The island of La Graciosa, belonging to the municipal district of Teguise, has an area of 29 km² and a population of about six hundred inhabitants, concentrated at Caleta del Sebo. It is separated from Lanzarote by El Río, a stretch of sea which, at its narrowest, is less than one kilometre wide, with an average depth of ten metres. The maximum height above sea level is achieved at the cone of the Pedro Barba volcano, which also gives its name to a second hamlet, which is only occasionally occupied. There is a ferry from the port of Órzola and the main activity of the inhabitants is fishing as well as the beginnings of tourism, which is predominantly local.

🇩🇪 Die kleine Insel La Graciosa gehört zum Bezirk von Teguise und besitzt eine Fläche von etwa 29 km² mit ca. 600 Einwohnern, die überwiegend in Caleta del Sebo leben. La Graciosa wird durch den Meersarm El Río, der an seiner engsten Stelle 1km misst und im Durchschnitt 10 m tief ist, von Lanzarote getrennt. Der Vulkankrater Pedro Barba ist mit 266m der höchste Punkt der Insel; nach ihm ist eine weitere Ortschaft benannt, die nur zeitweilig bewohnt ist. Sie ist über den Seeweg mit dem Hafen Órzola verbunden und die Haupteinnahmequelle ihrer Bewohner sind der Fischfang, sowie der anbrechende Tourismus, überwiegend lokaler Art.

01 🇪🇸 La Isla de La Graciosa y su puerto.
🇬🇧 The island of La Graciosa and its port.
🇩🇪 Die Insel La Graciosa und ihr Hafen.
02 🇪🇸 Secado de pejines.
🇬🇧 Drying of small fish.
🇩🇪 Kleine Fische werden getrocknet.
03 🇪🇸 Aspecto de una de las calles de La Graciosa.
🇬🇧 View of one of the streets in La Graciosa.
🇩🇪 Ansicht einer Straße von La Graciosa.
04 🇪🇸 La Iglesia del Carmen.
🇬🇧 La Iglesia del Carmen.
🇩🇪 Iglesia del Carmen.

TÍAS

- Más Información. **www.tias.org**
- Tel. Ayuntamiento de Tías. 928 833 619

Superficie / Area / Fläche	Altitud / Height / Höhe ü.d.M.	Población / Population / Bevölkerung	Espacios Naturales Protegidos / Protected Natural Areas / Naturschutzgebiet	Distancia por carretera / Distance by car / Distanz auf Verkehrswegen
64,61 km²	**200 m.**	**16.850 habitantes**	**1.917,12 hectáreas**	**9,10 km. a Arrecife**

01 🇪🇸 Antiguo horno de cal.
　🇬🇧 Old lime kiln.
　🇩🇪 Alter Kalksteinofen.
02 🇪🇸 Casa "Señor Justo". Vivienda campesina típica rehabilitada.
　🇬🇧 Casa "Señor Justo". A typical peasant dwelling that has been rehabilitated.
　🇩🇪 Casa „Señor Justo". Renoviertes typisches Bauernhaus.
03 🇪🇸 Paisaje de "Conil".
　🇬🇧 The "Conil" Landscape.
　🇩🇪 Die Landschaft „Conil".
04 🇪🇸 Ermita de la Magdalena.
　🇬🇧 Chapel of la Magdalena.
　🇩🇪 Ermita de la Magdalena.
05 🇪🇸 Varadero (Puerto del Carmen).
　🇬🇧 Varadero (Puerto del Carmen).
　🇩🇪 Varadero (Puerto del Carmen).

06 🇪🇸 Vista panorámica del lugar denominado "Entre Montañas".
🇬🇧 Panoramic view of the place known as "Entre Montañas" (Between Mountains).
🇩🇪 Panoramablick auf „Entre Montañas".

07 🇪🇸 Cultivos de cebolla.
🇬🇧 Cultivation of onions.
🇩🇪 Zwiebelanbau.

08 🇪🇸 Vista panorámica de las playas de Puerto del Carmen.
🇬🇧 Panoramic view of the beaches of Puerto del Carmen.
🇩🇪 Ausblick auf die Strände von Puerto del Carmen.

09 🇪🇸 Ermita de San Antonio. Utilizada antiguamente como "cilla", lugar en el que se cobraban y recogían los diezmos (o impuestos) de la iglesia, pagados en granos.
🇬🇧 Chapel of San Antonio. Used in the past as a "cilla", a place in which the tithes (or taxes) were received or collected for the church, paid in grain.
🇩🇪 Ermita de San Antonio. Hier wurden einst die „Zehnt"-Abgaben an die Kirche, in Form von Getreide, entrichtet.

10 🇪🇸 Iglesia de Nuestra Señora de la Candelaria y Cementerio Viejo.
🇬🇧 Church of Nuestra Señora de la Candelaria and the Old Cemetery.
🇩🇪 Iglesia de Nuestra Señora de la Candelaria y Cementerio Viejo.

TINAJO

- Más Información. www.tinajo.org
- Tel. Ayuntamiento de Tinajo. 928 840 021

Superficie / Area / Fläche	Altitud / Height / Höhe ü.d.M.	Población / Population / Bevölkerung	Espacios Naturales Protegidos / Protected Natural Areas / Naturschutzgebiet	Distancia por carretera / Distance by car / Distanz auf Verkehrswegen
135,28 km²	**195 m.**	**5.258 habitantes**	**8.581,39 hectáreas**	**17,50 km. a Arrecife**

01 🇪🇸 Molino. La Santa.
   Windmill. La Santa.
   🇩🇪 Mühle. La Santa.
02 🇪🇸 Iglesia de Nuestra Señora de Regla. Yuco.
   Church of Nuestra Señora de Regla. Yuco.
   🇩🇪 Iglesia de Nuestra Señora de Regla. Yuco.
03 🇪🇸 Caldera de "Guiguan".
   Caldera de "Guiguan".
   🇩🇪 Caldera von „Guiguan".
04 🇪🇸 Iglesia de San Roque.
   Church of San Roque.
   🇩🇪 Iglesia de San Roque.

05 🇪🇸 El ganado caprino y los quesos de Lanzarote han alcanzado un prestigio bien ganado.

🇬🇧 The goats and cheeses of Lanzarote have won a well-deserved prestige.

🇩🇪 Die Ziegenzucht und der Käse von Lanzarote besitzen ein wohlverdientes Prestige.

06 🇪🇸 Centro de visitantes e interpretación del Parque Nacional de Timanfaya, en Mancha Blanca. Tel. 928 840 839.

🇬🇧 The Timanfaya National Park Visitors' and Interpretation Centre, at Mancha Blanca. Phone. 928 840 839.

🇩🇪 Besucherzentrum des Timanfaya Nationalparks, in Mancha Blanca. Tel. 928 840 839.

07 🇪🇸 La Vegueta.

🇬🇧 La Vegueta.

🇩🇪 La Vegueta.

08 🇪🇸 Vista panorámica de "La Santa". En este lugar se ubica el hotel "Club La Santa", muy frecuentado por deportistas de élite, especialmente nórdicos.

🇬🇧 Panoramic view of "La Santa". This is the location of the "Club La Santa" hotel, which is much-visited by top sportsmen and women, especially from Scandinavia.

🇩🇪 Panoramablick auf „La Santa". Hier befindet sich das Hotel „Club La Santa"; es wird besonders von nordeuropäischen Elitesportlern besucht.

09 🇪🇸 Iglesia de Los Dolores. En ella se encuentra la muy venerada "Virgen de Los Dolores", patrona de la isla.

🇬🇧 Church of Los Dolores. This is where the much-venerated "Virgen de Los Dolores", the patron saint of the island, can be found.

🇩🇪 Iglesia de Los Dolores. Die Kirche beherbergt die höchst verehrte Schutzpatronin der Insel, „Virgen de Los Dolores".

YAIZA

- Más Información. www.yaiza.org
- Tel. Ayuntamiento de Yaiza. 928 836 220

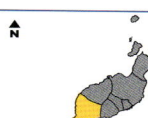

Superficie / Area / Fläche	Altitud / Height / Höhe ü.d.M.	Población / Population / Bevölkerung	Espacios Naturales Protegidos / Protected Natural Areas / Naturschutzgebiet	Distancia por carretera / Distance by car / Distanz auf Verkehrswegen
211,85 km²	192 m.	8.841 habitantes	11.700,17 hectáreas	21 km. a Arrecife

01 🇪🇸 Ermita de Nuestra Señora de La Caridad (ubicada en "La Geria"). Fue afectada por las erupciones volcánicas de 1730-36 y, aunque no sufrió daños, quedó cubierta por las arenas de los volcanes.

🇬🇧 Chapel of Nuestra Señora de La Caridad (located in "La Geria"). It was affected by the volcanic eruptions of 1730-36 and although it did not suffer damage it was covered by the sands from the volcanoes.

🇩🇪 Ermita de Nuestra Señora de La Caridad (liegt in „La Geria"). Als die Kapelle bei den Vulkanausbrüchen von 1730-36 mit Vulkanasche bedeckt wurde, blieb sie unversehrt.

02 🇪🇸 Hervideros. Cuando la mar está brava, a marea alta se puede observar como el agua surge por diversos agujeros.

🇬🇧 Hervideros. When the sea is rough, at high tide you can see the water surge through a number of holes.

🇩🇪 Hervideros. Wenn das Meer wild ist, kann man bei Flut sehen, wie Wasserfontänen aus den Felslöchern schießen.

03 🇪🇸 Vista panorámica de "La Geria". Plantaciones de vid en un original Paisaje Protegido.

🇬🇧 Panoramic view of "La Geria". Plantations of vines in an unusual protected landscape.

🇩🇪 Panoramasicht von „La Geria". Weinbau in geschützter Landschaft.

04 🇪🇸 Antigua Ermita de San Marcial. Femés.

🇬🇧 The old Chapel of San Marcial. Femés.

🇩🇪 Alte Ermita de San Marcial. Femés.

05 🇪🇸 Vapor de agua en el Islote de Hilario (Parque Nacional de Timanfaya).
🇬🇧 Water vapour at the Islote de Hilario (Timanfaya National Park).
🇩🇪 Wasserdampf auf dem Islote de Hilario (Timanfaya Nationalpark).

06 🇪🇸 Aspecto del Parque Nacional de Timanfaya.
🇬🇧 A view of the Timanfaya National Park.
🇩🇪 Ansicht des Timanfaya Nationalpark.

07 🇪🇸 Casa de Los Romeros. Situada cerca de la Ermita de San Marcial de Femés.
🇬🇧 Casa de Los Romeros. Located close to the Chapel of San Marcial de Femés.
🇩🇪 Casa de Los Romeros. Sie befindet sich in der Nähe der Ermita de San Marcial de Femés.

08 🇪🇸 Caravana de Camellos (Parque Nacional de Timanfaya).
🇬🇧 A camel caravan (Timanfaya National Park).
🇩🇪 Kamelkarawane (Timanfaya Nationalpark).

09 🇪🇸 La bella playa del Papagayo aún conserva un entorno sin urbanizar.
🇬🇧 The beautiful Papagayo beach still has unspoilt surroundings.
🇩🇪 An der schönen Playa del Papagayo sind bis heute keine Urbanisationen entstanden.

10 🇪🇸 Antiguo horno de cal ubicado cerca de la entrada que da acceso a las playas de Papagayo.
🌞 The old lime kiln located close to the entrance to the beach of Papagayo.
🇩🇪 Am Zugang zu den Papagayo Stränden steht ein alter Kalkofen.

11 🇪🇸 Las anomalías geotérmicas del Islote de Hilario evidencian la enorme energía calorífica contenida en el subsuelo (Parque Nacional de Timanfaya).
🌞 The geo-thermal anomalies of the Islote de Hilario are evidence of the enormous heat energy in the subsoil (Timanfaya National Park).
🇩🇪 Die geo-thermischen Anomalien des Islote de Hilario beweisen die enorme Wärmeenergie des Untergrunds (Timanfaya Nationalpark).

12 🇪🇸 Torre de San Marcial de Las Coloradas (1769). Punta del Águila.
🌞 Tower of San Marcial de Las Coloradas (1769). Punta del Águila.
🇩🇪 Torre de San Marcial de Las Coloradas (1769). Punta del Águila.

13 🇪🇸 El Sitio de Interés Científico de las Salinas de Janubio.
🌞 The Salinas de Janubio Site of Special Scientific Interest.
🇩🇪 Die Salinen von Janubio erhielten die Bezeichnung „Ort von wissenschaftlichem Interesse".

14 🇪🇸 El Golfo. Bajo una de esas laderas se encuentra el famoso "Charco Verde".
🌞 El Golfo. Beneath one of those mountainsides is the famous "Charco Verde".
🇩🇪 El Golfo. Unterhalb einer diese Abhänge befindet sich der berühmte „Charco Verde".

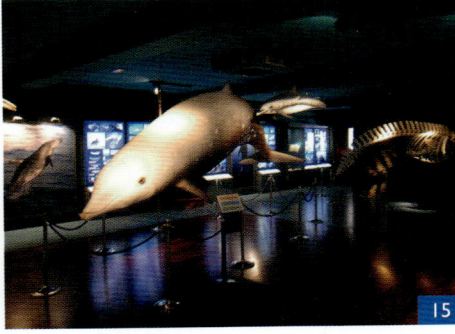

15 🇪🇸 Museo de Cetáceos de Canarias. Institución cultural y científica que supone una atractiva oferta de ocio, pues invita a descubrir una de las colecciones de cetáceos más importantes de Europa. Tel. 928 849 560. www.museodecetaceos.com

🇬🇧 Canary Islands Museum of Cetaceans. A cultural and scientific institution, which has an attractive range of leisure options and invites you to discover one of the most important collections of cetaceans anywhere in Europe. Phone. 928 849 560. www.museodecetaceos.com

🇩🇪 Meeressäugetiermuseum der Kanaren. Die kulturelle und wissenschaftliche Institution stellt ein interessantes Freizeitangebot dar. Hier wird dem Besucher die größte Meeressäugetierkollektion von Europa geboten. Tel. 928 849 560. www.museodecetaceos.com

16 🇪🇸 Cueva volcánica del Chocho (PN de Timanfaya) donde se aprecian grandes depósitos de yeso.

🇬🇧 Volcanic cave of the Chocho (Parque Nacional de Timanfaya) where large deposits of plaster can be observed in the cavity.

🇩🇪 Vulkanische Höhle El Chocho. (Timanfaya Nationalpark) In der Höhle befinden sich große Gipsvorkommen.

17 🇪🇸 Casa natal de Benito Pérez Armas.
🇬🇧 The house of Benito Pérez Armas.
🇩🇪 Casa de Benito Pérez Armas.

18 🇪🇸 Iglesia de Nuestra Señora de Los Remedios.
🇬🇧 Church of Nuestra Señora de Los Remedios.
🇩🇪 Iglesia de Nuestra Señora de Los Remedios.

19 🇪🇸 Vista panorámica de Puerto Calero.
🇬🇧 Panoramic view of Puerto Calero.
🇩🇪 Schöner Blick auf Puerto Calero.

RED DE ESPACIOS NATURALES PROTEGIDOS
NETWORK OF PROTECTED NATURAL SPACES / DAS NETZ DER NATURSCHUTZGEBIETE

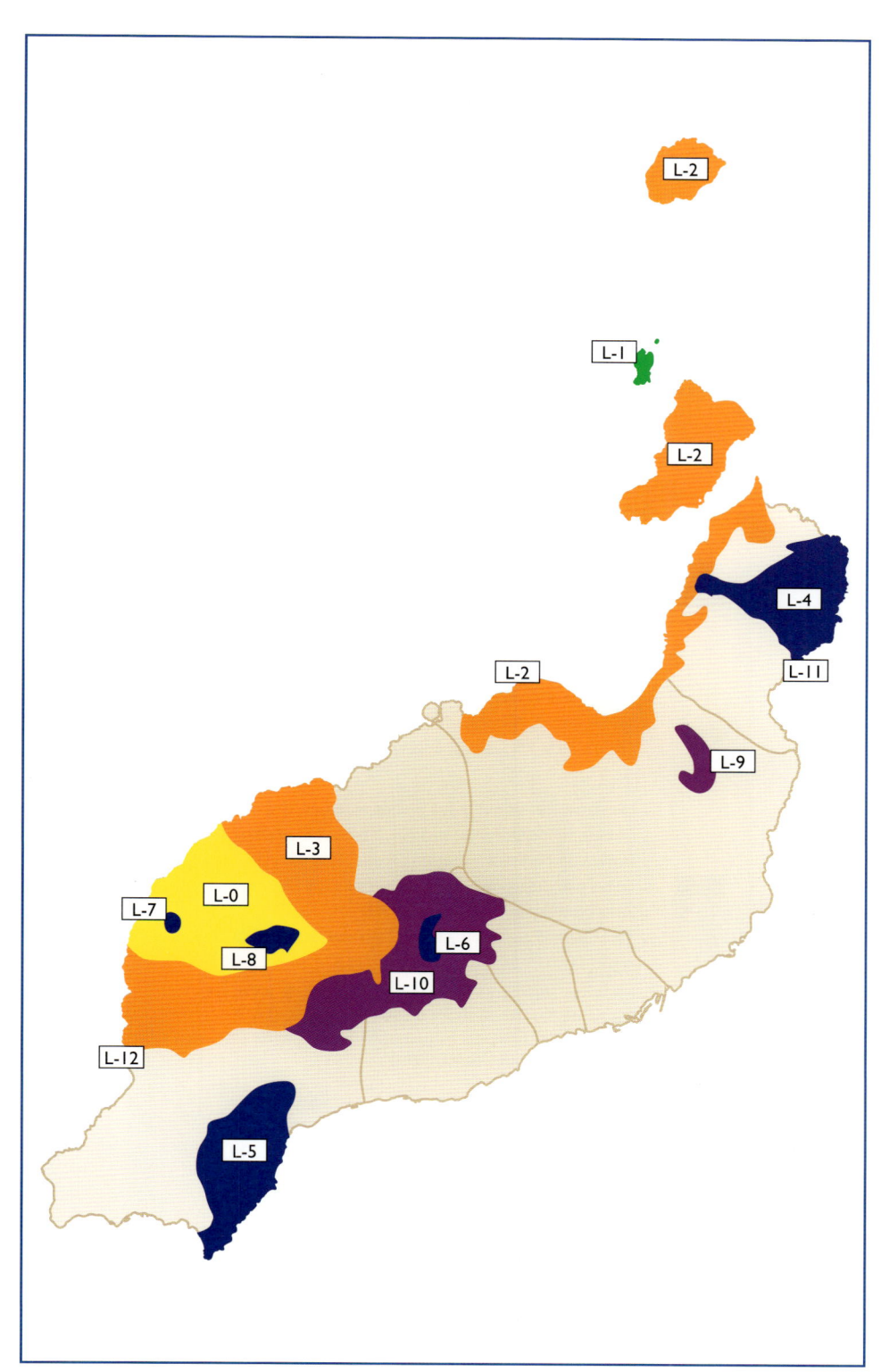

PARQUE NACIONAL
L-0   Parque Nacional de Timanfaya

RESERVA NATURAL INTEGRAL
L-1   Reserva Natural Integral de Los Islotes

PARQUE NATURAL
L-2   Parque Natural del Archipiélago Chinijo
L-3   Parque Natural de Los Volcanes

MONUMENTO NATURAL
L-4   Monumento Natural de La Corona
L-5   Monumento Natural de Los Ajaches
L-6   Monumento Natural de La Cueva de Los Naturalistas
L-7   Monumento Natural del Islote de Halcones
L-8   Monumento Natural de Las Montañas del Fuego

PAISAJE PROTEGIDO
L-9   Paisaje Protegido de Tenegüime
L-10 Paisaje Protegido de La Geria

SITIO DE INTERÉS CIENTÍFICO
L-11 Sitio de Interés Científico de Los Jameos
L-12 Sitio de Interés Científico del Janubio

B.IC.* Y OTROS LUGARES DE INTERÉS HISTÓRICO
B.I.C.* AND OTHER LOCATIONS OF HISTORICAL INTEREST / B.I.C.* UND ANDERE HISTORISCH INTERESSANTE ORTE

ARRECIFE
- Castillo de San Gabriel, puente de las Bolas y acceso. S. XVI. (CH)
- Salinas de Bufona. (M)
- Salinas de Naos. S. XIX. (M)
- La fachada del inmueble con números 23 y 25 de la calle León y Castillo. (M)
- Casa de los Arroyo. S. XVIII. (M)
- Inmueble ubicado en el número 6 de la calle León y Castillo, primera sede del Cabildo Insular de Lanzarote. (M)
- Castillo de San José. S. XVIII. (M)
- Iglesia de San Ginés de Clermont. (M)
  Fundada en 1630 y con reformas posteriores.
- Bahía de Arrecife. (M)
- El Mercadillo. (M)

SAN BARTOLOMÉ DE LANZAROTE
- Ruinas de la Casa Mayor Guerra. (M)
- Iglesia de San Bartolomé y sus bienes muebles. (M)
- Casa Ajey. (M)
- Casa-Museo el Campesino. (M)
- Molino de José María Gil. (M)
- Ajey. (ZA)
- Yacimiento Paleontológico de Guatisea. (ZP)

HARÍA
- Vivienda de César Manrique. (M)
- Jameos del Agua y Auditorio. (M)
- Mirador del Río. Años 70 siglo XX. (M)
- Salinas del Río. (M)
- Salinas de Órzola. (M)
- Vivienda de la Calle El Palmeral (Haría). (M)
- Núcleo urbano de Haría. (M)
- Iglesia de San Juan Bautista. S. XVI-XVII.
- Yacimiento Paleontológico de Órzala. (ZP)
- Yacimiento Paleontológico de Guinate. (ZP)

TEGUISE
- Villa de Teguise. (CH)
- Delimitación del Conjunto Histórico de Teguise. (CH)
- Castillo de Santa Bárbara, Guanapay o de San Hermenegildo. S. XVIII. (M)
- Iglesia de Ntra. Señora de Guadalupe. S. XV-XVII. (M)
- Conjunto de Aljibes. (M)
- Ermita de San Rafael y sus bienes muebles. S. XIX. (M)
- Faro de Alegranza. S. XIX. (M)
- Jardín de Cactus. (M)
  Inaugurado en 1989. Obra de César Manrique.
- Jardines del Hotel Meliá Salinas. (M)
- Salinas de los Agujeros (Costa Guatiza). S. XIX. (M)
- Salinas del Tío Joaquín. (M)
- Ermita de San Leandro. S. XVII. (M)
- Salinas de La Caleta. (M)
- Inmueble de la calle Nueva 3. (M)
- El Río. (M)
- Sede de la Fundación César Manrique. Finales S. XX. (M)
- Ermita de la Vera Cruz. S. XVII-XVIII.
- Palacio Spínola. S. XVIII.
- Tiagua. (ZP)
- La Graciosa (zona norte). (ZP)
- La Graciosa (zona oeste). (ZP)
- Yacimiento arqueológico Zonzamas, con quesera y construcciones ciclópeas (Parte de este complejo está en límites de Arrecife y San Bartolomé). (ZA)

TÍAS
- Iglesia de la Candelaria. (M)
- Iglesia de San Antonio de Padua. S. XVII. (M)
- Ermita de la Magdalena. S. XVII.

TINAJO
- Iglesia de San Roque y sus bienes muebles. (M)
- Ermita de los Dolores, su aljibe y bienes muebles. (M)
- Ermita de Nuestra Señora de Regla. S. XVII.
- Lugar marcado por la Cruz, ermita de los Dolores. (SH)
- Sitio Etnológico de Tenesera. (SH)
- Yacimiento Paleontológico de La Isleta de La Santa

YAIZA
- Iglesia de San Marcial de Rubicón (Femés). S. XVII. (M)
- Iglesia de Nuestra Señora de Los Remedios. (M)
- Cementerio, Casa del Romero, Aljibe del Santo. (M)
- Salinas del Janubio. S. XIX. (M)
- El Berrugo. (M)
- Torre del Águila o Castillo de Las Coloradas.
- Zona Paleontológica de las Salinas del Janubio. (ZP)
- Zona Paleontológica de Punta Gorda-Punta Grajao. (ZP)
- Zona Arqueológica Pico Naos - Hacha Grande.
- Zona Arqueológica Castillejo - Morro Cañón.
- Zona Arqueológica San Marcial del Rubicón.
- Faro de Pechiguera.

*Declarados o con expediente en trámite por Organismos Oficiales. / Declared or under consideration by Official Bodies. / Von offiziellen Behörden bereits dazu erklärt oder behördlicher Weg zur Erklärung bereits beantragt.

FUERTEVENTURA

- Más Información. **www.cabildofuer.es**
- Tel. Cabildo de Fuerteventura. 928 862 300

Superficie / Area / Fläche	1.664,32 km²
Altitud / Height / Höhe ü.d.M.	Jandía 807 m.
Población / Population / Bevölkerung	86.642 habitantes
Espacios Naturales Protegidos / Protected Natural Areas / Naturschutzgebiet	47.695,1 hectáreas

FUERTEVENTURA

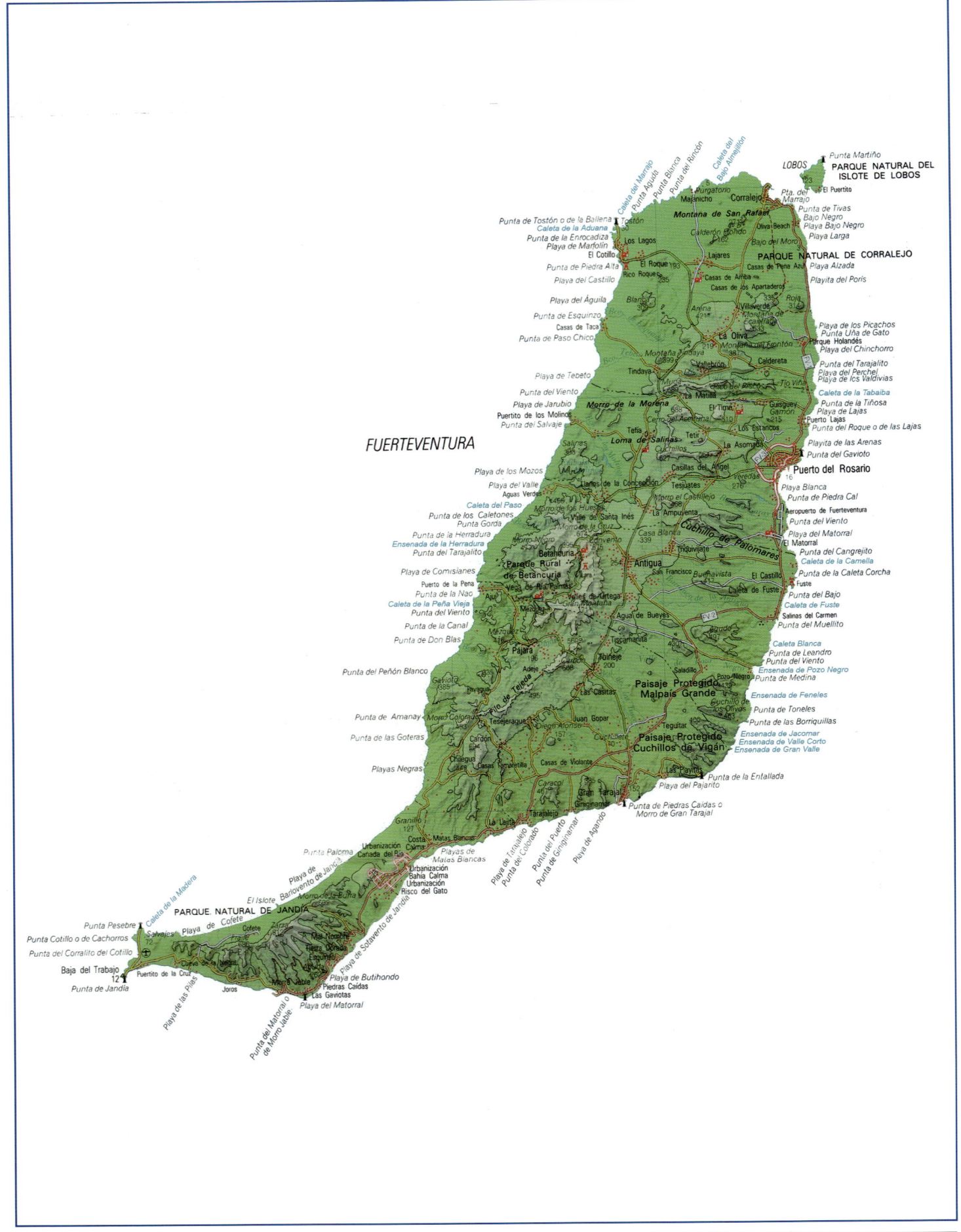

Fuente / Source / Quelle: Instituto Geográfico Nacional. Centro Nacional de Información Geográfica.
Escala 1:350.000 - Reducido un 25%.

INTRODUCCIÓN
INTRODUCTION / EINLEITUNG

ASPECTOS GEOGRÁFICOS
GEOGRAPHICAL ASPECTS / GEOGRAFISCHE GESICHTSPUNKTE

🇪🇸 Fuerteventura se sitúa en la parte oriental del Archipiélago y dista de forma aproximada 100 km. del continente africano. Se trata de la isla geológicamente más antigua, la más alargada y la segunda en extensión, predominando en su relieve las superficies planas y onduladas; además, la erosión ha configurado un paisaje en el que destacan los valles en "U". Las zonas más elevadas corresponden al macizo de Betancuria y a la península de Jandía. Al Nordeste de ella se encuentra la isla de Lobos (6 km²), que está protegida con la categoría de Parque Natural.

Sus costas orientales son bajas y arenosas, con largas y bellas playas de arena blanca, como las de Corralejo, Playa Blanca, Caleta de Fustes, Sotavento de Jandía y Las Coloradas. La costa occidental es más acantilada, aunque también destacan algunas playas como la de Cofete y Barlovento de Jandía, la de mayor longitud de Canarias. En algunos casos la arena penetra al interior de la isla constituyendo extensos jables, a veces con acumulaciones de dunas como en Corralejo y el istmo de Jandía.

Su clima es árido, con precipitaciones muy escasas y temperaturas medias elevadas, en torno a 20° C, debido a su proximidad al continente africano y a su escasa altitud, que la deja al margen de la incidencia de los vientos alisios. Estas condiciones determinan una vegetación dominante con adaptaciones xerófilas, en la que destacan los restos del tabaibal-cardonal y del bosque termoesclerófilo, destacando en los cauces de barrancos los bosquetes de tarajales y los palmerales, entre los que sobresale el de Vega de Río Palmas. Entre sus endemismos destaca el cardón de Jandía, símbolo vegetal de la isla.

Desde la década de los setenta del siglo pasado su actividad económica se ha centrado en el sector terciario, sobre todo debido al turismo, que ha eclipsado otros sectores económicos tradicionales como la agricultura (cereales y hortalizas), la pesca y la ganadería caprina, aunque ésta última sigue manteniendo una producción quesera importante, hasta el punto de que el queso majorero ha logrado una denominación de origen.

Sus atractivas playas, la pesca deportiva, los deportes náuticos (como el windsurf, entre otros) y su oferta de turismo rural ofrecen al visitante un gran atractivo.

Su población, tradicionalmente abocada a la emigración, se ha visto duplicada en las dos últimas décadas y se reparte entre sus seis municipios, siendo la capital de la isla, Puerto del Rosario, el más poblado y dinámico. Actualmente la población foránea supera notablemente a la propia de la isla.

🇬🇧 Fuerteventura is located in the eastern part of the Canary Islands and is about 100 kilometres away from Africa. This is geologically the oldest of the islands and also the longest and the second largest with flat and undulating surfaces predominating; what is more, erosion has created a landscape of U-shaped valleys. The highest areas are the Betancuria massif and the Jandía Peninsula. In the northeast of the island is the island of Lobos (6 square kilometres), which is protected as a Natural Park.

The eastern coasts are low and sandy, with long, beautiful beaches of white sand, such as those of Corralejo, Playa Blanca, Caleta de Fustes, Sotavento de Jandía and Las Coloradas. The western coast has more cliffs although there are a number of beaches such as those of Cofete and Barlovento de Jandía, the longest one in the Canary Islands. In some cases, the sand has penetrated into the interior of the island constituting large deposits, and sometimes creating accumulations of dunes, such as Corralejo and the isthmus of Jandía.

The climate is arid, with scarce rainfall and high average temperatures of about 20°C, due to the proximity to Africa and the limited height, which means that the island does not benefit from the Trade Winds. These conditions give rise to a predominant plant life with xerophilous adaptations, including remains of "tabaibal-cardonal" (balsam spurge-candelabra spurge) and of thermophilous woodlands, with the thickets of tarajales (tamaricaceae) and palm groves appearing at the bottom of the ravines, foremost among which is that of Vega de Río Palmas. Among the endemic plants, the cardón de Jandía stands out as the plant symbol of the island.

Since the 1970s, economic activity has been centred on the tertiary sector, above all due to tourism, which has eclipsed other traditional economic sectors, such as agriculture (cereals and vegetables), fishing and goat herding, although the latter continues to maintain a significant production of cheese, which has achieved its own protected denomination of origin.

The attractive beaches, fishing for sport, water sports (such as windsurfing among others) and the options for rural tourism are highly attractive for the visitor.

The population, which traditionally looked to emigration, has doubled over the last two decades and is distributed in six municipal districts, with the capital of the island, Puerto del Rosario, being the one with the largest population and the most dynamic. Currently the population from outside the island is notably greater than that of the people of the island.

🇩🇪 Fuerteventura liegt im östlichen Bereich des Archipels, ca. 100 km vom afrikanischen Kontinent entfernt. Es handelt sich um die geologisch älteste Insel, die längste und zweitgrößte. Ihr Relief weist flache und gewellte Flächen auf, während die Erosion Täler in „U-Form" geschaffen hat. Zu den höchst gelegenen Gebieten zählen das Massiv von Betancuria und die Jandía Halbinsel. Im Nordosten von Fuerteventura befindet sich die Lobos Insel (6 km²), die zum Naturpark erklärt wurde.

Die Ostküste ist flach und sandig, mit langen wunderschönen weißen Sandstränden wie die von Corralejo, Playa Blanca, Caleta de Fustes, Sotavento de Jandía und Las Coloradas. Die Westküste ist steiler, wenngleich sich auch hier einige Strände befinden, wie die von Cofete und Barlovento de Jandía, dem größten der Kanaren. In einigen Fällen dringt der Sand bis in das Inselinnere vor und bildet große „Jables" oder Dünenkomplexe wie in Corralejo und dem Landärmel von Jandía.

Das Klima ist trocken, mit geringen Niederschlägen und mittel-hohen Temperaturen, um die 20° C, wegen der Nähe zum afrikanischen Kontinent und da es kaum Erhebungen gibt, so dass die Auswirkungen der Passatwinde nicht zur Geltung kommen. Diese Bedingungen haben eine Vegetation geschaffen, die überwiegend xerophile Eigenschaften besitzt, darunter Reste von Tabaibal-Cardonal und thermo-sklerophylen Wäldern, und in den Flussbetten der Schluchten Tarajales-Wälder und Palmenhaine, wie insbesondere der von Vega de Río Palmas. Der kaktusähnliche Cardón de Jandía ist ein Endemit und pflanzliches Symbol der Insel.

Seit den 70ern des vergangenen Jahrhunderts hat sich die wirtschaftliche Aktivität auf den Tertiärsektor konzentriert, vor allem aufgrund des Tourismus, der andere traditionelle Wirtschaftszweige in den Schatten stellte, wie die Landwirtschaft (Getreide- Obst und Gemüseanbau), den Fischfang und die

Ziegenzucht, wenngleich letztere noch immer die bedeutende Käseproduktion am Laufen hält; immerhin besitzt der „Queso majorero" ein eigenes Markengarantiesiegel.

Die ansprechenden Strände, Sportfischen, Wassersport (wie z.B. Windsurfen) und das Ruraltourismusangebot stellen für den Besucher interessante Attraktionen dar.

Die Bevölkerung, von der in der Vergangenheit immer wieder große Teile auswanderten, hat sich in den letzten Jahrzehnten verdoppelt und lebt in sechs Gemeindebezirken, deren dynamische Hauptstadt Puerto del Rosario ist und in der sich die größte Bevölkerungsdichte abzeichnet. Heute überragt die ausländische Bevölkerung in beträchtlichen Maßen die der Insel eigenen.

BREVE RESEÑA HISTÓRICA
A SHORT HISTORICAL SUMMARY / KURZER HISTORISCHER ÜBERBLICK

🇪🇸 En la antigüedad esta isla figura en diversas descripciones y mapas con diferentes denominaciones, entre las que destaca "Erbania".

El origen de los primeros pobladores de la isla de Fuerteventura, según todas las investigaciones, también se localiza en el Noroeste de África. Fueron conocidos como "majoreros", gentilicio que aún se mantiene para los habitantes de la isla, y vivían de la actividad ganadera y el marisqueo.

Fue conquistada entre 1402 y 1405 por Gadifer de la Salle y Jean de Bethencourt, tras vencer la resistencia de las dos demarcaciones en que se dividía la isla: Maxorata y Jandía, que estaban enfrentados por el ganado y los pastos. Este hecho quedó consumado con el bautismo de sus dos jefes.

Después de la conquista se crearon varias torres defensivas, como las del Tostón y Caleta Fustes, ante los frecuentes ataques de piratas berberiscos e ingleses, como el que arrasó su capital, Betancuria, en 1593.

La capital de la isla ha pasado sucesivamente por las localidades de Betancuria, Antigua, La Oliva y Puerto de Cabras. A esta última se le cambió su nombre en 1956 por el actual de Puerto del Rosario.

Su economía se basaba en el pasado en la explotación ganadera, la agricultura cerealística (de ahí la existencia de numerosos molinos de viento), la explotación de orchilla y barrilla, la actividad pesquera (cuyo producto se enviaba a las islas mayores) y la exportación de cal. Sin embargo, las sequías provocaban hambrunas que obligaban a los majoreros a emigrar a otras islas. Pero a partir de los años setenta del pasado siglo la isla ha sufrido una profunda transformación económica y social, motivada por el desarrollo turístico.

Fuerteventura ofrece al visitante, además de playa, sol y tranquilidad, un importante patrimonio histórico que se ha mantenido a lo largo de los siglos y que merece ser visitado, sobre todo en Betancuria, La Oliva y Pájara.

Han residido en ella personajes ilustres como San Diego de Alcalá y Miguel de Unamuno; este último desterrado en 1924, durante la Dictadura de Primo de Rivera.

🇬🇧 In ancient times, this island featured in a range of descriptions and maps with different names including "Erbania".

The origin of the first inhabitants of Fuerteventura, according to all the research that has been done, is in northwest Africa. The people were known as "majoreros", a name which is still used for the inhabitants of the island, and their economy was based on livestock keeping and shellfish.

The island was conquered between 1402 and 1405 by Gadifer de la Salle and Jean de Bethencourt, after overcoming the resistance of the two kingdoms into which the island was divided: Maxorata and Jandía, which were at war over livestock and pasturage. The two chiefs were finally baptised.

After the conquest, a number of defensive towers were created, such as those of Tostón and Caleta Fustes, to defend them from the frequent attacks of Barbary and English pirates such as the one that razed the capital, Betancuria, in 1593.

The capital of the island has passed from Betancuria through Antigua, La Oliva and Puerto de Cabras. The latter changed its name, meaning port of goats, for the current Puerto del Rosario, in 1956.

In the past, the economy was based on livestock, agriculture for cereals (hence the existence of numerous windmills), the exploitation of orchilla and saltwort, fishing activity (with the catches being sent on to Tenerife and Gran Canaria) and the export of lime. However, the droughts caused famine which obliged the people of Fuerteventura to emigrate to other islands. But from the 1970s onwards, the island underwent a deep economic and social transformation, caused by the development of tourism.

Fuerteventura offers the visitor, apart from beaches, sun and tranquillity a significant historical heritage which has been maintained through the centuries and which is well worth a visit, above all in Betancuria, La Oliva and Pájara.

Illustrious persons have lived here such as San Diego de Alcalá and Miguel de Unamuno. The latter was exiled here in 1924 during the Primo de Rivera dictatorship.

🇩🇪 In der Antike tauchte die Insel in diversen Beschreibungen und Karten unter verschiedenen Bezeichnungen auf, vor allem aber unter den Namen "Erbania".

Der Ursprung der ersten Bewohner der Insel Fuerteventura ist nach langer Forschung ebenfalls auf den Nordwesten Afrikas zurückzuführen. Sie waren unter dem Völkernamen „Majoreros" bekannt, der noch heute für die Inselbewohner gängig ist, und sie lebten von der Viehzucht und dem Meersfrüchtefang.

Erobert wurde sie zwischen 1402 und 1405 durch Gadifer de la Salle und Jean de Bethencourt, nachdem der Widerstand der beiden Reiche, in die die Insel unterteilt war, gebrochen worden war: Maxorata und Jandía, die oft im Streit um Vieh und Weidegründe aneinander gerieten. Doch verschwand der Zwist mit der Taufung der beiden Oberhäupter.

Nach der Eroberung wurden mehrere Verteidigungstürme errichtet, wie die von Tostón und Caleta Fustes, denn häufig gab es berberische oder englische Piratenüberfälle. Bei einem solchen wurde 1593 die Hauptstadt Betancuria verwüstet.

Der Status „Inselhauptstadt" wurde nacheinander den Ortschaften Betancuria, Antigua, La Oliva und Puerto de Cabras verliehen. Letztere erhielt 1956 den heutigen Namen Puerto del Rosario.

Die Wirtschaft basierte in der Vergangenheit auf der Viehzucht, dem Getreideanbau (deswegen die zahlreichen Windmühlen), dem Anbau von Orseille und Salzkraut, dem Fischfang (die Produkte wurden zu den größeren Inseln verfrachtet) und der Kalkgewinnung. Allerdings erzeugten die Dürreperioden Hungersnöte, so dass sich die Majoreros genötigt sahen, auf die anderen Inseln zu emigrieren. Doch dann erlebte die Insel in den 70er Jahren des vergangenen Jahrhunderts einen tief greifenden wirtschaftlichen und gesellschaftlichen Wandel, der durch die touristische Entwicklung ausgelöst wurde.

Fuerteventura bietet dem Besucher außer Sonne, Strand und Erholung ein bedeutendes historisches Erbe, das den Lauf der Jahrhunderte überstanden hat und einen Besuch lohnenswert macht, vor allem Betancuria, la Oliva und Pájara.

Hier lebten berühmte Persönlichkeiten wie San Diego de Alcalá und Miguel de Unamuno, der 1924 unter der Diktatur von Primo de Rivera auf die Insel verbannt wurde.

ANTIGUA

- Más Información. **www.ayto-antigua.es**
- Tel. Ayuntamiento de Antigua. 928 878 004

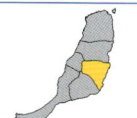

Superficie / Area / Fläche	Altitud / Height / Höhe ü.d.M.	Población / Population / Bevölkerung	Espacios Naturales Protegidos / Protected Natural Areas / Naturschutzgebiet	Distancia por carretera / Distance by car / Distanz auf Verkehrswegen
250,56 km²	**254 m.**	**7.578 habitantes**	**5.010,71 hectáreas**	**20,50 km. a Puerto del Rosario**

01 🇪🇸 Zona de tuneras (pencones). Triquivijate.
   🌸 Area of cactus. Triquivijate.
   🇩🇪 Gebiet mit Opuntien. Triquivijate.

02 🇪🇸 Monumento Natural de la Caldera de la Gairía (compartido con Tuineje).
   🌸 Caldera de la Gairía Natural Monument (shared with Tuineje).
   🇩🇪 Naturmonument la Caldera de la Gairía (gemeinsam mit Tuineje).

03 🇪🇸 Ermita de San Isidro Labrador. Conjunto rodeado por un muro almenado de influencia mudéjar.
   🌸 Chapel of San Isidro Labrador. Surrounded by a crenellated wall in the mudejar style.
   🇩🇪 Ermita de San Isidro Labrador. Anlage, die von Mauern mit Zinnen im Mudejarstil umgeben ist.

04 🇪🇸 Molino de La Corte.
   🌸 La Corte windmill.
   🇩🇪 Molino de La Corte.

43

05 🇪🇸 Museo de La Sal. Se trata de un complejo cultural que incluye las Salinas del Carmen (1910).

🇬🇧 Museum of Salt. This is a cultural complex, which includes the Carmen Saltworks (1910).

🇩🇪 Museum La Sal. Es handelt sich um eine kulturelle Anlage, zu der auch die El Carmen Salinen (1910).

06 🇪🇸 Ermita de San Roque (siglo XVIII). Casillas Morales.

🇬🇧 Chapel of San Roque (18th Century). Casillas Morales.

🇩🇪 Ermita de San Roque (18.Jh.). Casillas Morales.

07 🇪🇸 Plantación de *Aloe*.

🇬🇧 *Aloe* Plantation.

🇩🇪 Aloe-Anbau.

08 🇪🇸 Iglesia de Nuestra Señora de Antigua (siglo XVIII).

🇬🇧 Church of Nuestra Señora de Antigua (18th Century).

🇩🇪 Iglesia de Nuestra Señora de Antigua (18.Jh.).

09 🇪🇸 Hornos de cal (La Guirra).

🇬🇧 Lime kilns (La Guirra).

🇩🇪 Kalköfen (La Guirra).

10 🇪🇸 Yacimiento aborigen de la Atalayita y Centro de Interpretación del poblado de La Atalayita (Pozo Negro). Poblado que se remonta a la época de los "mahos", antiguos aborígenes de Fuerteventura.

🇬🇧 Native archaeological site of la Atalayita and Interpretation Centre for the settlement of La Atalayita (Pozo Negro). A village that goes back to the times of the "mahos", the old natives of Fuerteventura.

🇩🇪 Ureinwohnerfundstätte la Atalayita und Centro de Interpretación des Dorfes La Atalayita (Pozo Negro). Die Ursprünge der Ortschaft gehen bis auf die Epoche der „mahos", den Ureinwohnern von Fuerteventura, zurück.

11 🇪🇸 Ermita de San Francisco Javier. Las Pocetas.
🇬🇧 Chapel of San Francisco Javier. Las Pocetas.
🇩🇪 Ermita de San Francisco Javier. Las Pocetas.

12 🇪🇸 Ermita de Nuestra Señora de Guadalupe. Agua de Bueyes.
🇬🇧 Chapel of Nuestra Señora de Guadalupe. Agua de Bueyes.
🇩🇪 Ermita de Nuestra Señora de Guadalupe. Agua de Bueyes.

13 🇪🇸 Playa de La Caleta de Fustes.
🇬🇧 La Caleta de Fustes beach.
🇩🇪 Playa de La Caleta de Fustes.

14 🇪🇸 Castillo de Caleta de Fustes (siglo XVIII). Caleta de Fustes.
🇬🇧 Castillo de Caleta de Fustes (18th Century). Caleta de Fustes.
🇩🇪 Castillo de Caleta de Fustes (18.Jh.). Caleta de Fustes.

BETANCURIA

Tel. Ayuntamiento de Betancuria. 928 878 092

Superficie / Area / Fläche	Altitud / Height / Höhe ü.d.M.	Población / Population / Bevölkerung	Espacios Naturales Protegidos / Protected Natural Areas / Naturschutzgebiet	Distancia por carretera / Distance by car / Distanz auf Verkehrswegen
103,64 km²	395 m.	738 habitantes	9.245,54 hectáreas	28,60 km. a Puerto del Rosario

01 🇪🇸 Jurado (zona costera del Barranco de El Jurado).
　🇬🇧 Jurado (coastal area of the El Jurado ravine).
　🇩🇪 Jurado (Küstengebiet der El Jurado Schlucht).
02 🇪🇸 Panorámica de un sector del Parque Rural de Betancuria.
　🇬🇧 Panoramic view of a sector of the Betancuria Country Park.
　🇩🇪 Panoramablick auf einen Teil des Landschaftsparks von Betancuria.
03 🇪🇸 Centro de Artesanía de Betancuria.
　🇬🇧 Betancuria craftwork centre.
　🇩🇪 Handwerkskunstzentrum von Betancuria.
04 🇪🇸 Ermita de San Diego de Alcalá (siglo XVII). Betancuria.
　🇬🇧 Chapel of San Diego de Alcalá (17th Century). Betancuria.
　🇩🇪 Ermita de San Diego de Alcalá (17.Jh.). Betancuria.

05 🇪🇸 Iglesia conventual de San Buenaventura. Casco de Betancuria.
🇬🇧 Church and friary of San Buenaventura. Betancuria.
🇩🇪 Klosterkirche San Buenaventura. Stadtkern von Betancuria.

06 🇪🇸 Iglesia de Nuestra Señora de la Peña, Patrona de la Isla (siglo XVII). Vega de Río Palmas.
🇬🇧 Church of Nuestra Señora de la Peña, Patron saint of the Island (17th Century). Vega de Río Palmas.
🇩🇪 Iglesia de Nuestra Señora de la Peña, Kirche der Schutzherrin der Insel (17. Jh.). Vega de Río Palmas.

07 🇪🇸 Mirador de Morro Velosa. Ideado por el artista César Manrique. Desde este mirador se pueden contemplar excelentes panorámicas de la zona centro-norte de la isla.
🇬🇧 Morro Velosa Panoramic Viewing Point. Designed by the artist, César Manrique. From this vantage point you can get some excellent views of the centre and north of the island.
🇩🇪 Mirador de Morro Velosa. Geschaffen von dem Künstler César Manrique. Von diesem Aussichtspunkt hat man einen herrlichen Ausblick auf das Zentrum und den Norden der Insel.

08 🇪🇸 Iglesia de Santa María de Betancuria. Fue mandada construir por Jean de Bethencourt, siendo elevada al rango de catedral en 1424. Posteriormente fue destruida por Xabán Arráez y reconstruida en el siglo XVII. En dicha construcción se observan varios estilos: gótico, barroco, renacentista y mudéjar.

🏵 Church of Santa María de Betancuria. Jean de Bethencourt had it built and it was made a cathedral in 1424. It was later destroyed by Xabán Arráez and rebuilt in the 17th Century. Signs of a number of styles can be seen: gothic, baroque, renaissance and mudejar.

🇩🇪 Iglesia de Santa María de Betancuria. Der Bau der Kirche wurde von Jean de Bethencourt in Auftrag gegeben, und sie wurde 1424 zur Kathedrale ernannt. Nach dem sie später von Xabán Arráez zerstört wurde, hat man sie im 17.Jahrhundert wieder aufgebaut. Sie vereint unterschiedliche Baustile in sich: Gotik, Barock, Renaissance und Mudejarstil.

09 🇪🇸 Ermita de Santa Inés (siglos XVII - XVIII).
🏵 Chapel of Santa Inés (17th - 18th Century).
🇩🇪 Ermita de Santa Inés (17.-18. Jh.).

10 🇪🇸 Museo Arqueológico de Betancuria (casco de la Villa de Santa María de Betancuria). Tel. 928 878 241 / 928 862 300.

🏵 Betancuria archaeological museum (Villa de Santa María de Betancuria). Phone. 928 878 241 / 928 862 300.

🇩🇪 Archäologisches Museum von Betancuria (Stadtkern von la Villa de Santa María de Betancuria). Tel. 928 878 241 / 928 862 300.

11 🇪🇸 Presa de "Las Peñitas".
🏵 "Las Peñitas" reservoir.
🇩🇪 Staudamm „Las Peñitas".

LA OLIVA

- Más Información. www.laoliva.es
- Tel. Ayuntamiento de Antigua. 928 861 904

Superficie / Area / Fläche	Altitud / Height / Höhe ü.d.M.	Población / Population / Bevölkerung	Espacios Naturales Protegidos / Protected Natural Areas / Naturschutzgebiet	Distancia por carretera / Distance by car / Distanz auf Verkehrswegen
356,13 km²	219 m.	17.273 habitantes	4.919,70 hectáreas	23 km. a Puerto del Rosario

01 🇪🇸 Molino de Corralejo.
🇬🇧 Corralejo windmill.
🇩🇪 Molino de Corralejo.

02 🇪🇸 Charco de Bristol (Corralejo), uno de los saladares más interesantes de la isla.
🇬🇧 Charco de Bristol (Corralejo), one of the most interesting seawater pools on the island.
🇩🇪 Charco de Bristol (Corralejo), eins der interessantesten Salzlachen der Insel.

03 🇪🇸 Montaña Sagrada de Tindaya. Es la montaña más emblemática de Fuerteventura y también se le conoce como Montaña de las Brujas. Existen numerosos grabados podomorfos en la roca realizados por los antiguos aborígenes de la Isla. Está protegida como Monumento Natural y declarada Bien de Interés Cultural.
🇬🇧 The Sacred Mountain of Tindaya. This is the most emblematic mountain on Fuerteventura, where it is also known as Montaña de las Brujas. There are numerous foot-shaped rock markings on the rocks made by the natives of the island. It is protected as a Natural Monument and has been made a Place of Cultural Interest.
🇩🇪 Montaña Sagrada de Tindaya. Der wohl emblematischste Berg von Fuerteventura ist auch unter dem Namen „Montaña de las Brujas" bekannt. Es existieren zahlreiche Felsgravuren der alten Ureinwohner. Er wurde zum Naturmonument erklärt und erhielt die Bezeichnung „Gut von kulturellem Interesse".

04 🇪🇸 Ermita de Nuestra Señora de Gracia y San Juan Bautista (siglo XVIII). Posee una bella portada de cantería blanca decorada con relieves. Vallebrón.
🇬🇧 Chapel of Nuestra Señora de Gracia y San Juan Bautista (18th Century). A beautiful doorway in white quarried stone decorated in relief. Vallebrón.
🇩🇪 Ermita de Nuestra Señora de Gracia y San Juan Bautista (18. Jh.). Das schöne Portal aus weißen Quadersteinen ist mit kunstvollen Reliefs verziert. Vallebrón.

05 🇪🇸 Dunas de Corralejo.
🇬🇧 Dunes of Corralejo.
🇩🇪 Die Dünen von Corralejo.

06 🇪🇸 Museo del Grano. Casa de la Cilla (La Oliva). Alberga un museo del cultivo de cereales y una colección de aperos agrícolas.
🇬🇧 Museum of Grain. Casa de la Cilla (La Oliva). This is a museum of grain with a collection of agricultural tools.
🇩🇪 Museo del Grano. Casa de la Cilla (La Oliva). Hier befinden sich ein Getreidemuseum und eine Kollektion von Ackergeräten.

07 🇪🇸 Vista panorámica de Vallebrón. Hacia la década de 1960, en este valle existían gran cantidad de higueras, morales y gavias.
🇬🇧 Panoramic view of Vallebrón. In the 1960s, there were still a large number of fig trees, mulberries and irrigation ponds.
🇩🇪 Schöner Blick auf Vallebrón. Noch bis in die 60-er des 20.Jahrhunderts existierten in dem Tal zahlreiche Feigenbäume, Maulbeerbäume und Entwässerungsgräben.

08 🇪🇸 Ermita de Nuestra Señora de Los Dolores y San Miguel Arcángel (siglo XVIII). La Caldereta.
🇬🇧 Chapel of Nuestra Señora de Los Dolores y San Miguel Arcángel (18th Century). La Caldereta.
🇩🇪 Ermita de Nuestra Señora de Los Dolores y San Miguel Arcángel (18.Jh.). La Caldereta.

09 🇪🇸 Playa del Cotillo. Normalmente, entre los meses de junio y octubre se llena de arena.
🇬🇧 Playa del Cotillo. Normally it is a sandy beach between June and October.
🇩🇪 Playa del Cotillo. Füllt sich normalerweise von Juni bis Oktober mit Sand.

10 🇪🇸 Cueva del Llano (Villaverde - La Oliva).
🇬🇧 El Llano Cave (Villaverde - La Oliva).
🇩🇪 Cueva del Llano (Villaverde - La Oliva)

11 🇪🇸 Ermita de Nuestra Señora del Buen Viaje (siglo XVIII). El Cotillo.
🇬🇧 Chapel of Nuestra Señora del Buen Viaje (18th Century). El Cotillo.
🇩🇪 Ermita de Nuestra Señora del Buen Viaje (18. Jh.). El Cotillo.

12 🇪🇸 Fachada exterior del Centro de Arte Canario Casa Mané. La Oliva.
🇬🇧 Façade of the Canarian Arts Centre, Casa Mané. La Oliva.
🇩🇪 Außenfassade des Kanarischen Kunstzentrums Casa Mané. La Oliva.

13 🇪🇸 Faro del Tostón (El Cotillo). Construcción de principios del siglo XX, de arquitectura civil neoclásica.
🇬🇧 Tostón lighthouse (El Cotillo). Built in the early 20th Century, in a civil neoclassical style.
🇩🇪 Faro del Tostón (El Cotillo). Das Gebäude datiert auf Anfang 20. Jahrhundert, neoklassizistische zivile Architektur.

14 🇪🇸 Centro de Artesanía Lajares. Fundado por Natividad Hernández hace más de 50 años, en él podemos adquirir todo tipo de calados, mantelería y productos típicos de la isla. Calle Coronel González del Hierro. Lajares. Tel. 928 868 300.
🇬🇧 Lajares craftwork centre. Founded by Natividad Hernández over fifty years ago. Here you can find all kinds of openwork, tablecloths and typical products of the island. Calle Coronel González del Hierro. Lajares. Phone. 928 868 300.
🇩🇪 Handwerkskunstzentrum Lajares. Vor mehr als 50 Jahren gegründet von Natividad Hernández; hier kann man Stickereien aller Art, Tischwäsche und andere typische Erzeugnisse der Insel einkaufen. Calle Coronel González del Hierro. Lajares. Tel. 928 868 300.

15 🇪🇸 Iglesia de Nuestra Señora de La Candelaria (siglo XVIII). La Oliva.
🇬🇧 Church of Nuestra Señora de La Candelaria (18th Century). La Oliva.
🇩🇪 Iglesia de Nuestra Señora de La Candelaria (18. Jh.). La Oliva.

16 🇪🇸 Majanicho. Un caserío singular y pintoresco, aún poblado casi exclusivamente por naturales de la isla.
🇬🇧 Majanicho. An unusual and picturesque hamlet still populated almost exclusively by natives of the island.
🇩🇪 Majanicho. Ein kleiner malerischer Ort, in dem fast ausschließlich gebürtige Inselbewohner leben.

17 🇪🇸 Ermita de San Antonio de Padua (siglo XVIII). Los Lajares.
🇬🇧 Chapel of San Antonio de Padua (18th Century). Los Lajares.
🇩🇪 Ermita de San Antonio de Padua (18.Jh.). Los Lajares.

18 🇪🇸 Molino de Lajares.
🇬🇧 Lajares windmill.
🇩🇪 Molino de Lajares.

19 🇪🇸 Centro de Interpretación Cueva del Llano. Importante yacimiento paleontológico, con insectos endémicos, en donde podemos obtener información para comprender la evolución bioclimática de la isla. Villaverde.
🇬🇧 Cueva del Llano Interpretation Centre. An important paleontological site, with native insects, where you can find out information so as to understand the bioclimatic evolution of the island. Villaverde.
🇩🇪 Centro de Interpretación Cueva del Llano. Bedeutende paläontologische Fundstätte, mit endemischen Insekten und Informationen, die Einblicke in die bioklimatische Evolution der Insel gewähren. Villaverde.

20 🇪🇸 "El Jablito" es un antiguo y pintoresco núcleo de pescadores.
🇬🇧 "El Jablito" is a picturesque old fishing village.
🇩🇪 „El Jablito" ist ein altes malerisches Fischerdorf.

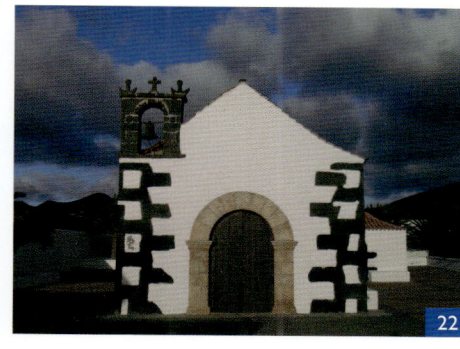

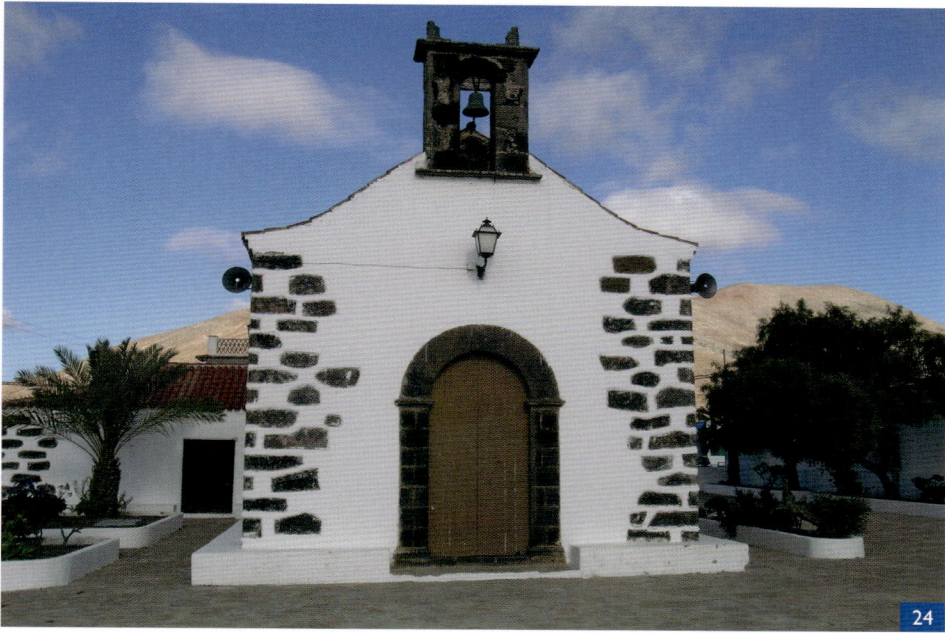

21 🇪🇸 Calderón tropical *(Globicephala macrorhynchus)*. Costa de La Oliva.
🌐 Short-finned pilot whale *(Globicephala macrorhynchus)*. The coast of La Oliva.
🇩🇪 Kurzflossen-Grindwal *(Globicephala macrorhynchus)*. Costa de La Oliva.

22 🇪🇸 Ermita de Nuestra Señora de la Caridad de Tindaya (siglo XVIII). Tindaya.
🌐 Chapel of Nuestra Señora de la Caridad de Tindaya (18th Century). Tindaya.
🇩🇪 Ermita de Nuestra Señora de la Caridad de Tindaya (18.Jh.). Tindaya.

23 🇪🇸 Casa de Los Coroneles (La Oliva). Uno de los edificios históricos de carácter civil más destacados de Canarias. Construcción del siglo XVII, destinada a residencia de los Coroneles de la Isla, que ostentaban en esa época el poder militar y civil de Fuerteventura.
🌐 Casa de Los Coroneles (La Oliva). One of the most important non-religious historical buildings in the Canary Islands. Built in the 17th Century, as a residence for the Colonels of the Island, who at that time held the military and civil power on Fuerteventura.
🇩🇪 Casa de Los Coroneles (La Oliva). Eins der herausragenden historischen Gebäude der Kanaren mit zivilem Charakter. Bauwerk aus dem 17.Jh., das den Coroneles der Insel als Wohnsitz diente, die zu jener Zeit die militärische und zivile Macht von Fuerteventura innehielten.

24 🇪🇸 Ermita de San Vicente Ferrer (siglo XVIII). Villaverde.
🌐 Chapel of San Vicente Ferrer (18th Century). Villaverde.
🇩🇪 Ermita de San Vicente Ferrer (18.Jh.). Villaverde.

25 🇪🇸 Castillo de Tostón. Torreón-fortaleza del siglo XVIII. El Cotillo.
🌐 Tostón Castle. 18th Century tower and fortress. El Cotillo.
🇩🇪 Castillo de Tostón. Festung mit Turm aus dem 18.Jh.. El Cotillo.

ISLOTE DE LOBOS

01 🇪🇸 Desde el muelle de Corralejo podemos realizar un agradable viaje al Islote de Lobos: Celia Cruz (Tel. 639 140 014 / 646 531 068); Isla de Lobos (Tel. 699 687 294); El Majorero (Tel. 619 307 949).

🇬🇧 From the port of Corralejo you can travel comfortably and easily to the Island of Lobos: Celia Cruz (Phone. 639 140 014 / 646 531 068); Isla de Lobos (Phone. 699 687 294); El Majorero (Phone. 619 307 949).

🇩🇪 Vom Hafen von Corralejo kann man bequem mit einem der drei folgenden Boote eine anregende Ausflugsfahrt zum Islote de Lobos unternehmen: Celia Cruz (Tel. 639 140 014 / 646 531 068); Isla de Lobos (Tel. 699 687 294); El Majorero (Tel. 619 307 949).

02 🇪🇸 Vista panorámica del Islote de Lobos y las Dunas de Corralejo.

🇬🇧 Panoramic view of the coast of the Islote de Lobos and the Dunes of Corralejo.

🇩🇪 Schöner Blick auf die Küste vom Islote de Lobos und die Dünen von Corralejo.

03 🇪🇸 Playa de La Concha. En las aguas cristalinas del Islote de Lobos podemos tomar un buen baño. Antes de la conquista, aquí vivían numerosas focas monjes o lobos marinos *(Monachus monachus)*.

🇬🇧 La Concha beach. In the crystal-clear waters of the island of Lobos you can have a good swim. Before the islands were conquered, numerous monk seals lived here *(Monachus monachus)*.

🇩🇪 Playa de La Concha. In den Kristallklaren Gewässern des Islote de Lobos kann man ein erfrischendes Bad nehmen. Vor der spanischen Eroberung lebten hier noch einige Mönchsrobben *(Monachus monachus)*.

04 🇪🇸 El Puertito. Cerca podemos degustar un buen pescado fresco y unas excelentes paellas, en el Restaurante Isla de Lobos. Tel. 928 175 357.

🇬🇧 El Puertito. Nearby, you can get good fresh fish or an excellent paella at the Restaurante Isla de Lobos. Phone. 928 175 357.

🇩🇪 El Puertito. Ganz in der Nähe, im Restaurante Isla de Lobos, gibt es frischen Fisch und exzellente Paellas. Tel. 928 175 357.

PÁJARA

- Más Información. **www.ayuntamientopajara.com**
- Tel. Ayuntamiento de Pájara. 928 161 704

Superficie / Area / Fläche	Altitud / Height / Höhe ü.d.M.	Población / Population / Bevölkerung	Espacios Naturales Protegidos / Protected Natural Areas / Naturschutzgebiet	Distancia por carretera / Distance by car / Distanz auf Verkehrswegen
383,52 km²	196 m.	18.173 habitantes	19.382,85 hectáreas	41,50 km. a Puerto del Rosario

01 🇪🇸 Ermita de San Antonio de Padua (siglo XVIII). Toto.
🇬🇧 Chapel of San Antonio de Padua (18th Century). Toto.
🇩🇪 Ermita de San Antonio de Padua (18.Jh.). Toto.

02 🇪🇸 Costa Calma.
🇬🇧 Costa Calma.
🇩🇪 Costa Calma.

03 🇪🇸 Monumento Natural de Montaña Cardón.
🇬🇧 Montaña Cardón Natural Monument.
🇩🇪 Naturmonument Montaña Cardón.

04 🇪🇸 Playas y dunas de Jandía (próximas al Hotel Los Gorriones).
🇬🇧 Beaches and dunes of Jandía (next to the Hotel Los Gorriones).
🇩🇪 Strände und Dünen von Jandía (in der Nähe vom Hotel Los Gorriones).

CANARIAS. ISLAS Y PUEBLOS

05 🇪🇸 Playas de Jandía y Faro.
🇬🇧 Beaches of Jandía and Faro.
🇩🇪 Strände von Jandía und Faro.

06 🇪🇸 Hornos de cal de Ajuy.
🇬🇧 Lime kilns in Ajuy.
🇩🇪 Kalköfen von Ajuy.

07 🇪🇸 Iglesia de Nuestra Señora de Regla (siglo XVIII). Portada decorada con motivos aztecas. Pájara.
🇬🇧 Church of Nuestra Señora de Regla (18th Century). The doorway is decorated with Aztec motifs. Pájara.
🇩🇪 Iglesia de Nuestra Señora de Regla (18.Jh.). Das Eingangstor ist mit aztekischen Motiven dekoriert. Pájara.

08 🇪🇸 Palmeral, tarajal y gavias en el Barranco de Ajuy.
🇬🇧 Palm grove, tamarisk and gavias in the Ajuy ravine.
🇩🇪 Palmenhain, Tarajal und Bewässerungsgräben im Barranco de Ajuy.

09 🇪🇸 Palmeral y Barranco de Las Buganvillas. Casco de Pájara.
🌸 Palm grove and the Las Buganvillas ravine. Pájara.
🇩🇪 Palmenhain und Schlucht Las Buganvillas. Stadtzentrum Pájara.

10 🇪🇸 Caserío marinero de Ajuy.
🌸 Fishing hamlet of Ajuy.
🇩🇪 Küstenort Ajuy.

11 🇪🇸 Cuevas de Ajuy.
🌸 Caves of Ajuy.
🇩🇪 Die Höhlen von Ajuy.

12 🇪🇸 Puerto de Morro Jable.
🌸 Port of Morro Jable.
🇩🇪 Hafen von Morro Jable.

13 🇪🇸 Cachalote (*Physeter macrocephalus*). Costa de Pájara.
🌸 Sperm whale (*Physeter macrocephalus*). Coast of Pájara.
🇩🇪 Pottwal (*Physeter macrocephalus*). Küste von Pájara.

PUERTO DEL ROSARIO

- Más Información. **www.puertodelrosario.org**
- Tel. Ayuntamiento de Puerto del Rosario. 928 850 110

Superficie / Area / Fläche	Altitud / Height / Höhe ü.d.M.	Población / Population / Bevölkerung	Espacios Naturales Protegidos / Protected Natural Areas / Naturschutzgebiet
289,95 km²	16 m.	30.363 habitantes	3.833,34 hectáreas

01 🇪🇸 Iglesia de Santa Ana (siglo XVIII), con fachada de cantería negra. Casillas del Ángel.
🇬🇧 Church of Santa Ana (18th Century), with a façade in black stone. Casillas del Ángel.
🇩🇪 Iglesia de Santa Ana (18.Jh.), mit einer Fassade aus schwarzen Quadersteinen. Casillas del Ángel.

02 🇪🇸 El Puerto.
🇬🇧 The Port.
🇩🇪 Der Hafen.

03 🇪🇸 Hotel rural Casa de Los Rugama. Constituye uno de los más bellos ejemplos de la arquitectura tradicional de Fuerteventura. Dispone de un magnífico restaurante. Tel. 928 538 224.
🇬🇧 Casa de Los Rugama countryside hotel. This is one of the most beautiful examples of traditional architecture on Fuerteventura. It has a magnificent restaurant. Phone. 928 538 224.
🇩🇪 Landhotel Casa de Los Rugama. Eins der schönsten Beispiele traditioneller Architektur auf Fuerteventura. Es verfügt über ein ausgezeichnetes Restaurant. Tel. 928 538 224.

04 🇪🇸 Ermita de Nuestra Señora del Socorro (siglo XVIII). La Matilla.
🇬🇧 Chapel of Nuestra Señora del Socorro (18th Century). La Matilla.
🇩🇪 Ermita de Nuestra Señora del Socorro (18.Jh.). La Matilla.

05 🇪🇸 Presa de Los Molinos. Situada entre Los Llanos de La Concepción y Las Parcelas. Barranco de Los Molinos.
🇬🇧 Los Molinos reservoir. Located between Los Llanos de La Concepción and Las Parcelas. Los Molinos ravine.
🇩🇪 Staudamm von Los Molinos. Er liegt zwischen Los Llanos de La Concepción und Las Parcelas. Barranco de Los Molinos.

06 🇪🇸 Iglesia de Santo Domingo de Guzmán (siglo XVIII). Tetir.
　🏵 Church of Santo Domingo de Guzmán (18th Century). Tetir.
　🇩🇪 Iglesia de Santo Domingo de Guzmán (18.Jh.). Tetir.

07 🇪🇸 Molino de seis aspas (Tefía).
　🏵 Windmill with six arms (Tefía).
　🇩🇪 Windmühle mit sechs Flügeln (Tefía).

08 🇪🇸 Fachada exterior del Cabildo Insular de Fuerteventura.
　🏵 Façade of the Cabildo Insular de Fuerteventura.
　🇩🇪 Außenfassade des Cabildo Insular de Fuerteventura (Inselrat).

09 🇪🇸 Camellos (Los Estancos).
　🏵 Camels (Los Estancos).
　🇩🇪 Kamele (Los Estancos).

10 🇪🇸 Casa de Fray Andresito (La Ampuyenta).
　🏵 House of Fray Andresito (La Ampuyenta).
　🇩🇪 Haus von Fray Andresito (La Ampuyenta).

11 🇪🇸 Horno de cal (Los Pozos).
　🏵 Limestone kiln (Los Pozos).
　🇩🇪 Kalkofen (Los Pozos).

12 🇪🇸 Ecomuseo de la Alcogida (Tefía). Recrea la vida rural en un poblado de 7 viviendas típicas de la arquitectura tradicional de la isla. Tel. 928 175 434.

🇬🇧 Eco-museum of la Alcogida (Tefía). It recreates the rural life of a hamlet of seven typical houses built in the traditional style of the island. Phone. 928 175 434.

🇩🇪 Ökomuseum la Alcogida (Tefía). Darstellung des Landlebens in einem Dorf mit sieben Wohnhäusern der traditionellen Architektur der Insel. Tel. 928 175 434.

13 🇪🇸 Casas de Felipito. Merendero y lugar de ocio (situado entre el Time y Guisgey).

🇬🇧 Casas de Felipito. Picnic area (located between el Time and Guisgey).

🇩🇪 Casas de Felipito. Ausflugslokal und Freizeitanlage (befindet sich zwischen Time und Guisgey).

14 🇪🇸 Centro de Arte Juan Ismael (Calle Almirante Lallermand, 30. Tel. 928 859 750 / 51).

🇬🇧 Juan Ismael Arts Centre (Calle Almirante Lallermand, 30. Phone. 928 859 750 / 51).

🇩🇪 Kunstzentrum Juan Ismael (Calle Almirante Lallermand, 30. Tel. 928 859 750 / 51).

15 🇪🇸 Vista panorámica de Playa Blanca.

🇬🇧 Panoramic view of Playa Blanca.

🇩🇪 Schöner Blick auf Playa Blanca.

16 🇪🇸 Ermita de Nuestra Señora de la Merced. El Time.

🇬🇧 Chapel of Nuestra Señora de la Merced. El Time.

🇩🇪 Ermita de Nuestra Señora de la Merced. El Time.

17 🇪🇸 Ermita de San Pedro Alcántara (siglo XVIII). La Ampuyenta.

🇬🇧 Chapel of San Pedro Alcántara (18th Century). La Ampuyenta.

🇩🇪 Ermita de San Pedro Alcántara (18. Jh.). La Ampuyenta.

18 🇪🇸 Iglesia de Nuestra Señora del Rosario (siglo XX).
🇬🇧 Church of Nuestra Señora del Rosario (20th Century).
🇩🇪 Iglesia de Nuestra Señora del Rosario (20.Jh.).

19 🇪🇸 Casa Museo del Dr. Mena (La Ampuyenta). Se conoce también como "casa de los Alfaro". Esta casa está ambientada con elementos típicos de una vivienda rural acomodada.
🇬🇧 House and Museum of Dr. Mena (La Ampuyenta). It is also known as "Casa de los Alfaro". This house is decorated with typical articles of a comfortable country dwelling.
🇩🇪 Museumshaus el Dr. Mena (La Ampuyenta). Auch unter dem Namen „casa de los Alfaro" bekannt. Das Haus ist mit typischen Elementen eines wohlhabenden Landhauses eingerichtet.

20 🇪🇸 Interior de la casa museo Miguel de Unamuno. El hasta entonces catedrático y rector de la universidad de Salamanca llegó a la isla el 12 de marzo de 1924, desterrado por el General Primo de Rivera, por haber denunciado la situación política española.
🇬🇧 Interior of the Miguel de Unamuno house and museum. The former Professor and vice-Chancellor of the University of Salamanca arrived on the island on 12th March 1924, having been exiled by General Primo de Rivera, for having criticised the Spanish political situation.
🇩🇪 Innenansicht des Museumshauses Miguel de Unamuno. Der damalige Professor und Rektor der Universität von Salamanca erreichte am 12. März 1924 die Insel, nachdem er von General Primo de Rivera wegen seiner politischen Ansichten verbannt worden war.

21 🇪🇸 Una imagen típica de la isla de Fuerteventura la representa el ganado caprino.
🇬🇧 Goats are a typical image of the island of Fuerteventura.
🇩🇪 Ziegenherden sind auf Fuerteventura keine Seltenheit.

22 🇪🇸 Puertito de Los Molinos. En él podemos degustar un excelente pescado fresco (Restaurante Casa Pon. Tel. 654 920 196).
🇬🇧 Port of Los Molinos. Here you can try excellent fresh fish (Restaurante Casa Pon. Phone. 654 920 196).
🇩🇪 Puertito de Los Molinos. Hier bekommt man ausgezeichneten frischen Fisch (Restaurant Casa Pon. Tel. 654 920 196).

TUINEJE

- Más Información. www.ayuntamientotuineje.com
- Tel. Ayuntamiento de Tuineje. 928 164 353 / 54

Superficie Area Fläche	Altitud Height Höhe ü.d.M.	Población Population Bevölkerung	Espacios Naturales Protegidos Protected Natural Areas Naturschutzgebiet	Distancia por carretera Distance by car Distanz auf Verkehrswegen
275,94 km²	**200 m.**	**12.517 habitantes**	**5.317,18 hectáreas**	**32,50 km. a Puerto del Rosario**

01 Iglesia de San Diego (Gran Tarajal).
   Church of San Diego (Gran Tarajal).
   Iglesia de San Diego (Gran Tarajal).
02 Caldera de Lezque o de Los Arrabales.
   Caldera de Lezque or de Los Arrabales.
   Caldera de Lezque. Auch Caldera de Los Arrabales genannt.
03 Ermita de San José (siglo XVIII). Tesejerague.
   Chapel of San José (18th Century). Tesejerague.
   Ermita de San José (18. Jh.). Tesejerague.
04 Macizo de Vigán.
   Vigán massif.
   Macizo de Vigán.
05 Playa de Gran Tarajal.
   Gran Tarajal beach.
   Playa de Gran Tarajal.

CANARIAS. ISLAS Y PUEBLOS

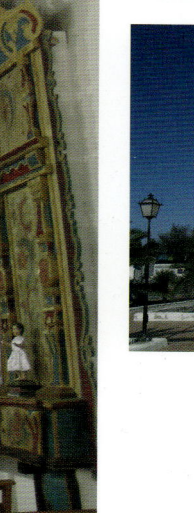

06 🇪🇸 Acuario y Museo del Mar (Tarajalejo). Tel. 928 161 182.
🇬🇧 Aquarium and Museum of the Sea (Tarajalejo). Phone. 928 161 182.
🇩🇪 Aquarium und Meeresmuseum (Tarajalejo). Tel. 928 161 182.

07 🇪🇸 Iglesia de San Miguel Arcángel (siglo XVIII). Tuineje casco.
🇬🇧 Church of San Miguel Arcángel (18th Century). Tuineje.
🇩🇪 Iglesia de San Miguel Arcángel (18.Jh.). Tuineje Stadtzentrum.

08 🇪🇸 Ermita de San Marcos (1699). Tiscamanita.
🇬🇧 Chapel of San Marcos (1699). Tiscamanita.
🇩🇪 Ermita de San Marcos (1699). Tiscamanita.

09 🇪🇸 Cueva de Tiscamanita.
🇬🇧 Cave of Tiscamanita.
🇩🇪 Die Höhlen von Tiscamanita.

63

10 🇪🇸 Presa Catalina García. En ella anidan numerosas aves.
　🏴 Catalina García reservoir. Many birds nest here.
　🇩🇪 Staudamm Catalina García. Hier nisten zahlreiche Vögel.
11 Mirador Faro de La Entallada.
　🏴 Panoramic viewing point of the La Entallada lighthouse.
　🇩🇪 Mirador Faro de La Entallada.
12 Palmeral (Gran Tarajal).
　🏴 Palm grove (Gran Tarajal).
　🇩🇪 Palmenhain (Gran Tarajal).
13 🇪🇸 Centro de Interpretación de los Molinos de Tiscamanita (Tuineje).
　🏴 Windmill Interpretation Centre in Tiscamanita (Tuineje).
　🇩🇪 Centro de Interpretación de los Molinos de Tiscamanita (Tuineje).

RED DE ESPACIOS NATURALES PROTEGIDOS
NETWORK OF PROTECTED NATURAL SPACES / DAS NETZ DER NATURSCHUTZGEBIETE

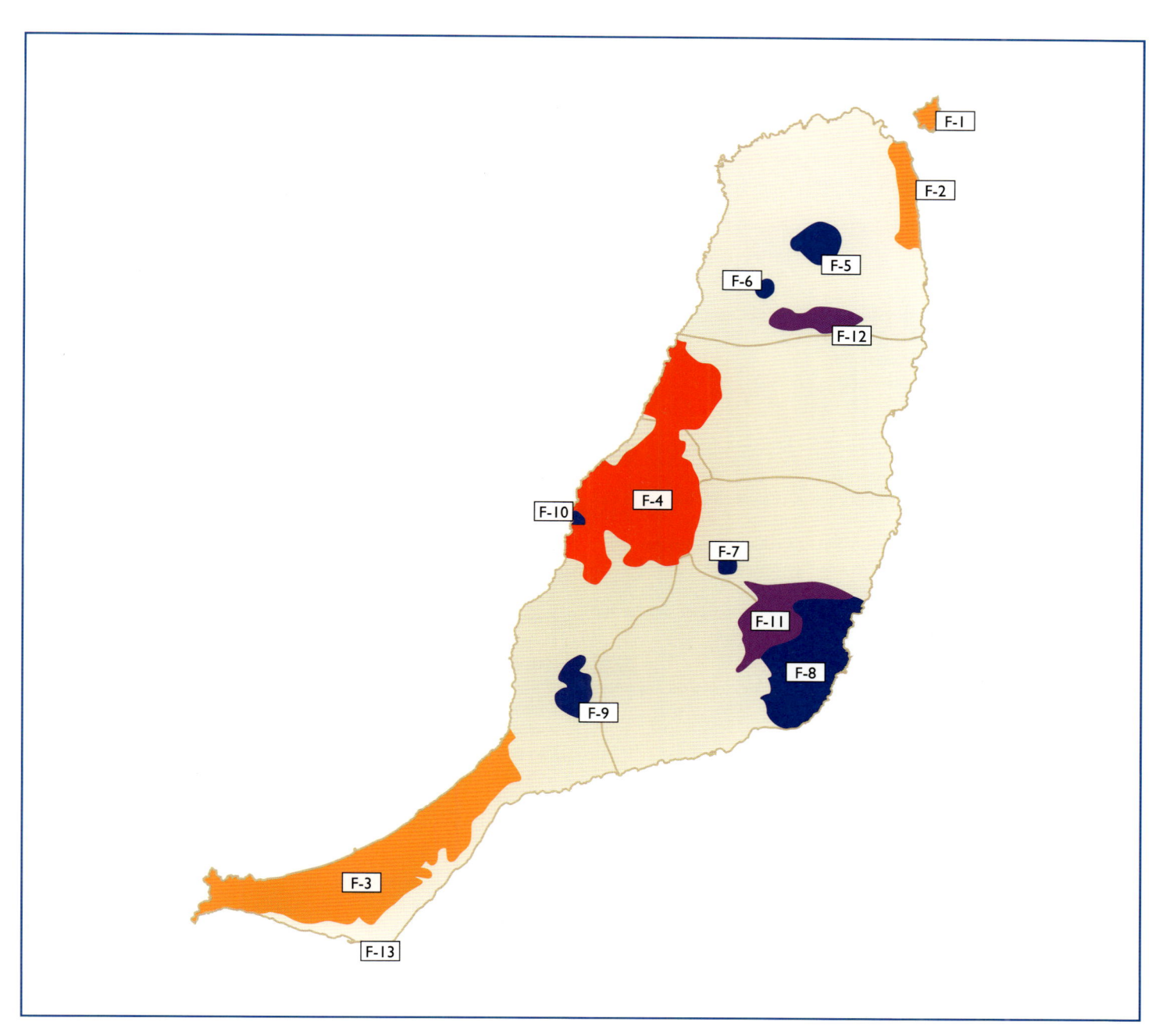

PARQUE NATURAL
- F-1 Parque Natural del Islote de Lobos
- F-2 Parque Natural de Corralejo
- F-3 Parque Natural de Jandía

PARQUE RURAL
- F-4 Parque Rural de Betancuria

MONUMENTO NATURAL
- F-5 Monumento Natural del Malpaís de La Arena
- F-6 Monumento Natural de Montaña Tindaya
- F-7 Monumento Natural de Caldera de Gairía
- F-8 Monumento Natural de Cuchillos de Vigán
- F-9 Monumento Natural de Montaña Cardón
- F-10 Monumento Natural de Ajuí

PAISAJE PROTEGIDO
- F-11 Paisaje Protegido de Malpaís Grande
- F-12 Paisaje Protegido de Vallebrón

SITIO DE INTERÉS CIENTÍFICO
- F-13 Sitio de Interés Científico de Playa del Matorral

B.I.C.* Y OTROS LUGARES DE INTERÉS HISTÓRICO
B.I.C. AND OTHER LOCATIONS OF HISTORICAL INTEREST / B.I.C. UND ANDERE HISTORISCH INTERESSANTE ORTE

ANTIGUA
- Castillo de la Antigua. S. XVIII. (M)
- Ermita de San Francisco Javier (Pocetas). S. XVIII. (M)
- Ermita de San Isidro (Triquivijate). S. XVIII. (M)
- Iglesia Nuestra Señora de Antigua. S. XVIII (M)
- Ermita de San Roque (Valles de Ortega). S. XVIII y reformada en XIX. (M)
- Molino de Antigua (P.K. de Ampuyenta a Antigua). (M)
- Molino de Valles de Ortega (núcleo). (M)
- Ermita de Nuestra Señora de Guadalupe (Agua de Bueyes). S. XVIII. (M)
- Molino de Antigua-Durazno. (M)
- Molino de La Corte. (M)
- Salinas de El Carmen. (M)
- Molino de Valles de Ortega (CV. de Valles de Ortega a La Corte). (M)
- Molino de Valles de Ortega (núcleo). (M)
- Conjunto de hornos de cal de La Guirra. (M)
- Yacimiento Paleontológico de La Guirra .(ZP)
- La Guirra. (ZP)
- Poblado de la Atalayita.

BETANCURIA
- Villa de Betancuria. (CH)
  Fundada en los primeros años del siglo XV, por el conquistador normando Gadifer de la Salle.
- Ermita de Santa Inés, Valle de Santa Inés. S. XVI, con reformas posteriores. (M)
- Ermita de Nuestra Señora de la Peña (Vega de Río Palmas). (M)
- Iglesia de Santa María de Betancuria. S. XVI, ampliada en 1678.
- Exconvento Franciscano de San Buenaventura. S. XV y reconstruido en S. XVII.
- Romería de Nuestra Señora de La Peña (Vega de Río Palmas).

LA OLIVA
- Ermita de Nuestra Señora del Buen Viaje (Tostón). S. XVII, obra del arquitecto Sebastián Trujillo Ruiz. (M)
- Molino de Villaverde. (M)
- Molino de Corralejo. (M)
- Ermita de San Pedro y San Juan (Vallebrón). S. XVIII. (M)
- Castillo de El Cotillo (Torre de Nuestra Señora del Pilar y San Miguel o Torre del Tostón). S. XVIII. (M)
- Molino de El Roque. (M)
- Iglesia de Nuestra Señora de la Caridad (Tindaya). S. XVIII. (M)
- Ermita de San Vicente Ferrer (Villaverde). (M)
- Ermita de Nuestra Señora de Puerto Rico. (M)
- Ermita de Nuestra Señora de Los Dolores y San Miguel Arcángel (La Caldereta). (M)
- La Casa del Inglés. (M)
- Conjunto de Bienes Muebles de la Iglesia de Nuestra Señora de la Candelaria. (M)
- Molino de Lajares. (M)
- Casa de Los Coroneles. (M)
  Fundada en el S. XVII y reformada en el XIX.
- Molino de Tindaya-Tabeto. (M)
- Ermita de San Antonio de Padua (Lajares). (M)
- Montaña Tindaya. (ZA)
- Barranco de Tinojay y entorno de protección. (ZA)
- Barranco de Cavadero. (ZA)
- Cueva Villaverde. (ZA)
- Barranco de Los Encantados o Enamorados (Lajares-Esquinzo).

PÁJARA
- Delimitación del entorno de protección y vinculación de bienes muebles de la Ermita de Nuestra Señora de Regla. S. XVIII. (M)
- Delimitación del entorno de protección y vinculación de bienes muebles de la Ermita de San Antonio de Padua en Toto. (M)
- Ermita de San Antonio (Toto). (M)
- Iglesia de Nuestra Señora de Regla. S. XVIII. (M)

PUERTO DEL ROSARIO
- Molina de la Asomada. S. XIX-XX. (M)
- Molino de los Llanos de la Concepción. S. XIX-XX. (M)
- Parroquia de Santa Ana (Casillas del Ángel). (M)
  Estado actual del S. XVIII. Retablo barroco.
- Molino de Almácigo. (M)
- Ermita de Nuestra Señora de la Merced, entorno de protección y bienes vinculados (El Time). (M)
- Ermita de San Pedro de Alcántara (Ampuyenta) S. XVIII. (M)
  Pinturas murales barrocas.
- Iglesia Parroquial de Puerto del Rosario. Primera mitad del XIX. (M)
- Ermita de Nuestra Señora del Socorro. S. XVIII. (M)
- Molina de Puerto Lajas. (M)
- Ermita de Santo Domingo de Guzmán (Tetir) S. XVIII. (M)
  Torre de finales XIX.
- Ermita de Nuestra Señora de La Concepción. (M)
- Molina de Almácigo. (M)
- Molino de Tefía. (M)
- Molino de los Llanos de la Concepción. (M)
- Ermita de San Agustín.
- Poblado de La Alcogida (Tefía).
- Cementerio Viejo de Puerto del Rosario.
- Casa de Fray Andresito (La Ampuyenta).

TUINEJE
- Molino de Tiscamanita. (Tiscamanita). (M)
- Delimitación del entorno de protección de la Iglesia de San Miguel Arcángel. (M)
- Ermita de San Miguel. S.XVIII. (M)
- Ermita de San Marcos (Tiscamanita).
- Ermita de San José (Tesejerague).
- Fiestas Juradas (Tuineje).

*Declarados o con expediente en trámite por Organismos Oficiales. / Declared or under consideration by Official Bodies. / Von offiziellen Behörden bereits dazu erklärt oder behördlicher Weg zur Erklärung bereits beantragt.

GRAN CANARIA

- Más Información. **www.grancanaria.com**
- Tel. Cabildo de Gran Canaria. 928 219 421

Superficie / Area / Fläche	1.560,10 km²
Altitud / Height / Höhe ü.d.M.	Pico de las Nieves 1.949 m.
Población / Population / Bevölkerung	802.247 habitantes
Espacios Naturales Protegidos / Protected Natural Areas / Naturschutzgebiet	66.805,6 hectáreas

CANARIAS. ISLAS Y PUEBLOS

GRAN CANARIA

Fuente / Source / Quelle: Instituto Geográfico Nacional. Centro Nacional de Información Geográfica.
Escala 1:350.000.

INTRODUCCIÓN
INTRODUCTION / EINLEITUNG

ASPECTOS GEOGRÁFICOS
GEOGRAPHICAL ASPECTS / GEOGRAFISCHE GESICHTSPUNKTE

🇪🇸 Gran Canaria, situada en el centro del Archipiélago, tiene una forma más o menos circular, de la que sobresale por el Nordeste la Isleta. En su relieve destaca la disposición radial de los barrancos, debido a la intensa acción erosiva de las aguas a lo largo del tiempo, llegando a formarse en sus cabeceras calderas de erosión como las de Tejeda, Tirajana y Tenteniguada; también sobresalen las cumbres centrales de la isla (con el Roque Nublo y el Bentaiga), que Unamuno bautizó como "tempestad petrificada", y numerosos conos volcánicos.

Importantes playas jalonan sus costas bajas y arenosas (Maspalomas, con su campo de dunas, El Inglés, San Agustín, Las Canteras, etc.), aunque las situadas en el Norte y Oeste son más abruptas.

La isla ofrece numerosos contrastes climáticos y paisajísticos, pasando de un Sur árido con vegetación xerófila de tabaibal-cardonal, a hermosos acebuchales, lentiscales y palmerales en las medianías, restos de monteverde del antaño excelso bosque de Doramas en algunos lugares del Norte (Los Tilos de Moya, Barranco la Virgen, Barranco Oscuro, etc.) y, finalmente, una zona de frondosos pinares en la cumbre. Más del 40% de la superficie de la isla se encuentra protegida, destacando entre otros espacios naturales el Parque Rural del Nublo, los Parques Naturales de Tamadaba y Pilancones, y la Reserva Natural Integral de Inagua; estos tres últimos con hermosos pinares.

La actividad económica está marcada por el predominio del sector servicios, relacionado con su potencial turístico, aunque tiene un sector primario de cierta importancia vinculado al cultivo y exportación de tomates y plátanos.

Con 21 municipios, cuya capital es Las Palmas de Gran Canaria, la mitad de su población se concentra en el área capitalina, en la que se integran Telde y Santa Brígida, a la que sigue en importancia el Noroeste (donde destacan las localidades de Arucas y Gáldar, entre otras) y los núcleos turísticos del Sur (sobre todo San Bartolomé de Tirajana), estando el interior menos poblado, aunque posee un gran atractivo para el turismo rural.

Gran Canaria además ha sabido conjugar la belleza de sus playas, el clima primaveral y su excelente red de comunicaciones aéreas y marítimas, con una multitud de posibilidades para la organización de eventos y congresos internacionales.

🇬🇧 Gran Canaria, located in the centre of the archipelago, is more or less circular in shape, with a slight peninsula in the northeast: la Isleta. In its contours, the radial layout of the ravines due to the intense erosive action of rainwater over time stands out, with, at the upper end of the ravines, erosive calderas being formed, such as those of Tejeda, Tirajana and Tenteniguada; the central peaks of the island are also spectacular (the Roque Nublo and Bentaiga), which Unamuno christened a "petrified storm", as well as numerous volcanic cones.

There are important beaches around the sandy coastline (Maspalomas, with its dunes, El Inglés, San Agustín, Las Canteras, etc.), although those in the north and the west are more rugged.

The island offers numerous contrasts in climate and landscape, going from the arid south with xerophilous vegetation of tabaibal-cardonal (balsam spurge-candelabra spurge), to beautiful groups of acebuches (Olea sylvestris), lentiscales (mastic-tree thickets) and palm groves in the inland areas, remains of monteverde from the ancient Doramas woodland in certain parts of the north (Los Tilos de Moya, Barranco la Virgen, Barranco Oscuro, etc.) and, finally, an area of leafy pinewoods at the summit. Over 40% of the territory of the island is protected, with the Parque Rural del Nublo, the Natural Parks of Tamadaba and Pilancones, and the Inagua Integral Nature Reserve being the most notable: the last three have beautiful pinewoods.

Economic activity is centred particularly on the service sector, related to the tourist potential although the primary sector is also of a certain importance linked to cultivation and the export of tomatoes and bananas.

With twenty-one municipalities, half the population is in the area of the Capital, Las Palmas de Gran Canaria, including Telde and Santa Brígida, followed by the northwest (where Arucas and Galdar, among others, are important) and the tourist resorts in the south (above all, San Bartolomé de Tirajana), while the interior has less population, although it is very attractive for rural tourism.

Gran Canaria has also managed to blend the attractions of its beaches, the spring-like climate and the excellent communications network with a multitude of possibilities for the organisation of international events and congresses.

🇩🇪 Gran Canaria liegt im Zentrum des Archipels und besitzt eine mehr oder weniger kreisrunde Form, von der im Nordosten la Isleta hervorsteht. Charakteristisch für das Inselrelief ist die radiale Ausrichtung der Schluchten, an deren Oberläufen die intensive Erosionswirkung des Wassers im Laufe der Zeit Kessel geschaffen hat, wie die von Tejeda, Tirajana und Tenteniguada; ebenfalls auffällig sind die zentralen Gipfel der Insel (mit Roque Nublo und el Bentaiga), die Unamuno einst „versteinerter Sturm" taufte, sowie zahlreiche vulkanische Kegel.

Bedeutende Strände prägen die flachen und sandigen Küsten (Maspalomas, mit den Dünenfeldern, El Inglés, San Agustín, Las Canteras usw.), wogegen der Verlauf im Norden und im Osten abrupter ausfällt.

Die Insel bietet zahlreiche klimatische und landschaftliche Kontraste, angefangen vom trockenen Süden mit xerophiler Vegetation des Tabaibalcardonal, über wunderschöne Acebuchales, Lentiscales und Palmenhaine in den mittleren Höhenlagen, Reste des Monteverde des hohen Doramas Waldes in einigen Gebieten des Nordens (Los Tilos de Moya, Barranco la Virgen, Barranco Oscuro usw.) bis schließlich zum üppigen Kiefernwald in den Gipfelzonen. Über 40% des Inselbodens steht unter Naturschutz, wobei der Landschaftspark El Nublo, die Naturparks Tamadaba und Pilancones, sowie das Integrale Naturreservat Inagua die wichtigsten Orte sind; in den letzten drei stehen herrliche Kiefernwälder.

Die wirtschaftliche Aktivität konzentriert sich auf den Dienstleistungssektor, der mit dem touristischen Potenzial im Zusammenhang steht, wobei allerdings auch der Primärsektor, mit dem Anbau und Export von Tomaten und Bananen, eine gewisse Rolle spielt.

Die Insel besitzt 21 Gemeindebezirke und ihre Hauptstadt ist Las Palmas de Gran Canaria, in deren Einzugsgebiet die Hälfte der Bevölkerung lebt und zu dem auch Telde und Santa Brígida gehören. Die nächsten wichtigen Zonen sind der Nordwesten (besonders Arucas und Gáldar) sowie die Touristikzentren des Südens (vor allem San Bartolomé de Tirajana). Das Inselzentrum ist am wenigsten besiedelt, wenngleich es sehr attraktive Ziele für den Ruraltourismus bietet.

Gran Canaria stellt ein attraktives Zusammenspiel aus Stränden, dem frühlingshaften Klima und dem ausgezeichneten Luft- und Seeverkehrsnetz dar, mit unzähligen Möglichkeiten zur Organisation von Events und internationalen Kongressen.

BREVE RESEÑA HISTÓRICA
A SHORT HISTORICAL SUMMARY / KURZER HISTORISCHER ÜBERBLICK

🇪🇸 Esta isla ya era conocida desde la Antigüedad, pues según diversos testimonios pudo ser visitada por la expedición llevada a cabo por el rey Juba II de Mauritania en el siglo I a.C.

Los antiguos pobladores de Gran Canaria, que como los del resto de las islas tenían su origen en el Noroeste de África, eran conocidos con la denominación de "canarios". La isla estaba dividida en dos demarcaciones, Gáldar y Telde, y al frente de cada territorio se encontraba un jefe o "guanarteme". La sociedad aborigen estaba jerarquizada y su economía se fundamentaba principalmente en la ganadería y la agricultura, así como en la recolección, la pesca y el marisqueo.

La conquista la inició Juan Rejón en 1478 y, tras una fuerte resistencia, la culminó Juan de Vera en 1483, con la derrota de los aborígenes en la Fortaleza de Ansite, aunque pequeños grupos de indígenas seguirían alzados en las cumbres de la isla, al no aceptar la sumisión y la esclavitud.

Después de la conquista, se establecieron en Las Palmas de Gran Canaria el Obispado y la Real Audiencia de Canarias. Durante el periodo del Antiguo Régimen, podemos destacar algunos hechos de relevancia, como la introducción y explotación del cultivo de la caña de azúcar (siglo XV), las diversas epidemias y sequías, la emigración a América y los frecuentes ataques piráticos de los siglos XVI, XVII y XVIII.

Por lo que respecta al siglo XIX hemos de mencionar la instauración de los puertos francos, que favorecieron el libre comercio, y la construcción en 1881 del Puerto de La Luz, del que fue artífice León y Castillo, el cual ha servido como motor de la economía isleña. En la segunda mitad de esa centuria Gran Canaria comenzó a despuntar como destino turístico.

El siglo XX se caracterizó por el auge del sector agrícola (platanero y tomatero), que impulsó la economía insular hasta los años setenta, para dar paso con posterioridad al gran auge del sector terciario, especialmente la construcción y el turismo. Éste se vio favorecido por la construcción del aeropuerto de Gando en 1930 y por la llegada de los vuelos chárter a partir de 1957, de modo que en la actualidad la actividad turística constituye la primordial fuente de ingresos de la isla, que se ha colocado entre los principales destinos turísticos de España.

Gran Canaria conserva un importante legado histórico y arquitectónico, que tiene su mejor representación en el barrio de Vegueta, en Las Palmas, con la Catedral de Santa Ana, el Museo Canario y la Casa de Colón, entre otras joyas. Tampoco se puede olvidar el valioso patrimonio que ofrecen localidades como Telde, Gáldar, Arucas, Teror, Agüimes, etc.

🇬🇧 This island was already known in antiquity since according to a variety of testimonies it may have been visited by the expedition under King Juba II of Mauritania in the first century B.C.

The ancient native inhabitants of Gran Canaria, who, like those of the rest of the islands had their origin in northwest Africa, were known as "Canarians". The island was divided into two kingdoms, Galdar and Telde, and at the head of each territory there was a chief or Guanarteme. Native society was hierarchical and the economy was based fundamentally on livestock and agriculture, as well as gathering, fishing and shellfish.

The Conquest was begun by Juan Rejón in 1478 and, after powerful resistance, it was completed by Juan de Vera in 1483, with the defeat of the natives at the Fortaleza de Ansite, although small groups of natives would continue in rebellion in the highlands of the island, refusing to accept submission and slavery.

After the Conquest, the Bishopric and the Real Audiencia de Canarias were set up in Las Palmas de Gran Canaria. During the time of the Ancien Regime, a number of important events are worth mentioning, such as the introduction and exploitation of sugar cane (15th Century), a number of epidemics and droughts, emigration to America and frequent pirate attacks in the 16th, 17th and 18th Centuries.

As regards the 19th Century, we have to mention the creation of the free ports, which favoured free trade, and the construction in 1881 of the Port of La Luz, with which León y Castillo had much to do and which has served as the economic driving force of the island. In the second half of the 19th Century, Gran Canaria began to stand out as a holiday destination.

The 20th Century was characterised by the growth of the agricultural sector (bananas and tomatoes) which gave a boost to the island's economy up to the 1970s, and then gave way to building and tourism. This was favoured with the construction of Gando Airport in 1930 and by the arrival of charter flights from 1957 onwards, with the result that now tourism is the main source of income for the island, which is now one of the main holiday destinations in Spain.

Gran Canaria conserves a significant historical and architectural heritage, which has its best representation in the district of Vegueta, in Las Palmas, with the Cathedral of Santa Ana, the Canarian Museum and the Casa de Colón, among other buildings. The superb heritage of such places as Telde, Gáldar, Arucas, Teror, Agüimes, etc. should not be forgotten either.

🇩🇪 Diese Insel war schon in der Antike bekannt und gemäß diversen Bezeugungen wurde sie wahrscheinlich im 1.Jahrhundert v.Chr. von König Juba II. bei einer Expedition besucht.

Die alten Ureinwohner von Gran Canaria hatten wie die der anderen Inseln ihren Ursprung im Nordwesten von Afrika und waren schon damals unter der Bezeichnung „Canarios" bekannt. Die Insel war in zwei Reiche unterteilt, Gáldar und Telde, und jedes Territorium besaß ein Oberhaupt oder „Guanarteme". Die Ureinwohnergesellschaft war hierarchisiert und ihre Wirtschaft stützte sich im Wesentlichen auf die Viehzucht und den Ackerbau, sowie den Fischfang und das Sammeln von Meeresfrüchten.

Juan Rejón begann 1478 mit der Eroberung und wurde 1483 nach heftigem Widerstand von Juan de Vera nach der Niederlage der Ureinwohner in la Fortaleza de Ansite zu Ende gebracht, wenngleich kleine Eingeborenengruppen von den Gipfeln der Insel weiter gegen ihre Unterwerfung und Versklavung kämpften.

Nach der Eroberung wurden in Las Palmas de Gran Canaria der Bischoffsitz und die Real Audiencia de Canarias eingerichtet. Während der alten Herrschaftsperiode sind einige bedeutende Ereignisse herzuvorheben, wie z.B. die Einführung des Rohrzuckeranbaus (15. Jahrhundert), diverse Epidemien und Trockenperioden, die Emigration nach Amerika und die häufigen Piratenüberfälle des 16., 17. und 18. Jahrhunderts.

Bezüglich des 19.Jahrhunderts ist die Errichtung der Freihäfen zu nennen, die den freien Handel begünstigten, sowie die Konstruktion von Puerto de la Luz 1881, deren Urheber León y Castillo war und der das Herzstück der Inselwirtschaft darstellte. In der zweiten Hälfte dieses Jahrhunderts wurde Gran Canaria zur Reisedestination.

Das 20.Jahrhundert zeichnete sich durch den Aufschwung des Landwirtschaftssektors aus (Bananen und Tomaten), welcher die Inselwirtschaft bis in die 70er erblühen ließ; dieser wurde dann durch den Tertiärsektor abgelöst, besonders vom Bauwesen und Tourismus. Der Tourismus wurde erfolgreich durch den Bau des Flughafens Gando im Jahre 1930 und die Ankünfte von Charterflügen seit 1957 angekurbelt, so dass er heute die Haupteinnahmequelle der Insel darstellt und diese in eine der wichtigsten Touristikdestinationen Spaniens verwandelte.

Gran Canaria birgt ein bedeutendes historisches und architektonisches Erbe, vor allem die Santa Ana Kathedrale, das Kanarische Museum und die Casa de Colón im Stadtteil Vegueta, in Las Palmas. Doch auch das wertvolle Erbe von Orten wie Telde, Gáldar, Arucas, Teror, Agüimes usw. ist keineswegs zu vernachlässigen.

AGAETE

- Más Información. **www.aytoagaete.es**
- Tel. Ayuntamiento de Agaete. 928 554 286 / 928 598 002

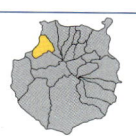

| Superficie
Area
Fläche
45,50 km² | Altitud
Height
Höhe ü.d.M.
43 m. | Población
Population
Bevölkerung
5.606 habitantes | Espacios Naturales Protegidos
Protected Natural Areas
Naturschutzgebiet
2.790,52 hectáreas | Distancia por carretera
Distance by car
Distanz auf Verkehrswegen
36,20 km. a Las Palmas de GC |

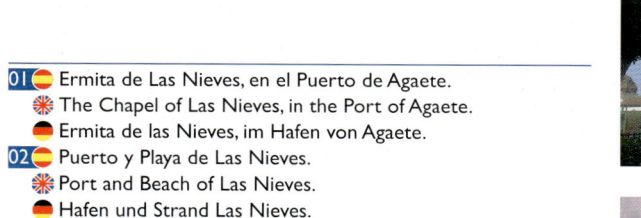

01 🇪🇸 Ermita de Las Nieves, en el Puerto de Agaete.
🇬🇧 The Chapel of Las Nieves, in the Port of Agaete.
🇩🇪 Ermita de las Nieves, im Hafen von Agaete.

02 🇪🇸 Puerto y Playa de Las Nieves.
🇬🇧 Port and Beach of Las Nieves.
🇩🇪 Hafen und Strand Las Nieves.

03 🇪🇸 Risco Partido (Dedo de Dios). La tormenta tropical "Delta" derribó parte de uno de los símbolos del municipio y de la isla.
🇬🇧 Risco Partido (Dedo de Dios - Finger of God). The tropical storm "Delta" destroyed one of the symbols of the town and of the island.
🇩🇪 Gespaltener Felsen (Dedo de Dios). Der tropische Sturm „Delta" zerstörte dieses Symbol der Gemeinde und der Insel.

04 🇪🇸 Iglesia de La Concepción. Reconstruida a finales del XIX.
🇬🇧 Church of La Concepción. Rebuilt in the late 19th Century.
🇩🇪 Iglesia de La Concepción. Wieder aufgebaut Ende 19. Jahrhundert.

05 🇪🇸 El Hornillo. Pintoresco caserío en el que se han habilitado cuevas como viviendas. Está ubicado en los altos del Barranco de Agaete y actualmente viven en él 5 familias.
🇬🇧 El Hornillo. A picturesque hamlet which includes cave dwellings. It is located near the top of the Barranco de Agaete and currently five families are resident.
🇩🇪 El Hornillo. Malerisches Dorf, in dem Höhlen zu Wohnstätten umfunktioniert wurden. Es liegt in der oberen Region vom Barranco de Agaete und wird derzeit von 5 Familien bewohnt.

AGÜIMES

- Más Información. www.agüimes.net
- Tel. Ayuntamiento de Agüimes. 928 789 980

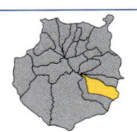

Superficie / Area / Fläche	Altitud / Height / Höhe ü.d.M.	Población / Population / Bevölkerung	Espacios Naturales Protegidos / Protected Natural Areas / Naturschutzgebiet	Distancia por carretera / Distance by car / Distanz auf Verkehrswegen
79,28 km²	270 m.	25.541 habitantes	1.871,43 hectáreas	28,50 km. a Las Palmas de GC

01 🇪🇸 Caserío de Cueva Bermeja y Centro de Interpretación del Monumento Natural del Barranco de Guayadeque, compartido con el municipio de Ingenio. Tel. 928 172 026.

🇬🇧 The Hamlet of Cueva Bermeja and the Barranco de Guayadeque Natural Monument Interpretation Centre, shared with the municipal district of Ingenio. Phone. 928 172 026.

🇩🇪 Der kleine Ort Cueva Bermeja und das Centro de Interpretación des Naturdenkmals Barranco de Guayadeque, der von der Gemeinde Ingenio geteilt wird. Tel. 928 172 026.

02 🇪🇸 Playa de Arinaga.
🇬🇧 Beach of Arinaga.
🇩🇪 Playa de Arinaga.

03 🇪🇸 Iglesia de San Sebastián.
🇬🇧 Church of San Sebastián.
🇩🇪 Iglesia de San Sebastián.

04 🇪🇸 Callejón típico en el casco histórico de Agüimes.
🇬🇧 A typical alleyway in the historical centre of Agüimes.
🇩🇪 Typische Gasse in der historischen Altstadt von Agüimes.

05 🇪🇸 Caserío tradicional de Temisas, con el Roque Aguayro al fondo.
🇬🇧 The traditional hamlet of Temisas, with the Roque Aguayro in the background.
🇩🇪 Traditioneller Ort Temisas, mit el Roque Aguayro im Hintergrund.

ARTENARA

- Más Información. **www.artenara.es**
- Tel. Ayuntamiento de Artenara. 928 666 117 / 421

Superficie / Area / Fläche	Altitud / Height / Höhe ü.d.M.	Población / Population / Bevölkerung	Espacios Naturales Protegidos / Protected Natural Areas / Naturschutzgebiet	Distancia por carretera / Distance by car / Distanz auf Verkehrswegen
66,70 km²	**1.270 m.**	**1.386 habitantes**	**6.019,35 hectáreas**	**50 km. a Las Palmas de GC**

01 🇪🇸 Parque Natural de Tamadaba, que alberga uno de los mejores pinares de las islas.
🇬🇧 The Natural Park of Tamadaba, which houses some of the best pinewoods in the Canary Islands.
🇩🇪 Der Naturpark von Tamadaba beherbergt einen der best erhaltenen Kiefernwälder der Kanarischen Inseln.

02 🇪🇸 Punta de Las Arenas, desde el Andén Verde. Único sector de costa del municipio.
🇬🇧 Punta de Las Arenas, from the Andén Verde. The only coastline of the municipal district.
🇩🇪 Punta de Las Arenas, von el Andén Verde. Einziges Küstengebiet der Gemeinde.

03 🇪🇸 Presa de La Candelaria, en la Vega de Acusa.
🇬🇧 Reservoir of La Candelaria, in the Vega de Acusa.
🇩🇪 Staudamm La Candelaria, in la Vega de Acusa.

04 🇪🇸 Vista panorámica de Artenara, situado a 1.200 m. es el municipio de Gran Canaria a mayor altitud y con menos habitantes.
🇬🇧 A panoramic view of Artenara, located at 1,200 m. above sea level. This is the municipal district which is located at the greatest height on Gran Canaria and it is also the one with the fewest inhabitants.
🇩🇪 Panoramablick auf Artenara, auf 1.200 m, die höchst gelegene und gleichzeitig bevölkerungsärmste Gemeinde von Gran Canaria.

05 🇪🇸 Iglesia de San Matías Apóstol. En su solar se erigió a comienzos del siglo XVII la primera ermita de Artenara y el templo actual se levantó principalmente entre 1864-1872.
🇬🇧 Church of San Matías Apóstol. On this site, the first chapel of Artenara was raised in the early 17th Century and the current church was built mainly between 1864 and 1872.
🇩🇪 Iglesia de San Matías Apóstol. Vor ihr wurde im 17. Jahrhundert die Kapelle von Artenara errichtet, während man die heutige Kirche zwischen 1864-1872 fertig stellte.

06 🇪🇸 Presa del Vaquero, en el Pinar de Tamadaba.
🇬🇧 Reservoir of Vaquero, in the Tamadaba pinewood.
🇩🇪 El Vaquero Staudamm, in el Pinar de Tamadaba.

ARUCAS

- Más Información. **www.arucas.org**
- Tel. Ayuntamiento de Arucas. 928 628 100

	Superficie / Area / Fläche	Altitud / Height / Höhe ü.d.M.	Población / Population / Bevölkerung	Espacios Naturales Protegidos / Protected Natural Areas / Naturschutzgebiet	Distancia por carretera / Distance by car / Distanz auf Verkehrswegen
	33,01 km²	**240 m.**	**34.245 habitantes**	**48,22 hectáreas**	**17 km. a Las Palmas de GC**

01 🇪🇸 Drago ubicado en la Casa de la Cultura de Arucas.
🇬🇧 A dragon tree located at the Casa de la Cultura in Arucas.
🇩🇪 Drachenbaum in der Casa de la Cultura von Arucas.

02 🇪🇸 Casa de Gourie, edificada a principios del siglo XIX. En la actualidad alberga el Museo Municipal de Arucas y está rodeada por la vegetación exótica del Parque de Arucas.
🇬🇧 Casa de Gourie, built in the early 19th Century. It now houses the Municipal Museum of Arucas and is surrounded by the exotic vegetation of the Parque de Arucas.
🇩🇪 Die Casa de Gourie wurde zu Anfang des 19.Jh. erbaut. Heute beherbergt sie das Gemeindemuseum von Arucas und ist von der exotischen Vegetation des Parks von Arucas umgeben.

03 🇪🇸 Salinas de El Bufadero.
🇬🇧 The El Bufadero saltworks.
🇩🇪 Die Salinen von El Bufadero.

04 🇪🇸 Pintoresca calle, en el casco histórico de la ciudad de Arucas.

🇬🇧 A picturesque street in the historical district of the town of Arucas.

🇩🇪 Malerische Strasse in der historischen Altstadt von Arucas.

05 🇪🇸 Fábrica destilería del "Ron Arehucas".

🇬🇧 The "Ron Arehucas" Distillery.

🇩🇪 Rumdestille von „Ron Arehucas".

06 🇪🇸 Mirador de la Montaña de Arucas.

🇬🇧 Panoramic view of the Montaña de Arucas.

🇩🇪 Mirador de la Montaña de Arucas.

07 🇪🇸 Iglesia de San Juan Bautista, conocida como la "catedral"; su construcción se inició en 1909. De estilo gótico catalán, se edificó con la denominada "piedra azul" de la cantería de Arucas.

🇬🇧 Church of San Juan Bautista, known as the "Cathedral". Its construction began in 1909. The style is a mixture of Gothic and Catalonian, and it was built with the so-called "blue stone" from the Arucas quarry.

🇩🇪 Iglesia de San Juan Bautista, bekannt als die Kathedrale, ihr Bau geht auf das Jahr 1909 zurück. Sie wurde aus der sogenannten „piedra azul" des Steinbruchs von Arucas im katalanisch gotischen Stil konstruiert.

FIRGAS

- Más Información. **www.firgas.es**
- Tel. Ayuntamiento de Firgas. 928 625 236 / 238 / 928 616 121

Superficie / Area / Fläche	Altitud / Height / Höhe ü.d.M.	Población / Population / Bevölkerung	Espacios Naturales Protegidos / Protected Natural Areas / Naturschutzgebiet	Distancia por carretera / Distance by car / Distanz auf Verkehrswegen
15,77 km²	**465 m.**	**7.179 habitantes**	**597,37 hectáreas**	**28 km. a Las Palmas de GC**

01 🇪🇸 Embotelladora del agua de "Firgas" (Un agua de consumo tradicional en Canarias), situada en el Barranco de Las Madres.

🏴󠁧󠁢󠁥󠁮󠁧󠁿 The bottling plant for "Firgas" water (A mineral water that is traditionally drunk in the Canary Islands), located at the Barranco de Las Madres.

🇩🇪 Flaschenabfüllung der Marke „Firgas" (traditionelles Mineralwasser der Kanaren), im Barranco de Las Madres.

02 🇪🇸 Iglesia de San Roque y plaza de dicha iglesia. Aunque tiene su origen en una antigua ermita de principios del siglo XVII, el edificio actual se construyó entre finales del XIX y primeras décadas del XX.

🏴󠁧󠁢󠁥󠁮󠁧󠁿 Church of San Roque and the square of the church. Although it has its origin in an old chapel from the early 17th Century, the current building was built in the late 19th Century and the first few decades of the 20th Century.

🇩🇪 Iglesia de San Roque und Platz dieser Kirche. Einst stand hier eine Kapelle aus den Anfängen des 17.Jahrhunderts; gegen Ende des 19.Jh. errichtete man das aktuelle Gebäude, das zu Beginn des 20.Jh. fertig gestellt wurde.

03 🇪🇸 Fachada de la Casa de la Cultura.

🏴󠁧󠁢󠁥󠁮󠁧󠁿 Façade of the Casa de la Cultura.

🇩🇪 Fassade der Casa de la Cultura.

04 🇪🇸 Paseo de Gran Canaria y Paseo de Canarias. Original avenida con símbolos de los municipios y las islas, en cerámica.

🏴󠁧󠁢󠁥󠁮󠁧󠁿 Paseo de Gran Canaria and Paseo de Canarias. An unusual avenue with symbols of the municipalities and of the islands, in pottery.

🇩🇪 Paseo de Gran Canaria und Paseo de Canarias. Originaler Boulevard mit Symbolen der Gemeinden und der Inseln, aus Keramik.

05 🇪🇸 Molino hidráulico de gofio, construido en 1517.

🏴󠁧󠁢󠁥󠁮󠁧󠁿 A hydraulic mill for gofio, built in 1517.

🇩🇪 Hydraulische Gofiomühle, erbaut 1517.

GÁLDAR

- Más Información. www.galdar.es
- Tel. Ayuntamiento de Gáldar. 928 880 050 / 154

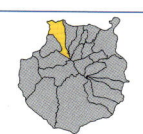

Superficie / Area / Fläche	Altitud / Height / Höhe ü.d.M.	Población / Population / Bevölkerung	Espacios Naturales Protegidos / Protected Natural Areas / Naturschutzgebiet	Distancia por carretera / Distance by car / Distanz auf Verkehrswegen
61,59 km²	**124 m.**	**23.201 habitantes**	**1.013,06 hectáreas**	**27 km. a Las Palmas de GC**

01 🇪🇸 Calle y plaza en el centro histórico de Gáldar.
 🇬🇧 Street and square in the historical centre of Gáldar.
 🇩🇪 Strasse und Plaza im historischen Zentrum von Galdar.

02 🇪🇸 Casas cueva de Hoya Pineda
 🇬🇧 Cave dwellings at Hoya Pineda
 🇩🇪 Höhlenwohnungen von Hoya Pineda.

03 🇪🇸 Museo y Parque Arqueológico "Cueva Pintada" de Gáldar, uno de los elementos patrimoniales más interesantes de la época aborigen. Tel. 928 895 746. www.cuevapintada.com.
 🇬🇧 Museum and archaeological park of "Cueva Pintada" in Gáldar, one of the most interesting parts of the Guanche or native heritage. Phone. 928 895 746. www.cuevapintada.com.
 🇩🇪 Museum und archäologischer Park „Cueva Pintada", eins der interessantesten Elemente aus der Ureinwohnerepoche. Tel. 928 895 746. www.cuevapintada.com.

04 🇪🇸 Playa y puerto de Sardina.
 🇬🇧 Beach and port of Sardina.
 🇩🇪 Strand und Hafen von Sardina.

05 🇪🇸 Plantaciones de plataneras al pie del Pico de Gáldar.
🇬🇧 Banana plantations at the foot of the Pico de Gáldar.
🇩🇪 Bananenanbau zu Füßen des Pico de Gáldar.

06 🇪🇸 Iglesia de Santiago de Gáldar, un bello templo de estilo neoclásico.
🇬🇧 Church of Santiago de Gáldar, a beautiful neoclassical place of worship.
🇩🇪 Iglesia de Santiago de Gáldar, eine schöne Kirche im neoklassischen Stil.

07 🇪🇸 Entrada al poblado y Necrópolis de "La Guancha".
🇬🇧 Entrance to the Necropolis of "La Guancha"
🇩🇪 Eingang zur Nekropolis „La Guancha".

INGENIO

- Más Información. www.villadeingenio.org
- Tel. Ayuntamiento de Ingenio. 928 780 076

Superficie / Area / Fläche	Altitud / Height / Höhe ü.d.M.	Población / Population / Bevölkerung	Espacios Naturales Protegidos / Protected Natural Areas / Naturschutzgebiet	Distancia por carretera / Distance by car / Distanz auf Verkehrswegen
38,15 km²	340 m.	27.308 habitantes	659,23 hectáreas	27 km. a Las Palmas de GC

01 🇪🇸 Casa de Postas. Punto de información turístico y centro de exposiciones. Calle Pascual Richard, 2. Tel 928 783 799.

🇬🇧 Casa de Postas. Tourist information point and exhibition centre. Calle Pascual Richard, 2. Phone. 928 783 799.

🇩🇪 Casa de Postas. Touristikinformationsstelle und Ausstellungszentrum. Calle Pascual Richard, 2. Tel. 928 783 799.

02 🇪🇸 Iglesia y plaza de La Candelaria. Proyectada en 1900, en el mismo lugar donde estuvo una antigua ermita del XVI.

🇬🇧 Church and square of La Candelaria. Designed in 1900, in the same place where there was once an old chapel from the 16th Century.

🇩🇪 Kirche und Plaza de la Candelaria. Sie wurde 1900 auf den Grundfesten einer alten Kapelle aus dem 16. Jahrhundert entworfen.

03 🇪🇸 Molino de agua en el Parque "Néstor Álamo".

🇬🇧 Watermill in "Néstor Álamo" Park.

🇩🇪 Wassermühle im „Néstor Álamo" Park.

04 🇪🇸 Museo de Piedra. Centro de exposición y venta de calados, bordados y artesanía general. Calle Camino Real de Gando, 1. Tel 928 781 124.

🇬🇧 Museum of Stone. Exhibition centre and point of sale for openwork, embroidery and craftwork in general. C/ Camino Real de Gando, 1. Phone. 928 781 124.

🇩🇪 Museo de Piedra. Ausstellungszentrum und Verkauf von Stickereien, Tischdecken und Kunsthandwerkserzeugnissen allgemein. C/ Camino Real de Gando, 1. Tel. 928 781 124.

05 🇪🇸 Playa de El Burrero y Dique.

🇬🇧 Playa de El Burrero y Dique.

🇩🇪 Playa de El Burrero und Deich.

LAS PALMAS DE GRAN CANARIA

- Más Información. **www.laspalmasgc.es**
- Tel. Ayuntamiento de Las Palmas de Gran Canaria. 928 446 000

Superficie Area Fläche	Altitud Height Höhe ü.d.M.	Población Population Bevölkerung	Espacios Naturales Protegidos Protected Natural Areas Naturschutzgebiet
100,55 km²	8 m.	378.628 habitantes	2.990,36 hectáreas

01 🇪🇸 Jardín botánico "Viera y Clavijo". Camino el Palmeral, 15. Tafira Alta. Tel. 928 353 604. www.jardincanario.org.
🇬🇧 Viera y Clavijo botanical garden. Camino el Palmeral, 15. Tafira Alta. Phone. 928 353 604. www.jardincanario.org.
🇩🇪 Botanischer Garten Viera y Clavijo. Camino el Palmeral, 15. Tafira Alta. Tel. 928 353 604. www.jardincanario.org.

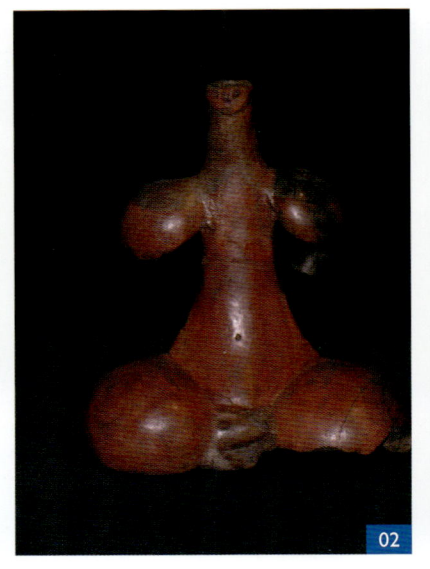

02 🇪🇸 Museo Canario. Calle Dr. Vernau, 2. Vegueta. Tel. 928 336 800. www.elmuseocanario.com (Ídolo de Tara. / Pintaderas aborígenes).
🇬🇧 The Canarian Museum. Calle Dr. Vernau, 2. Vegueta. Phone. 928 336 800. www.elmuseocanario.com (The Tara Idol. / Native pintaderas (triangular or square pieces of stone or pottery- use unknown).
🇩🇪 Kanarisches Museum. Calle Dr. Vernau, 2. Vegueta. Tel. 928 336 800. www.elmuseocanario.com (Tara Götze. / Farbige Symbole der Ureinwohner für Vorratslager).

03 🇪🇸 Puerto de la Luz (vista parcial del dique Reina Sofía y astilleros).
🇬🇧 Puerto de la Luz (a partial view from the Reina Sofía dock and shipbuilders).
🇩🇪 Puerto de la Luz (Sicht auf den Reina Sofía Deich und Schiffswerften).

04 🇪🇸 Panorámica de Las Palmas de Gran Canaria, desde el mirador de la zona del Rincón, donde se ubica el monumento al "Atlante".
🇬🇧 A panoramic view of Las Palmas de Gran Canaria, from the viewing point in the area of El Rincón, where the monument to the "Atlante" stands.
🇩🇪 Panoramablick auf Las Palmas de Gran Canaria vom Aussichtspunkt in der Gegend von El Rincón, wo sich das „Atlante" Denkmal befindet.

05 🇪🇸 Casa de Colón. Tel. 928 312 373 / 384.
🇬🇧 Casa de Colón. Phone. 928 312 373 / 384.
🇩🇪 Casa de Colón. Tel. 928 312 373 / 384.

06 🇪🇸 Los Lirios. Excelente zona agrícola para el cultivo de viñedos.

🇬🇧 Los Lirios. An excellent agricultural area for cultivating vines.

🇩🇪 Los Lirios. Exzellente Agrarzone zum Weinanbau.

07 🇪🇸 Calle Mayor de Triana. Vía comercial y peatonal que invita al paseo.

🇬🇧 Calle Mayor de Triana. A pedestrian shopping street which invites you to take a stroll.

🇩🇪 Calle Mayor de Triana. Die Einkaufsstrasse und Fußgängerpassage laden zum Spazierengehen ein.

08 🇪🇸 Los Hoyos, en el Paisaje Protegido de Tafira.

🇬🇧 Los Hoyos, in the Protected Landscape of Tafira.

🇩🇪 Los Hoyos, im Landschaftsschutzgebiet Tafira.

09 🇪🇸 Auditorio "Alfredo Kraus", en el extremo sur de la Playa de las Canteras.

🇬🇧 "Alfredo Kraus" Auditorium at the southern end of las Canteras Beach.

🇩🇪 Alfredo Kraus Auditorium im Süden von Playa de las Canteras.

10 🇪🇸 Catedral de Santa Ana. Su construcción comenzó hacia 1500 y se prolongó hasta el siglo XIX. En ella confluyen varios estilos artísticos.

🇬🇧 Cathedral of Santa Ana. Construction was started in about 1500 and continued until the 19th Century. A number of artistic styles are represented.

🇩🇪 Santa Ana Kathedrale. Ihr Bau begann um 1500 und dauerte bis zum 19. Jahrhundert. Sie vereint in sich diverse Kunststile.

11 🇪🇸 Castillo de la Luz (siglo XVI).

🇬🇧 Castillo de la Luz (16th Century).

🇩🇪 Castillo de la Luz (16. Jahrhundert).

12 🇪🇸 Fachada exterior e interior del Gabinete Literario.
🇬🇧 The façade and interior of the Gabinete Literario.
🇩🇪 Außen- und Innenfassade des Gabinete Literario.

13 🇪🇸 Mirador del Pico de Bandama donde se divisa todo el norte de la isla.
🇬🇧 The Pico de Bandama Panoramic Viewing Point, from which point all the north of the island can be seen.
🇩🇪 Vom Mirador del Pico de Bandama überblickt man den gesamten Inselnorden.

14 🇪🇸 Charcas de San Lorenzo, en el Barranco del Acebuchal, cerca del barrio de La Milagrosa.
🇬🇧 Charcas de San Lorenzo, in the Ravine of Acebuchal, close to the district of La Milagrosa.
🇩🇪 Charcas de San Lorenzo, im Barranco del Acebuchal, in der Nähe des Ortsteils La Milagrosa.

15 🇪🇸 Área recreativa de San José del Álamo. Un buen lugar para el recreo, próximo a la ciudad.
🇬🇧 The San José del Álamo Recreational Area. A good place for relaxation close to the city.
🇩🇪 Freizeitzone San José del Álamo. Eine gute Freizeitoption in Stadtnähe.

16 🇪🇸 Museo Elder de la Ciencia y la Tecnología. Parque de Santa Catalina, s/n. Tel. 828 011 828.
🇬🇧 The Elder Museum of Science and Technology. Parque de Santa Catalina, s/n. Phone. 828 011 828.
🇩🇪 Elder Museum der Wissenschaft und Technologie. Parque de Santa Catalina, s/n. Tel. 828 011 828.

🇪🇸 Claustro de la Huerta o patio de los Naranjos (lateral sur de la Catedral de Santa Ana). Data de la 2º mitad del siglo XVI y sus galerías son representativas del barroco colonial canario.

🏴 Cloister of la Huerta or patio de los Naranjos (the southern side of the Cathedral of Santa Ana). It dates from the second half of the 16th Century and its galleries are representative of the Canarian colonial baroque.

🇩🇪 Kreuzgang La Hueta oder Patio de los Naranjos (Südseite der Santa Ana Kathedrale). Datiert aus der 2. Hälfte des 16. Jahrhunderts und seine Galerien repräsentieren den kanarischen kolonialen Barockstil.

18 🇪🇸 Cuevas de "Los Canarios" en los Altos de El Confital.

🏴 Cuevas de "Los Canarios" in the Heights of El Confital.

🇩🇪 „Los Canarios" Höhlen in los Altos de El Confital.

19 🇪🇸 Plaza de Santa Catalina.

🏴 Plaza de Santa Catalina.

🇩🇪 Plaza de Santa Catalina.

20 🇪🇸 Vista panorámica de la Playa de Las Canteras.

🏴 A panoramic view of the Playa de Las Canteras.

🇩🇪 Panoramablick auf Playa de Las Canteras.

21 🇪🇸 Calle típica adoquinada del barrio de Vegueta.

🏴 A typical cobbled street from the district of Vegueta.

🇩🇪 Typische Pflasterstrasse des Stadtteils Vegueta.

22 🇪🇸 Plaza del Pilar Nuevo y Casa-Museo de Colón, en la trasera de la Catedral.

🏴 Plaza del Pilar Nuevo and the Columbus House and Museum, at the back of the Cathedral.

🇩🇪 Plaza del Pilar Nuevo und Casa-Museo de Colón, hinter der Kathedrale.

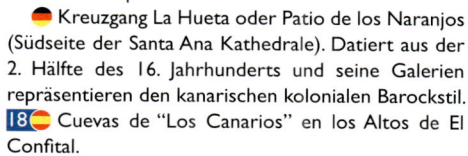

MOGÁN

- Más Información. **www.mogan.es**
- Tel. Ayuntamiento de Mogán. 928 158 800

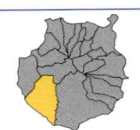

Superficie / Area / Fläche	Altitud / Height / Höhe ü.d.M.	Población / Population / Bevölkerung	Espacios Naturales Protegidos / Protected Natural Areas / Naturschutzgebiet	Distancia por carretera / Distance by car / Distanz auf Verkehrswegen
172,44 km²	**22 m.**	**15.953 habitantes**	**8.072,92 hectáreas**	**93 km. a Las Palmas de GC**

01 🇪🇸 Iglesia de San Antonio de Padua, levantada en el año 1814.
🇬🇧 Church of San Antonio de Padua, built in the year 1814.
🇩🇪 Iglesia de San Antonio de Padua, errichtet im Jahre 1814.

02 🇪🇸 Huertas de Los Caideros, en el margen del embalse de Soria (con 32 millones de m³ de agua).
🇬🇧 Huertas de Los Caideros, on the edge of the Soria reservoir (with 32 million cubic metres of water).
🇩🇪 Obst- und Gemüsegärten von Los Caideros, am Soria Stausee (32 Millionen Kubikmeter Wasser).

03 🇪🇸 Vista panorámica de Veneguera.
🇬🇧 A panoramic view of Veneguera.
🇩🇪 Panoramablick auf Veneguera.

04 🇪🇸 Delfín mular *(Tursiops truncatus)*. Costa de Mogán.
🇬🇧 Bottlenose Dolphin *(Tursiops truncatus)*. Coast of Mogán.
🇩🇪 Grosser Tümmler *(Tursiops truncatus)*. Küste von Mogán.

05 🇪🇸 Pinar de Inagua y Los Azulejos, en la cabecera del Barranco de Veneguera.
🇬🇧 The Pinewoods of Inagua y Los Azulejos, at the top of the Barranco de Veneguera.
🇩🇪 Pinar de Inagua y Los Azulejos, am Oberlauf des Barranco de Veneguera.

CANARIAS. ISLAS Y PUEBLOS

06 🇪🇸 Canales en el Puerto de Mogán.
🇬🇧 Canals in the Puerto de Mogán.
🇩🇪 Kanäle im Hafen von Mogán.

07 🇪🇸 Presa de Soria de más de 100 m de altura, donde convergen los límites con Tejeda y San Bartolomé de Tirajana.
🇬🇧 The Reservoir of Soria that is over one hundred metres deep, at the meeting point of the districts of Tejeda and San Bartolomé de Tirajana
🇩🇪 Der über 100 m hohe Soria Staudamm; hier laufen die Grenzen von Tejeda und San Bartolomé de Tirajana zusammen.

08 🇪🇸 Puerto deportivo, playa y urbanización de Puerto Rico.
🇬🇧 Marina, beach and development in Puerto Rico.
🇩🇪 Yachthafen, Strand und Urbanisation von Puerto Rico.

MOYA

- Más Información. www.villademoya.com
- Tel. Ayuntamiento de Moya. 928 611 255 / 128 / 071

Superficie / Area / Fläche	Altitud / Height / Höhe ü.d.M.	Población / Population / Bevölkerung	Espacios Naturales Protegidos / Protected Natural Areas / Naturschutzgebiet	Distancia por carretera / Distance by car / Distanz auf Verkehrswegen
31,87 km²	**490 m.**	**7.801 habitantes**	**2.219,53 hectáreas**	**22,50 km. a Las Palmas de GC**

01 🇪🇸 Los Tilos de Moya, Reserva Natural Especial que alberga uno de los últimos reductos de "laurisilva" de la isla.
🇬🇧 Special Nature Reserve of Los Tilos de Moya, where one of the last remaining parts of the "laurisilva" on the island now stands.
🇩🇪 Los Tilos de Moya Sondernaturreservat, mit einem der letzten Überbleibsel des Laurisilvawaldes der Insel.

02 🇪🇸 Montañón Negro, testimonio de la erupción volcánica más reciente de Gran Canaria.
🇬🇧 Montañón Negro, evidence of Gran Canaria's most recent volcanic eruption.
🇩🇪 Montañón Negro, Zeugnis vom jüngsten Vulkanausbruch auf Gran Canaria.

03 🇪🇸 Iglesia de Nuestra Señora de La Candelaria. Su actual construcción data de mediados del siglo XX.
🇬🇧 Church of Nuestra Señora de La Candelaria. The current building is from the mid-20th Century.
🇩🇪 Iglesia de Nuestra Señora de La Candelaria. Der aktuelle Bau stammt aus der Mitte des 20.Jahrhundert.

04 🇪🇸 Casa Museo Tomás Morales. Tel. 928 620 217.
🇬🇧 Tomás Morales House and Museum. Phone. 928 620 217.
🇩🇪 Casa Museo Tomás Morales. Tel. 928 620 217.

05 🇪🇸 Caldera de Los Pinos de Gáldar.
🇬🇧 Caldera de Los Pinos de Gáldar.
🇩🇪 Caldera de Los Pinos de Gáldar.

SAN BARTOLOMÉ DE TIRAJANA

- Más Información. www.maspalomas.com
- Tel. Ayuntamiento de San Bartolomé de Tirajana. 928 723 400 / 928 123 014

Superficie / Area / Fläche	Altitud / Height / Höhe ü.d.M.	Población / Population / Bevölkerung	Espacios Naturales Protegidos / Protected Natural Areas / Naturschutzgebiet	Distancia por carretera / Distance by car / Distanz auf Verkehrswegen
333,13 km²	850 m.	46.428 habitantes	12.536,64 hectáreas	54,50 km. a Las Palmas de GC

01 🇪🇸 Barranco de Los Vicentes.
🇬🇧 Barranco de Los Vicentes.
🇩🇪 Barranco de Los Vicentes.

02 🇪🇸 Charca de Maspalomas. Reserva Natural Especial de gran belleza, en la que transitan diversas especies de aves.
🇬🇧 Charca de Maspalomas. Special Nature Reserve of great beauty which is a resting place for a range of different species of bird.
🇩🇪 Charca de Maspalomas. Wunderschönes Sondernaturreservat, das von vielen Vogelarten besucht wird.

03 🇪🇸 Reserva Natural Especial de las Dunas de Maspalomas, complejo dunar de más de 4 km² de extensión.
🇬🇧 Special Nature Reserve of the Dunes of Maspalomas, a complex of over four square kilometres.
🇩🇪 Sondernaturreservat Las Dunas de Maspalomas, über 4 km² großer Dünenkomplex.

04 🇪🇸 Cercados de Araña, en el embalse de Chira, de 2 km de longitud.
🇬🇧 Cercados de Araña, at the Chira dam, over two kilometres in length.
🇩🇪 Cercados de Araña, am Stausee Chira, mit einer Länge von 2 km.

05 🇪🇸 Calderón gris (Grampus griseus). Costa de San Bartolomé de Tirajana.
🇬🇧 Risso's Dolphin (Grampus griseus). The coast of San Bartolomé de Tirajana.
🇩🇪 Rundkopfdelfin (Grampus griseus). Küste von San Bartolomé de Tirajana.

06 🇪🇸 Faro de Maspalomas, construido con proyecto de Juan de León y Castillo en 1889.
🇬🇧 The Maspalomas lighthouse, built to a design by Juan de León y Castillo in 1889.
🇩🇪 Leuchtturm von Maspalomas, errichtet im Jahre 1889 von Juan de León y Castillo.

07 🇪🇸 Iglesia de San Bartolomé Apóstol.
🇬🇧 Church of San Bartolomé Apóstol.
🇩🇪 Iglesia de San Bartolomé Apóstol.

08 🇪🇸 Palmeral de los Aserraderos, en Arteara (Barranco de Fataga).
🇬🇧 Palm grove of los Aserraderos, at Arteara (Barranco de Fataga).
🇩🇪 Palmenhain los Aserraderos, in Arteara (Barranco de Fataga).

09 🇪🇸 Embalse de Ayagaures y presa de la Gambuesa al fondo.
🇬🇧 Ayagaures reservoir and dam of la Gambuesa in the background.
🇩🇪 Stausee von Ayagaures und Staudamm Gambuesa im Hintergrund.

10 🇪🇸 Caserío tradicional de Fataga.
🇬🇧 Traditional hamlet of Fataga.
🇩🇪 Der kleine traditionelle Ort Fataga.

11 🇪🇸 Risco Blanco. Pitón fonolítico.
🇬🇧 Risco Blanco. A phonolitic-rock.
🇩🇪 Risco Blanco. Fonolitisches Felshorn.

LA ALDEA DE SAN NICOLÁS
(Antiguamente San Nicolás de Tolentino)

- Más Información. www.la-aldea.com
- Tel. Ayuntamiento de San Nicolás de Toletino. 928 892 305 / 306 / 307

Superficie / Area / Fläche	Altitud / Height / Höhe ü.d.M.	Población / Population / Bevölkerung	Espacios Naturales Protegidos / Protected Natural Areas / Naturschutzgebiet	Distancia por carretera / Distance by car / Distanz auf Verkehrswegen
123,58 km²	33 m.	8.299 habitantes	10.262,51 hectáreas	70,90 km. a Las Palmas de GC

01 🇪🇸 "Cactualdea". Centro de ventas y exposición de gran variedad de cactus. Tel. 928 891 228. www.cactualdea.info.
🇬🇧 "Cactualdea". Sales and exhibition centre for a large variety of cactus. Phone. 928 891 228.
🇩🇪 „Cactualdea". Verkaufs- und Ausstellungszentrum einer Vielzahl an Kakteenarten. Tel. 928 891 228.

02 🇪🇸 Playa de La Adea y Charco, en el que confluyen los romeros de la Fiesta de la Rama.
🇬🇧 Playa de La Aldea y Charco, where the pilgrims come together for the Fiesta de la Rama.
🇩🇪 Playa de La Adea y Charco, hier laufen die Umzüge der Fiesta de la Rama zusammen.

03 🇪🇸 Complejo Arqueológico de Los Caserones, en él se encontró una rica colección de pintaderas e ídolos de barro que actualmente se conserva en el Museo Canario de Las Palmas.
🇬🇧 The Los Caserones Archaeological Complex, where a rich collection of rock paintings were found together with clay idols which are now kept at the Canarian museum in Las Palmas.
🇩🇪 Archäologischer Komplex Los Caserones, in dem eine große Kollektion von „Pintaderas" und Lehmgötzen gefunden wurden, die derzeit im Kanarischen Museum von Las Palmas zu sehen sind.

04 🇪🇸 Vista panorámica de los Acantilados del Anden Verde, desde el mirador "El Balcón".
🇬🇧 A panoramic view of the cliffs of Anden Verde, from the "El Balcón" viewing point.
🇩🇪 Panoramablick auf los Acantilados del Anden Verde, vom Aussichtspunkt „El Balcón".

05 🇪🇸 Iglesia de San Nicolás de Tolentino.
🇬🇧 Church of San Nicolás de Tolentino.
🇩🇪 Iglesia de San Nicolás de Tolentino.

06 🇪🇸 Paisaje típico de La Aldea de San Nicolás.
🇬🇧 Typical landscape of La Aldea de San Nicolás.
🇩🇪 Typische Landschaft von La Aldea de San Nicolás.

SANTA BRÍGIDA

- Más Información. **www.santabrigida.es**
- Tel. Ayuntamiento de Santa Brígida. 928 640 072 / 928 648 181

Superficie / Area / Fläche	Altitud / Height / Höhe ü.d.M.	Población / Population / Bevölkerung	Espacios Naturales Protegidos / Protected Natural Areas / Naturschutzgebiet	Distancia por carretera / Distance by car / Distanz auf Verkehrswegen
23,81 km²	520 m.	18.806 habitantes	1.131,57 hectáreas	14,70 km. a Las Palmas de GC

01 🇪🇸 Centro Locero "La Atalaya" (Asociación de Loceros ALUD) y ecomuseo casa-alfar ("Panchito"), uno de los más destacados centros de producción alfarera de la isla de Gran Canaria. Tel. 928 288 270.

🇬🇧 "La Atalaya" Pottery Centre (Association of Potters ALUD) and the casa-alfar Eco-Museum ("Panchito"), one of the most outstanding centres of pottery production on the island of Gran Canaria. Phone 928 288 270.

🇩🇪 Centro Locero „La Atalaya" (Töpfer-Verband ALUD) und Ökomuseum Casa-Alfar („Panchito"), eins der herausragenden Töpferzentren der Insel Gran Canaria. Tel. 928 288 270.

02 🇪🇸 Caldera de Bandama. Con un diámetro de 1000 m. y 200 m. de profundidad, es una de las calderas de explosión más grandes del archipiélago.

🇬🇧 Caldera de Bandama. With a diameter of 1000 m. and 200 m. depth it is one of the largest explosive calderas on the Islands.

🇩🇪 Caldera de Bandama. Mit einem Durchmesser von 1000 m. und 200m Tiefe einer der größten Eruptionskrater des Archipels.

03 🇪🇸 Yacimiento arqueológico en La Angostura (próximo al Consultorio).

🇬🇧 Archaeological site in La Angostura (near to the doctor's surgery).

🇩🇪 Archäologische Fundstätte in La Angostura (in der Nähe von der Arztpraxis).

04 🇪🇸 Presa de La Concepción, en Los Picachos.

🇬🇧 Presa de La Concepción, at Los Picachos.

🇩🇪 Staudamm La Concepción, in Los Picachos.

05 🇪🇸 Bodega "San Juan del Mocanal", fundada en 1912 "Viña Mocanal". Carretera de Bandama, 68. Monte Lentiscal. Tel. 928 350 970 / 609 224 022. Visitas en grupos concertados y venta de vino.

🇬🇧 The "San Juan del Mocanal" wine cellar, founded in 1912, "Viña Mocanal". Carretera de Bandama, 68. Monte Lentiscal. Phone. 928 350 970 / 609 224 022. Visits in groups with reservations and wine sales.

🇩🇪 Bodega „San Juan del Mocanal", gegründet 1912 „Viña Mocanal". Carretera de Bandama, 68. Monte Lentiscal. Tel. 928 350 970 / 609 224 022. Gruppenbesuche nach Absprache und Weinverkauf.

06 🇪🇸 Real Club de Golf de Las Palmas (Bandama). El más antiguo de España. Tel. 928 350 104.

🇬🇧 The Royal Las Palmas Golf Club (Bandama). The oldest in Spain. Phone. 928 350 104.

🇩🇪 Real Club de Golf de Las Palmas (Bandama). Der älteste Golfclub Spaniens. Tel. 928 350 104.

07 🇪🇸 Zona agrícola en Pino Santo Alto.

🇬🇧 Agricultural area in Pino Santo Alto.

🇩🇪 Landwirtschaftsgebiet in Pino Santa Alto.

08 🇪🇸 Torre y fachada lateral de la Iglesia de Santa Brígida. Se reconstruyó en comienzos del siglo XX, aunque tiene su origen en una antigua construcción del siglo XVI. Contrastan elementos góticos en el interior con neogóticos en los alzados laterales y torre.

🇬🇧 Tower and side of the Church of Santa Brígida. It was rebuilt in the early 20th Century, although it has its origins in an old building of the 16th Century. The Gothic elements in the interior contrast with the neo-Gothic on the side walls and the tower.

🇩🇪 Turm und Seitenfassade der Santa Brígida Kirche. Sie wurde zu Anfang des 20. Jahrhunderts umgebaut, wobei ihr ursprünglicher Bau aus dem 16. Jahrhundert stammt. Im Inneren kontrastieren an den Seitenwänden und im Turm gotische und neogotische Elemente.

09 🇪🇸 Drago centenario de Hoya Bravo, en el barranco de Alonso.

🇬🇧 Ancient Dragon Tree in Hoya Bravo, in the Alonso Ravine.

🇩🇪 Alter Drachenbaum von Hoya Bravo, in der Alonso Schlucht.

SANTA LUCÍA

- Más Información. www.santaluciagc.com
- Tel. Ayuntamiento de Santa Lucía. 928 727 200 / 928 798 006

Superficie / Area / Fläche	Altitud / Height / Höhe ü.d.M.	Población / Population / Bevölkerung	Espacios Naturales Protegidos / Protected Natural Areas / Naturschutzgebiet	Distancia por carretera / Distance by car / Distanz auf Verkehrswegen
61,56 km²	680 m.	56.268 habitantes	619,36 hectáreas	51 km. a Las Palmas de GC

01 🇪🇸 Rebaño de cabras en el Barranco de Tirajana.
   🇬🇧 A flock of goats in the Barranco de Tirajana.
   🇩🇪 Ziegenherde im Barranco de Tirajana.

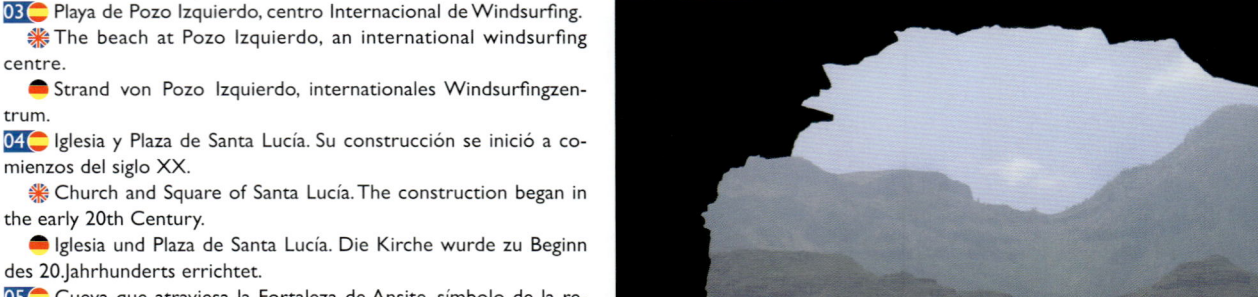

02 🇪🇸 Embalse de Tirajana, vista desde el mirador de "La Sorrueda".
   🇬🇧 The Tirajana reservoir, seen from the "La Sorrueda" viewing point.
   🇩🇪 Stausee von Tirajana; Blick vom Aussichtspunkt „La Sorrueda".

03 🇪🇸 Playa de Pozo Izquierdo, centro Internacional de Windsurfing.
   🇬🇧 The beach at Pozo Izquierdo, an international windsurfing centre.
   🇩🇪 Strand von Pozo Izquierdo, internationales Windsurfingzentrum.

04 🇪🇸 Iglesia y Plaza de Santa Lucía. Su construcción se inició a comienzos del siglo XX.
   🇬🇧 Church and Square of Santa Lucía. The construction began in the early 20th Century.
   🇩🇪 Iglesia und Plaza de Santa Lucía. Die Kirche wurde zu Beginn des 20.Jahrhunderts errichtet.

05 🇪🇸 Cueva que atraviesa la Fortaleza de Ansite, símbolo de la resistencia aborigen y uno de los lugares donde se cree que tuvieron lugar las últimas batallas de la conquista de Gran Canaria.
   🇬🇧 Cave that runs through the Fortaleza de Ansite, a symbol of the native resistance and one of the places where it is believed that the last of the battles in the Conquest of Gran Canaria took place.
   🇩🇪 Die Höhle durchquert la Fortaleza de Ansite, Symbol des Widerstands der Ureinwohner und einer der Orte, wo vermutlich die letzten Schlachten der spanischen Eroberung von Gran Canaria stattgefunden haben.

SANTA MARÍA DE GUÍA

- Más Información. www.santamariadeguia.es
- Tel. Ayuntamiento de Santa María de Guía. 928 896 555

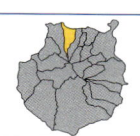

Superficie / Area / Fläche	Altitud / Height / Höhe ü.d.M.	Población / Population / Bevölkerung	Espacios Naturales Protegidos / Protected Natural Areas / Naturschutzgebiet	Distancia por carretera / Distance by car / Distanz auf Verkehrswegen
42,59 km²	**180 m.**	**14.086 habitantes**	**636,62 hectáreas**	**25 km. a Las Palmas de GC**

01 🇪🇸 Casa de Los Quintana, situada en la Plaza Mayor de Guía. Edificada en el siglo XVII, en ella destaca el balcón canario-mudéjar.

🏴󠁧󠁢󠁥󠁮󠁧󠁿 Casa de Los Quintana, located on Plaza Mayor in Guía. Built in the 17th Century. The Canarian-mudejar balcony is particularly noteworthy.

🇩🇪 Casa de Los Quintana, an der Plaza Mayor de Guía. Erbaut im 17.Jh.; besonders schön ist der Balkon im kanarischen Mudejarstil.

02 🇪🇸 Presa de Las Garzas.
🏴󠁧󠁢󠁥󠁮󠁧󠁿 Reservoir of Las Garzas.
🇩🇪 Staudamm Las Garzas.

03 🇪🇸 Iglesia de Santa María de Guía. Se construyó sobre una primitiva ermita del siglo XVI, y se amplió a comienzos del XVII.

🏴󠁧󠁢󠁥󠁮󠁧󠁿 Church of Santa María de Guía. It was built on the site of the original 16th Century chapel. It was extended in the early 17th Century.

🇩🇪 Iglesia de Santa María de Guía. Die Kirche wurde auf einer einfachen Kapelle des 16.Jahrhunderts errichtet und Anfang 17. Jahrhundert erweitert.

04 🇪🇸 Cenobio de Valerón. Un granero colectivo de la época de los aborígenes.

🏴󠁧󠁢󠁥󠁮󠁧󠁿 Cenobio de Valerón. A collective grain store from the times of the ancient natives.

🇩🇪 Cenobio de Valerón. Eine kollektive Scheune aus der Zeit der Ureinwohner.

05 🇪🇸 Playa de San Felipe.
🏴󠁧󠁢󠁥󠁮󠁧󠁿 Beach of San Felipe.
🇩🇪 Playa de San Felipe.

TEJEDA

- Más Información. www.tejeda.es
- Tel. Ayuntamiento de Tejeda. 928 666 001

Superficie / Area / Fläche	Altitud / Height / Höhe ü.d.M.	Población / Population / Bevölkerung	Espacios Naturales Protegidos / Protected Natural Areas / Naturschutzgebiet	Distancia por carretera / Distance by car / Distanz auf Verkehrswegen
103,30 km²	1.050 m.	2.341 habitantes	10.221,70 hectáreas	43,70 km. a Las Palmas de GC

01 🇪🇸 Vista panorámica de Tejeda, desde el Parador Nacional.
🇬🇧 A panoramic view of Tejeda, from the Parador Nacional (National Hotel).
🇩🇪 Panoramablick auf Tejeda vom Parador Nacional.

02 🇪🇸 Presa del Parralillo en el Barranco de Tejeda, límite con el municipio de Artenara.
🇬🇧 The Parralillo dam in the Barranco de Tejeda, on the border with the municipal district of Artenara.
🇩🇪 Der Parralillo Staudamm im Barranco de Tejeda grenzt an die Gemeinde Artenara an.

03 🇪🇸 Roque de Bentaiga, santuario de los aborígenes.
🇬🇧 Roque de Bentaiga, a sanctuary for the natives.
🇩🇪 Roque de Bentaiga, Sanktuarium der Ureinwohner.

04 🇪🇸 Iglesia de Nuestra Señora del Socorro.
🇬🇧 Church of Nuestra Señora del Socorro.
🇩🇪 Iglesia de Nuestra Señora del Socorro.

05 🇪🇸 Embalse de Los Hornos, en la cabecera del Barranco de Tejeda a 1.600 m. de altitud.
🇬🇧 Reservoir of Los Hornos, at the head of the Barranco de Tejeda at a height of 1,600 metres above sea level.
🇩🇪 Stausee Los Hornos, am Oberlauf des Barranco de Tejeda auf 1.600 m Höhe.

06 🇪🇸 Panorámica de La Rana y del Roque Nublo.
🇬🇧 A panoramic view of La Rana and of the Roque Nublo.
🇩🇪 Panoramablick auf La Rana und el Roque Nublo.

07 🇪🇸 Embalse de Cuevas de Las Niñas, donde se pueden practicar deportes acuáticos sin motor.
🇬🇧 The reservoir of Cuevas de Las Niñas, where it is possible to practice water sports.
🇩🇪 Stausee Cuevas de Las Niñas; hier bestehen Wassersportmöglichkeiten, keine Motorfahrzeuge.

08 🇪🇸 Roque Palmés, cerca de El Toscón y Pinar de Pajonales al fondo.
🇬🇧 Roque Palmés, close to El Toscón and with the Pajonales Pinewood in the background.
🇩🇪 Roque Palmés bei El Toscón und dem Kiefernwaldgebiet Pajonales im Hintergrund.

09 🇪🇸 Caserío tradicional de Taguy.
🇬🇧 Traditional hamlet of Taguy.
🇩🇪 Der kleine traditionelle Ort Taguy.

10 🇪🇸 Caserío tradicional de El Carrizal.
🇬🇧 Traditional hamlet of El Carrizal.
🇩🇪 Der kleine traditionelle Ort El Carrizal.

TELDE

- Más Información. www.ayuntamientodetelde.org
- Tel. Ayuntamiento de Telde. 928 139 050

Superficie Area Fläche	Altitud Height Höhe ü.d.M.	Población Population Bevölkerung	Espacios Naturales Protegidos Protected Natural Areas Naturschutzgebiet	Distancia por carretera Distance by car Distanz auf Verkehrswegen
102,43 km²	**130 m.**	**96.547 habitantes**	**941,47 hectáreas**	**9,50 km. a Las Palmas de GC**

01 🇪🇸 Sobre la Montaña Bermeja se localiza "Cuatro Puertas" y la "cueva de los Pilares" un poblado troglodita de los aborígenes.

🇬🇧 On Montaña Bermeja is "Cuatro Puertas" and the "Cueva de los Pilares" a cave village of the old natives.

🇩🇪 Auf der Montaña Bermeja befinden sich „Cuatro Puertas" und die „Cueva de los Pilares", ein Höhlendorf der alten Ureinwohner.

02 🇪🇸 Patio central de la Casa-Museo León y Castillo. Calle León y Castillo, 43-45. Tel. 928 691 377.

🇬🇧 The central courtyard of the León y Castillo House and Museum. Calle León y Castillo 43-45. Phone. 928 691 377.

🇩🇪 Zentraler Innenhof der Casa-Museo León y Castillo. Calle León y Castillo 43-45. Tel. 928 691 377.

03 🇪🇸 Zona alta del Barranco de los Cernícalos. Situado en la Reserva Natural Especial de Los Marteles, limítrofe con Valsequillo. Lugar de gran belleza y rica flora, en el que llaman la atención las pequeñas cascadas de agua que salen de las galerías y son canalizadas en tramos más bajos.

🇬🇧 The upper part of the Barranco de los Cernícalos. Located in the Special Nature Reserve of Los Marteles, on the border with Valsequillo. A place of great beauty and a rich flora, where the small cascades of water coming from the galleries stand out and are channelled lower down.

🇩🇪 Die obere Region des Barranco de los Cernicalos im Sondernaturreservat von Los Marteles grenzt an Valsequillo an. Der schöne Ort birgt eine reiche Flora und kleine Wasserfälle, die von den Galerien gespeist und im unteren Verlauf kanalisiert werden.

04 🇪🇸 Acueducto con arcos de toba, a la entrada del barrio de San Francisco.

🇬🇧 Aqueduct with arches made of toba, at the entrance to the district of San Francisco.

🇩🇪 Aquädukt mit Toba-Bögen, am Eingang des Ortsteils San Francisco.

05 🇪🇸 Playa y ensenada de Tufia y caserío tradicional pesquero, próximo a un importante yacimiento aborigen.

🇬🇧 Beach and inlet of Tufia and traditional fishing hamlet, near to an important native site.

🇩🇪 Strand und Bucht von Tufia, sowie traditionelles Fischerdorf in der Nähe einer bedeutenden Ureinwohner-Fundstätte.

06 🇪🇸 Iglesia de San Gregorio. Destaca por sus retablos neoclásicos.

🇬🇧 Church of San Gregorio. It stands out for its neo-classical altarpieces.

🇩🇪 Iglesia San Gregorio. Besondere Erwähnung verdienen ihre neoklassischen Altaraufsätze.

07 🇪🇸 Basílica de San Juan. Edificio con tres naves separadas por arcos de medio punto y de planta basilical (siglo XV y reformada en el XIX).

🇬🇧 Basílica of San Juan. A building with three naves separated by half-pointed arches and basilica arches (15th Century and restored in the 19th Century).

🇩🇪 Basílica de San Juan. Gebäude mit drei durch Rundbögen getrennten Schiffen und der Basilika (15. Jahrhundert und im 19.Jh. restauriert)

08 🇪🇸 Iglesia de San Francisco. Edificio con cierta tradición arquitectónica mudéjar.

🇬🇧 Church of San Francisco. A building with a certain mudejar architectural tradition.

🇩🇪 Iglesia de San Francisco. Das Gebäude ist vom Mudejarstil geprägt.

09 🇪🇸 Plantación de berros (Capellanía, en el Barranco San Roque).

🇬🇧 Plantation of watercress (Chaplaincy, in the Barranco San Roque).

🇩🇪 Kresseanbau (Kaplanstelle, in Barranco San Roque).

TEROR

. Más Información. www.teror.es
. Tel. Ayuntamiento de Teror. 928 630 075 / 076

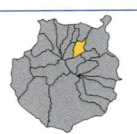

	Superficie / Area / Fläche	Altitud / Height / Höhe ü.d.M.	Población / Population / Bevölkerung	Espacios Naturales Protegidos / Protected Natural Areas / Naturschutzgebiet	Distancia por carretera / Distance by car / Distanz auf Verkehrswegen
	25,70 km²	543 m.	12.189 habitantes	628,53 hectáreas	20,60 km. a Las Palmas de GC

01 Calle típica de Teror.
  Typical street in Teror.
  Typische Straße von Teror.

02 Basílica de Teror (siglo XVIII). En su interior se acoge a la Virgen del Pino, Patrona de la Diócesis Canariense.
  Basilica of Teror (18th Century). In the interior is the Virgen del Pino, the Patron Saint of the Canarian Diocese.
  Basilica de Teror (18.Jahrhundert). Im Inneren steht die Heiligenfigur der Virgen del Pino, die Schutzpatronin der kanarischen Diözese.

03 Fachada exterior del Monasterio del Císter.
  The façade of the Cistercian Monastery.
  Außenfassade des Klosters des Zisterzienserordens.

04 Jardines de la Finca y Aula de la Naturaleza de Osorio. Es propiedad del Cabildo de G.C. y alberga un extenso bosque de árboles caducifolios y restos de la laurisilva canaria.
  Gardens of the Finca and Aula de la Naturaleza of Osorio. It is the property of the Gran Canaria Island Authority and it houses an extensive woodland of deciduous trees and remains of the Canarian laurisilva.
  Jardines de la Finca und Aula de la Naturaleza de Osorio. Die Anlage gehört der Inselverwaltung von G.C. und umfasst einen Laubwald sowie Reste des kanarischen Laurisilvawaldes.

05 Fachada exterior del Ayuntamiento de Teror.
  The façade of Teror Town Hall.
  Außenfassade des Rathauses von Teror.

VALSEQUILLO

- Más Información. **www.valsequillogc.org**
- Tel. Ayuntamiento de Valsequillo. 928 705 011

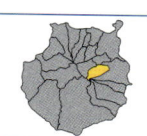

Superficie / Area / Fläche	Altitud / Height / Höhe ü.d.M.	Población / Population / Bevölkerung	Espacios Naturales Protegidos / Protected Natural Areas / Naturschutzgebiet	Distancia por carretera / Distance by car / Distanz auf Verkehrswegen
39,15 km²	**574 m.**	**8.659 habitantes**	**1.613,55 hectáreas**	**24 km. a Las Palmas de GC**

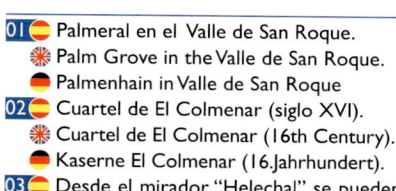

01 🇪🇸 Palmeral en el Valle de San Roque.
   🏁 Palm Grove in the Valle de San Roque.
   🇩🇪 Palmenhain in Valle de San Roque

02 🇪🇸 Cuartel de El Colmenar (siglo XVI).
   🏁 Cuartel de El Colmenar (16th Century).
   🇩🇪 Kaserne El Colmenar (16.Jahrhundert).

03 🇪🇸 Desde el mirador "Helechal" se pueden observar buenas vistas panorámicas del municipio.
   🏁 From the "Helechal" Viewing Point you can enjoy splendid views of the borough.
   🇩🇪 Vom „Helechal" Aussichtspunkt hat man einen schönen Blick auf die Ortschaft.

04 🇪🇸 Rincón de Tenteniguada, al pie del Roque Grande.
   🏁 Rincón de Tenteniguada at the foot of the Roque Grande.
   🇩🇪 Rincón de Tenteniguada zu Füßen des Roque Grande.

05 🇪🇸 Iglesia de San Miguel. Se construyó a comienzos del siglo XX, aunque esta iglesia ocupó el lugar de una primitiva ermita fundada en el siglo XVII.
   🏁 Church of San Miguel. It was built in the early 20th Century, although this church was built on the site of a primitive chapel founded in the 17th Century.
   🇩🇪 Iglesia de San Miguel. Sie wurde zu Anfang des 20.Jahrhunderts auf den Grundfesten einer einfachen Kapelle aus dem 17.Jahrhundert errichtet.

VALLESECO

. Más Información. www.ayuntamientodevalleseco.com
. Tel. Ayuntamiento de Valleseco. 928 618 022 / 928 618 300

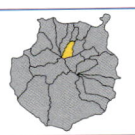

Superficie Area Fläche	Altitud Height Höhe ü.d.M.	Población Population Bevölkerung	Espacios Naturales Protegidos Protected Natural Areas Naturschutzgebiet	Distancia por carretera Distance by car Distanz auf Verkehrswegen
22,11 km²	1.000 m.	4.055 habitantes	1.736,48 hectáreas	28 km. a Las Palmas de GC

01 🇪🇸 Barranco de La Virgen, en el que aún se conservan restos del antiguo bosque de Doramas.
   🇬🇧 Barranco de La Virgen, where there are still some remains of the old woodland of Doramas.
   🇩🇪 Im Barranco de la Virgen sind noch Reste des alten Waldes von Doramas erhalten.

02 🇪🇸 Pinar en la zona alta del Barranco de Madrelagua.
   🇬🇧 Pinewood in the upper part of Barranco de Madrelagua.
   🇩🇪 Kiefernwald in der oberen Region des Barranco de Madrelagua.

03 🇪🇸 Plaza de San Vicente Ferrer.
   🇬🇧 Plaza de San Vicente Ferrer.
   🇩🇪 Plaza de San Vicente Ferrer.

04 🇪🇸 Iglesia de San Vicente Ferrer. Edificio en el que se mezclan elementos de la arquitectura clásica con otras de raíz medieval.
   🇬🇧 Church of San Vicente Ferrer. A building in which elements of classical architecture are mixed with others from mediaeval times.
   🇩🇪 Iglesia de San Vicente Ferrer. Bei der Architektur des Gebäudes vermischen sich klassische und mittelalterliche Elemente.

05 🇪🇸 La Laguna de Valleseco. Área recreativa y excelente zona para la observación de aves.
   🇬🇧 La Laguna de Valleseco. A recreational area and an excellent location for bird-watching.
   🇩🇪 La Laguna de Valleseco. Freizeitpark und ideales Vogelbeobachtungsgebiet.

VEGA DE SAN MATEO

- Más Información. **www.vegasanmateo.es**
- Tel. Ayuntamiento de Vega de San Mateo. 928 661 350 / 928 661 354 / 381

Superficie Area Fläche	Altitud Height Höhe ü.d.M.	Población Population Bevölkerung	Espacios Naturales Protegidos Protected Natural Areas Naturschutzgebiet	Distancia por carretera Distance by car Distanz auf Verkehrswegen
37,89 km²	**850 m.**	**7.721 habitantes**	**1.973,69 hectáreas**	**22 km. a Las Palmas de GC**

01 🇪🇸 Retamar en el Monte Constantino, donde confluyen los municipios de San Mateo, Tejeda y Valleseco.

🇬🇧 Broom plants in Monte Constantino, where the municipal districts of San Mateo, Tejeda and Valleseco meet.

🇩🇪 Retamar in el Monte Constantino; hier treffen die Gemeinden San Mateo, Tejeda und Valleseco zusammen.

02 🇪🇸 Iglesia de la Vega de San Mateo. Su construcción se llevó a cabo en dos etapas principales: finales del siglo XVIII y del XIX. Está coronada por un cuerpo de campanas proyectado por José Lujan Pérez.

🇬🇧 Church of the Vega de San Mateo. It was built in two main stages: the late 18th Century and the late 19th Century. It is finished off with a body of bells designed by José Lujan Pérez.

🇩🇪 Iglesia de la Vega de San Mateo. Ihre Errichtung wurde in zwei Hauptetappen bewältigt: Ende 18.Jahrhundert und Ende 19.Jahrhundert. Der Glockenaufsatz wurde von José Lujan Pérez entworfen.

03 🇪🇸 Las Lagunetas. Caserío tradicional agrícola a 1.200 m. de altitud.

🇬🇧 Las Lagunetas. A traditional hamlet at 1,200 metres above sea level.

🇩🇪 Las Lagunetas. Traditionelles Bauerndorf auf 1.200 m. Höhe.

04 🇪🇸 Alameda de Santa Ana, situada junto a la Iglesia.

🇬🇧 Alameda de Santa Ana, located next to the Church.

🇩🇪 Alameda de Santa Ana, an der Kirche gelegen.

05 🇪🇸 Museo de "La Cantonera", instalado en una vivienda de labradores acomodados del siglo XVII.

🇬🇧 Museum of "La Cantonera", installed in a well-off farmers' dwelling of the 17th Century.

🇩🇪 "La Cantonera" Museum, es wird von einem Bauernhaus beherbergt.

RED DE ESPACIOS NATURALES PROTEGIDOS
NETWORK OF PROTECTED NATURAL SPACES / DAS NETZ DER NATURSCHUTZGEBIETE

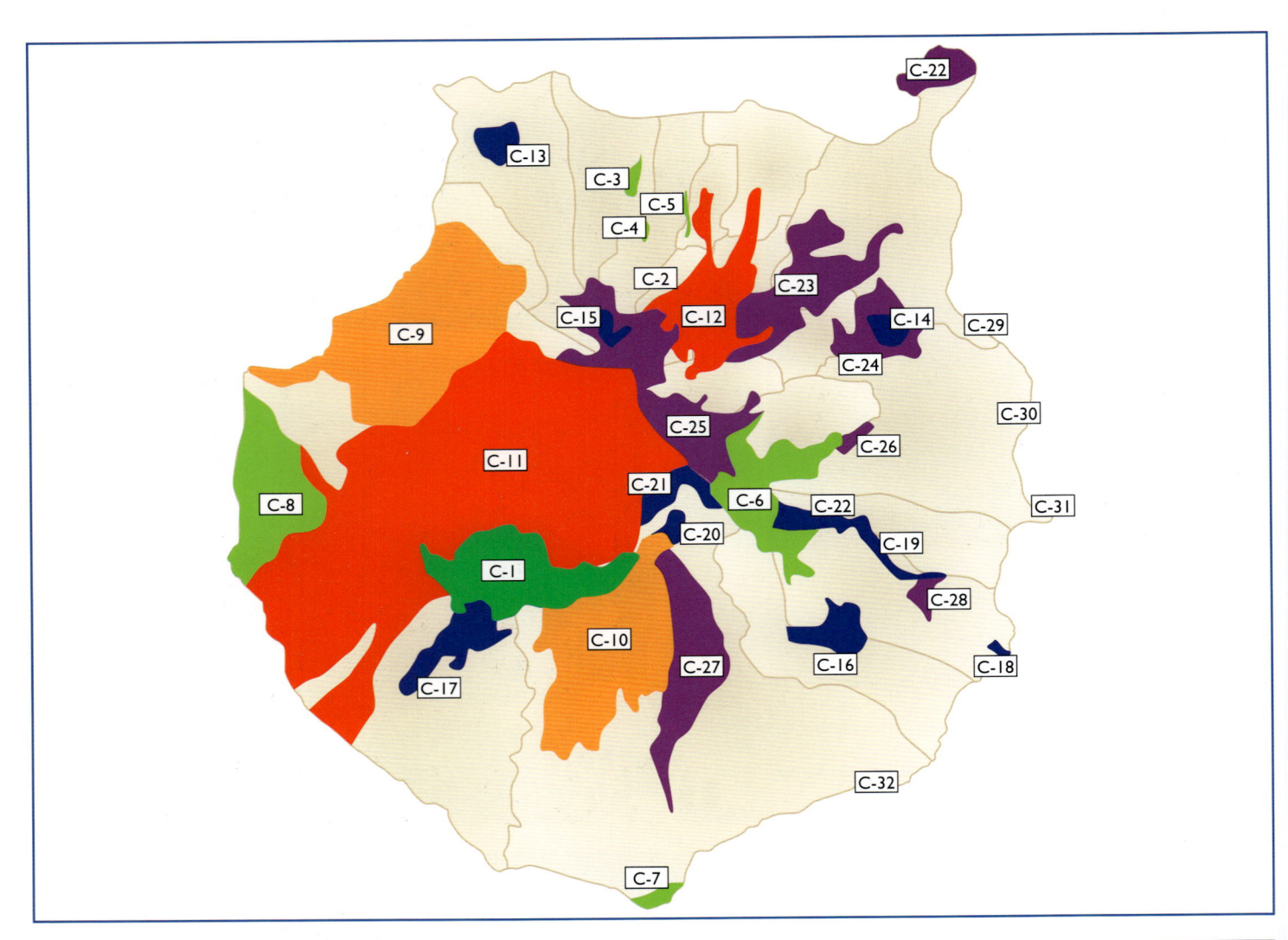

RESERVA NATURAL INTEGRAL
- C-1 Reserva Natural Integral de Inagua
- C-2 Reserva Natural Integral del Barranco Oscuro

RESERVA NATURAL ESPECIAL
- C-3 Reserva Natural Especial de El Brezal
- C-4 Reserva Natural Especial de Azuaje
- C-5 Reserva Natural Especial de Los Tilos de Moya
- C-6 Reserva Natural Especial de Los Marteles
- C-7 Reserva Natural Especial de Las Dunas de Maspalomas
- C-8 Reserva Natural Especial de Güigüí

PARQUE NATURAL
- C-9 Parque Natural de Tamadaba
- C-10 Parque Natural de Pilancones

PARQUE RURAL
- C-11 Parque Rural del Nublo
- C-12 Parque Rural de Doramas

MONUMENTO NATURAL
- C-13 Monumento Natural de Amagro
- C-14 Monumento Natural de Bandama
- C-15 Monumento Natural del Montañón Negro
- C-16 Monumento Natural del Roque de Aguayro
- C-17 Monumento Natural de Tauro
- C-18 Monumento Natural de Arinaga
- C-19 Monumento Natural del Barranco de Guayadeque
- C-20 Monumento Natural Riscos de Tirajana
- C-21 Monumento Natural del Roque Nublo
- C-33 Monumento Natural del Barranco del Draguillo

PAISAJE PROTEGIDO
- C-22 Paisaje Protegido de La Isleta
- C-23 Paisaje Protegido de Pino Santo
- C-24 Paisaje Protegido de Tafira
- C-25 Paisaje Protegido de Las Cumbres
- C-26 Paisaje Protegido de Lomo Magullo
- C-27 Paisaje Protegido de Fataga
- C-28 Paisaje Protegido de Montaña de Agüimes

SITIO DE INTERÉS CIENTÍFICO
- C-29 Sitio de Interés Científico de Jinámar
- C-30 Sitio de Interés Científico de Tufia
- C-31 Sitio de Interés Científico del Roque de Gando
- C-32 Sitio de Interés Científico de Juncalillo del Sur

B.I.C.* Y OTROS LUGARES DE INTERÉS HISTÓRICO
B.I.C. AND OTHER LOCATIONS OF HISTORICAL INTEREST / B.I.C. UND ANDERE HISTORISCH INTERESSANTE ORTE

AGAETE
- Ermita de las Nieves. S. XV. (M)
- Maipez de Arriba. (ZA).
- Lomo de los Canarios-Playa del Risco.
- Valle de Guayedra.
- Zona Arqueológica La Palmita.
- Casa Fuerte.
- Conjunto Histórico Artístico Casco Antiguo de la Villa.

AGÜIMES
- Templo Parroquial de San Sebastián. S. XVI y reforma del XIX. (M)
- Casa de la Cámara Episcopal. (M)
- Barranco de Balos. (ZA)
- Barranco de Guayadeque. (ZA)
- Cuevas y Graneros de La Audiencia.
- Zona Arqueológica de las Cuevas y Morros de Ávila.
- Sitio Etnológico de las Salinas de Arinaga.
- Conjunto Histórico Artístico la Villa.
- Cuevas y hornos del Centro Alfarero de la Atalaya.
- Conjunto Histórico Artístico Barrio de Temisas.
- Casa de la Cámara Episcopal. Palacio del Obispo Verdugo.
- Faro Orinaja.

ARTENARA
- Zona Arqueológica la Mesa de Acusa.
- Iglesia de San Matías Apóstol.

ARUCAS
- Casco antiguo de la Ciudad de Arucas. (CH)
  Vivió un renacer en el XIX y está marcado por la arquitectura de ese momento.
- Pozo del Puente del Barranco de Arucas, Pozo del Llano de las Brujas, Pozo del Puente de Tenoya. (SH)
- Llano de la Cruz.
- Salinas del Bufadero.
- Jardín de la casa de los Marqueses de Arucas.

FIRGAS
- Molino del Agua.
- Conjunto Finca Los Dolores.

GÁLDAR
- Barranco Hondo de Abajo. (CH)
- Gáldar. (CH)
- Ermita de San José del Caidero. (M)
- Iglesia de Santiago de los Caballeros. (M)
- Casa del Capitán Quesada. (M)
- Ermita de San Sebastián. (M)
- Hacienda de Hoya de Pineda. (M)
- Casa Verde de Aguilar. (M)
- Botija. (ZA)
- Cueva Pintada de Gáldar. (ZA)
- Ruinas de Casas y Tumbas de Gáldar (Costa de Gáldar). (ZA)
- Cuevas del Patronato o Facaracas. (ZA)
- Zona Arqueológica los Mugaretes del Clavo.
- Cantera de toba volcánica, calle Santiago de los Caballeros.
- Casa Museo y obra de Antonio Padrón.
- Conjunto Barrio de Hospital.

INGENIO
- Barranco de Guayadeque. (ZA)
- Zona Arqueológica de Cuevas de El Palomar.

LAS PALMAS DE GRAN CANARIA
- El Balandro "Tirma". (BM)
- Barrio de Triana. Arquitecturas de finales XIX-principios XX. (CH)
- Casas de la Mayordomía y Ermita de San Antonio Abad (Tamaraceite). S. XV. (CH)
- Barrio de Vegueta. Finales S. XV. (CH)
- Templo parroquial San Francisco de Asís. S. XVIII. Barroco. (M)
- Castillo de San Cristóbal (Castillo de San Pedro Mártir). 1577. (M)
- Castillo del Rey o de San Francisco. S. XVI. (M)
- Castillo de Mata. 1599. (M)
- Antigua Muralla de Las Palmas. (M)
- Archivo Histórico Provincial. S. XIX. (M)
- Inmueble calle Reyes Católicos 47, (dentro CH del Barrio de Vegueta). (M)
- Iglesia de Santo Domingo de Guzmán. S XVII-XVIII. (M)
- Casa-Museo Pérez Gáldos. (M)
- Gabinete Literario .(M)
- Iglesia de San José. (M)
- Ermita de San Telmo. S.XVIII. (M)
- Catedral de Santa Ana. Fundada en el 1500. Fachada del XIX. (M)
- Museo Canario. (M)
- Castillo de la Luz. 1494. (M)
- Capilla Anglicana
- Teatro Pérez Gáldos. S. XIX. (M)
- Fuente del Santo Espíritu. S. XIX.
- Ermita de San Antonio Abad.
- Museo Néstor y los Bienes Muebles que en él se custodian.
- Mercado del Puerto de La Luz.
- Casa Falcón y Quintana.
- Edificio Elder Miller.
- Sitio Histórico de los Siete Lagares.
- Yacimiento Cueva de los Canarios. El Confital.

*Declarados o con expediente en trámite por Organismos Oficiales. / Declared or under consideration by Official Bodies. / Von offiziellen Behörden bereits dazu erklärt oder behördlicher Weg zur Erklärung bereits beantragt.

MOGÁN
- La Cañada de La Mar. (ZA)
- Lomo de los Gatos. (ZA)
- Molino Quemado.
- Zona Arqueológica de Castillete de Tabaibales.
- Zona Arqueológica de Montaña de los Secos.
- Zona Arqueológica Fortalezas de Plaza Veneguera.
- Zona Arqueológica las Crucesitas.
- Zona Arqueológica la Cogolla de Venegueras.
- Zona Arqueológica Lomo de las Camellitas.
- Zona Arqueológica la Puntilla.

MOYA
- Zona Arqueológica la Montañeta.
- Iglesia de Nuestra Señora de La Candelaria.

SAN BARTOLOMÉ DE TIRAJANA
- Cementerio de la Villa de San Bartolomé de Tirajana .1903. (M)
- Gran Necrópolis de Arteara. (ZA)
- El Llanillo. (ZA)
- Los Caserones (Fataga). (ZA)
- Lomo Galeón. (ZA)
- Casa Ojei.
- Casa Condal de San Fernando de Maspalomas.
- Yacimiento Arqueológico Lomo Perera.
- Zona Arqueológica El Pajar.
- Zona Arqueológica Plaza de las Mujeres.
- Barranco de Fataga-Barranco de los Vicentes.
- Zona Arqueológica Casa Honda de Fataga (Casa del Padrino).
- Ermita de Santa Águeda.
- "El Llanillo".
- Molino de Cazorla.
- Faro de Maspalomas.

SANTA BRÍGIDA
- Ermita de la Concepción.
- Zona Arqueológica El Tejar.
- Casco Histórico de Santa Brígida.
- Zona Arqueológica Cuevas de la Angostura.
- Zona Arqueológica Cuevas de Los Frailes.

SANTA LUCÍA DE TIRAJANA
- Molino de Aceite.
- Las Salinas de Tenefé.
- Zona Arqueológica Roque de Ansite.
- Zona Arqueológica de las Fortalezas.
- Iglesia de San Nicolás de Bari.

SAN NICOLÁS DE TOLENTINO
- El Charco de La Aldea. (SE)
- El Tagoror del Gallego. (ZA)

SANTA MARÍA DE GUÍA
- Cuevas del Valerón. (ZA)
- Conjunto Histórico Artístico del Casco de Santa María de Guía.
- Tagoror del Gallego.
- Casa Natal del Canónigo Gordillo.
- Iglesia Parroquial de Santa María.

TEJEDA
- Zona Arqueológica de Roque Bentayga, Cuevas del Rey y Roque Narices.
- Iglesia de Nuestra Señora del Socorro.

TELDE
- Iglesia de San Pedro Mártir. (M)
- Torre de Gando. 1740. (M)
- Basílica de San Juan Bautista. S. XV y reformada en el XIX. (M)
- Ermita de San José de las Longueras. (M)
- Sima de Jinámar, en Jinámar. (SH)
- Cuatro Puertas. (ZA)
- Tufia. (ZA)
- Yacimiento arqueológico "La Restinga". (ZA)
- Barranco de Silva. (ZA)
- Montaña de Las Huesas. (ZA)
- Conjunto Histórico Artístico barrios de San Juan y San Francisco. (CH)
- Casa de Doña Dolores Sall.
- Zona Arqueológica Cendro.
- Necrópolis Montaña del Gallego.

TEROR
- Teror. (CH)
- Iglesia Basílica Nuestra Señora del Pino. La construcción actual es del XVIII. (M)

VALSEQUILLO
- Cuartel del Colmenar. (M)

VALLESECO
- Iglesia de San Vicente Ferrer.

VEGA DE SAN MATEO
- Sitio Etnológico del Molino de los Barber.
- Museo Etnográfico Cho Zacarías.
- Iglesia de la Vega de San Mateo.

TENERIFE

- Más Información. **www.tenerife.es**
- Tel. Cabildo de Tenerife. 922 239 500

Superficie / Area / Fläche	2.034,38 km²
Altitud / Height / Höhe ü.d.M.	Teide 3718 m.
Población / Population / Bevölkerung	838.877 habitantes
Espacios Naturales Protegidos / Protected Natural Areas / Naturschutzgebiet	98.880,6 hectáreas

CANARIAS. ISLAS Y PUEBLOS

TENERIFE

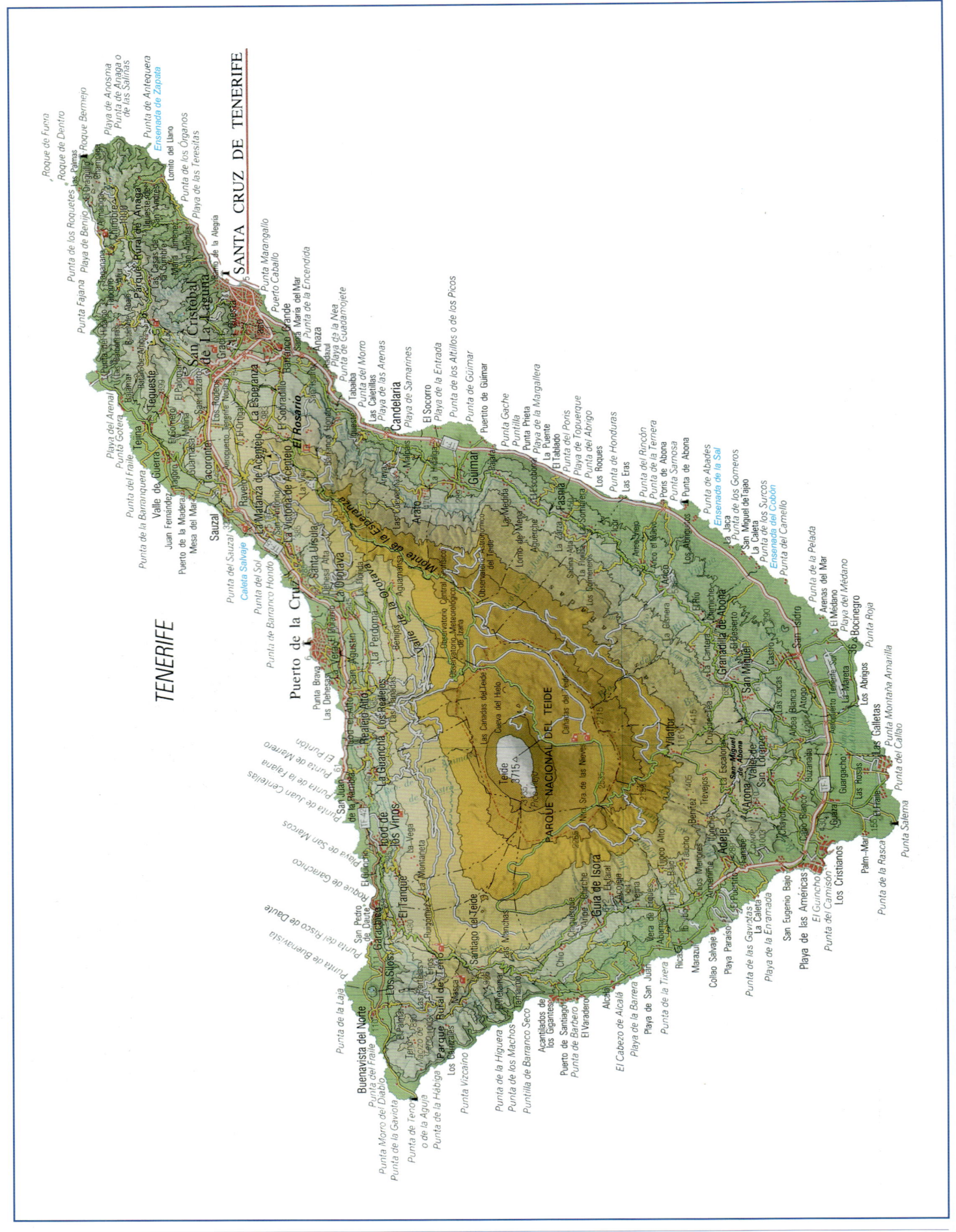

Fuente / Source / Quelle: Instituto Geográfico Nacional. Centro Nacional de Información Geográfica.
Escala 1:350.000 - Reducido un 10%

INTRODUCCIÓN
INTRODUCTION / EINLEITUNG

ASPECTOS GEOGRÁFICOS
GEOGRAPHICAL ASPECTS / GEOGRAFISCHE GESICHTSPUNKTE

🇪🇸 Tenerife es la isla más extensa del Archipiélago canario y posee una forma más o menos triangular. En su relieve destacan los macizos de Anaga y Teno, la Cordillera Dorsal y los Valles de la Orotava y Güímar, así como el Parque Nacional del Teide (declarado en 1954), en cuyo pico se alcanza la máxima altitud de las Islas Canarias y de España (3.718 m.).

Su clima es muy diverso, resultado de la altitud, orientación y el efecto de los vientos alisios húmedos del Nordeste. Como en las otras islas, la vegetación se distribuye de forma escalonada con la altitud, dominada de costa a cumbre por el tabaibal-cardonal, bosque termoesclerófilo, monteverde (casi exclusivamente en la vertiente norte), pinar y retamar de cumbre. Su flora y su fauna son de una extraordinaria riqueza, con gran cantidad de endemismos, únicos en el Planeta. Cuenta igualmente con 43 espacios naturales protegidos, destacando entre ellos el Parque Nacional del Teide, el Parque Natural de la Corona Forestal y los Parques Rurales de Anaga y Teno.

La economía gira en torno al sector servicios, especialmente el turismo. No obstante, existe un importante sector agrícola, con plátanos, tomates y floricultura de exportación, más una reconocida producción vinícola; además, cuenta con una cierta actividad industrial.

La isla de Tenerife ofrece al visitante una gran variedad de contrastes y paisajes, así como una inmejorable red hotelera, que incluye una buena oferta para el turismo rural, y excelentes instalaciones para la celebración de eventos. Todos esos aspectos, unido a sus tradiciones y su rica gastronomía, ofrecen un gran atractivo al visitante.

La población de Tenerife se reparte en 31 municipios, siendo el más poblado su capital, Santa Cruz de Tenerife, seguido por La Laguna; en el Norte destacan La Orotava, Los Realejos, Puerto de la Cruz e Icod; y en el Sur, Arona, Adeje, Granadilla, Candelaria y Güímar.

🇬🇧 Tenerife is the largest of the Canary Islands and is more or less triangular in shape. Its most important features are the massifs of Anaga and Teno, the dorsal ridge and the Valleys of Orotava and Güímar as well as the Mount Teide National Park (set up in 1954). The peak of Mount Teide is the highest point in the Canary Islands and in Spain as a whole (3,718 metres).

The climate is very diverse, the result of the altitude of the mountains, the orientation and the effect of the moist trade winds from the northeast. Just like on the other islands, the vegetation is distributed in a stepped fashion according to the height above sea level, dominated from the coast up to the mountaintops by tabaibal-cardonal (balsam spurge-candelabra spurge), thermophilous woods, "monteverde" (almost exclusively on the northern side), pinewoods and broom in the highlands. The flora and fauna are extraordinarily varied with a great number of endemic species, which are unique on the planet. It also has forty-three protected natural spaces, foremost among which are the Mount Teide National Park, the Forest Crown Nature Park and the Rural Parks of Anaga and Teno.

The economy is based on the service sector, especially tourism. Nevertheless, there is an important agricultural sector, with bananas, tomatoes and flowers for export as well as a renowned wine production. There is also some industrial activity.

The island of Tenerife offers the visitor a large variety of contrasts and landscapes, as well as a superb range of hotels, which includes excellent options for rural tourism, and outstanding installations for holding events. All these aspects, together with the island's traditions and rich cuisine, make it highly attractive to the visitor.

The population of Tenerife lives in a total of thirty-one boroughs and the capital, Santa Cruz de Tenerife has the largest number of residents, followed by La Laguna; in the north of the island La Orotava, Los Realejos, Puerto de la Cruz and Icod are other important towns; and in the south, Arona, Adeje, Granadilla, Candelaria and Güímar.

🇩🇪 Teneriffa ist die grösste Insel des Kanarischen Archipels und besitzt eine mehr oder weniger dreieckige Form. Markante Punkte des Inselreliefs sind die Massive von Anaga und Teno, der Bergrücken und die Täler von La Orotava und Güímar, sowie der Teide Nationalpark (seit 1954), dessen Gipfel der höchste Punkt der Kanaren und Spaniens ist (3.718m).

Das Klima ist wegen der Höhe und der Ausrichtung der Insel, sowie dem Effekt des feuchten Nordostpassats, sehr unterschiedlich. Wie auf den anderen Inseln verändert sich die Vegetation stufenweise mit zunehmender Höhe; an der Küste wächst überwiegend Tabaibal-Cardonal, dann thermo-sklerophyler Wald, Monteverde (fast ausschließlich auf der Nordseite), Kiefernwald und Retamar in den oberen Bergzonen. Die Flora und Fauna ist außergewöhnlich reich, mit vielen Endemien, die einzigartig auf unserem Planeten sind. Hier befinden sich 43 Naturschutzgebiete, vor allem aber der Teide Nationalpark, der Naturpark Corona Forestal und die Landschaftsparks von Anaga und Teno.

Die Wirtschaft konzentriert sich auf den Dienstleistungssektor, vor allem auf den Tourismus. Jedoch existiert auch ein bedeutender landwirtschaftlicher Sektor zum Export von Bananen, Tomaten, Blumenzucht, sowie eine renommierte Weinproduktion; darüber hinaus sind noch gewisse industrielle Aktivitäten zu nennen.

Die Insel Teneriffa bietet dem Besucher vielfältige Kontraste und Landschaften, sowie ein unübertreffliches Hotelangebot, auch im ruraltouristischen Bereich, sowie exzellente Einrichtungen für Eventveranstaltungen. Alle diese Aspekte stellen neben den Traditionen und der reichen Gastronomie eine grosse Attraktion dar.

Die Bevölkerung von Teneriffa lebt in 31 Gemeindebezirken, wobei Santa Cruz de Tenerife, die Hauptstadt, neben La Laguna am dichtesten besiedelt ist. Im Norden befinden sich die Orte La Orotava, Los Realejos, Puerto de la Cruz und Icod und im Süden Arona, Adeje, Granadilla, Candelaria und Güímar.

BREVE RESEÑA HISTÓRICA
A SHORT HISTORICAL SUMMARY / KURZER HISTORISCHER ÜBERBLICK

🇪🇸 Las primeras crónicas sobre Tenerife se remontan al Mundo Antiguo. Plinio, naturalista y escritor romano del siglo I, hizo referencia a esta isla en sus textos, llamándola "Ninguaria", aunque autores posteriores la denominarán "Nivaria".

Los primeros pobladores de Tenerife, los "guanches", se dedicaban principalmente al pastoreo, aunque también realizaban prácticas agrícolas y recolectaban productos marinos. En el momento de la conquista, la isla se encontraba dividida en nueve bandos o demarcaciones, cada uno de ellos gobernado por un jefe al que denominaban "mencey".

La conquista fue llevada a cabo por Alonso Fernández de Lugo en tiempos de los Reyes Católicos, entre 1494 y 1496, debiendo vencer una fuerte resistencia en célebres batallas como las de La Matanza de Acentejo, donde ganaron los guanches; La Laguna y La Victoria de Acentejo, en la que triunfaron los castellanos. La integración de los aborígenes a la nueva religión y costumbres de los colonizadores se llevó a cabo de forma rápida, aunque inicialmente muchos guanches se rebelaron y se alzaron ante la esclavitud y los abusos de poder de los conquistadores, posteriormente fueron reducidos.

Como en el resto de las islas, desde el final de la conquista y durante la colonización, la economía tinerfeña atraviesa por determinados ciclos económicos productivos, centrados en los monocultivos: caña de azúcar en el siglo XVI, vid en los siglos XVII y XVIII y cochinilla en el siglo XIX.

El siglo XX estuvo marcado por un predominio del cultivo del plátano y el tomate, hasta que a partir de los años sesenta el sector servicios acaparó el trabajo de la mayoría de la población, en torno al turismo y derivados. Los cruceros, los vuelos chárter y el desarrollo de los núcleos turísticos de Puerto de la Cruz y de Los Cristianos-Las Américas, han colocado a Tenerife como la isla más visitada y uno de los principales destinos turísticos del mundo.

Santa Cruz de Tenerife fue la capital única del Archipiélago desde comienzos del siglo XIX hasta 1927, en que se dividió en dos provincias, y en ella está establecida la Capitanía General de Canarias.

Esta isla posee un rico patrimonio histórico-artístico, en el que sobresalen los núcleos históricos de La Laguna, declarado Patrimonio de la Humanidad en 1999, La Orotava, Garachico, Santa Cruz de Tenerife, Vilaflor, etc.

🇬🇧 The first chronicles of Tenerife go back to the Ancient World. Pliny, a first-century Roman naturalist and writer, referred to this island in his texts, calling it "Ninguaria", although later writers called it "Nivaria".

The first inhabitants of Tenerife, the Guanches, devoted themselves principally to livestock-keeping although they also had agriculture and gathered from the sea. At the time of the Conquest, the island was divided into nine princedoms, each one of which was governed by a chief or "Mencey". The Conquest was carried out by Alonso Fernández de Lugo in the times of Ferdinand and Isabel, between 1494 and 1496. It was necessary to overcome strong resistance in celebrated battles such as that of La Matanza de Acentejo, where the Guanches won, La Laguna and La Victoria de Acentejo, where the castilians won. The integration of the natives into the new religion and the customs of the colonists was carried out rapidly, although initially many Guanches rebelled and rose up against the slavery and abuse of power of the Conquistadors, until they were beaten.

As on other Canary Islands, at the end of the Conquest and during the colonisation the Tenerife economy went through a number of economic cycles based on monocultures: sugar cane in the 16th Century, vines in the 17th and 18th Centuries and cochineal in the 19th Century.

The 20th Century was marked by the clear predominance of the cultivation of the banana and the tomato, until from the 1960s onwards, the service sector gave employment to the majority of the population in tourism and derivatives. Cruises, charter flights and the development of the holiday resorts in Puerto de la Cruz and Los Cristianos-Las Américas have made Tenerife the most visited island and one of the main holiday destinations in the world.

Santa Cruz de Tenerife was the sole capital of the Canary Islands from the early 19th Century to 1927, when they were divided into two provinces, and it is the location for the Captain-General's office of the Canary Islands.

The island has an excellent historical and artistic heritage, in which the historical districts of La Laguna, declared a World Heritage Site in 1999, La Orotava, Garachico, Santa Cruz de Tenerife, Vilaflor, etc. stand out.

🇩🇪 Die ersten Berichte über Teneriffa gehen bis auf die Antike zurück. Plinio, der Naturalist und römische Schriftsteller des 1. Jahrhunderts nannte sie in seinen Texten „Ninguaria", wenngleich sie später „Nivaria" genannt wurde.

Die ersten Einwohner von Teneriffa, die „Guanchen" widmeten sich überwiegend dem Weidegang, der Landwirtschaft und dem Fisch- bzw. Meeresfrüchtefang. Zum Zeitpunkt der Eroberung war die Insel in neun Stämme oder Reiche unterteilt, die jeweils von ihrem „Mencey" regiert wurden.

Die Eroberung wurde von Alonso Fernández de Lugo im Zeitalter der Katholischen Könige zwischen 1494 und 1496 durchgeführt, der auf starken Widerstand stieß, wie die berühmten Schlachten von La Matanza de Acentejo, in der die Guanchen siegten, von La Laguna und La Victoria, hier siegten die Spanier, zeigten. Die Integration der Ureinwohner in die neue Religion und Gebräuche der Kolonisten ging schnell vonstatten, wenngleich anfangs viele Guanchen gegen ihre Versklavung und den Machtmissbrauch der Eroberer rebellierten; doch auch diese wurden bald unterworfen.

Wie die restlichen Inseln durchlebte Teneriffa gegen Ende der Eroberung und während der europäischen Besiedlung diverse wirtschaftliche Produktionszyklen, mit einem deutlichen Schwerpunkt auf der Monokultur: Rohrzuckeranbau im 16. Jahrhundert, Weinanbau im 17. und 18. Jahrhundert und die Koschenillezucht im 19. Jahrhundert.

Im 20. Jahrhundert wurden vornehmlich Bananen und Tomaten angebaut, bis in den sechziger Jahren der Großteil der Bevölkerung im Dienstleistungssektor zu arbeiten begann, der mit dem Tourismus anwuchs. Die Kreuzschiffe, Charterflüge und die Ausweitung der Touristikzentren Puerto de La Cruz und Los Cristianos- Las Américas machten Teneriffa zu der meist besuchten Insel und zu einer der wichtigsten Touristikdestinationen weltweit.

Santa Cruz de Tenerife war seit Anfang 19. Jahrhundert alleinige Hauptstadt des Kanarischen Archipels, bis dieser 1927 in zwei Provinzen unterteilt und in Santa Cruz die Capitanía General de Canarias errichtet wurde.

Die Insel besitzt ein reiches historisch- künstlerisches Erbe, wie die historische Altstadt von La Laguna - 1999 zum Welterbe erklärt - von La Orotava, Garachico, Santa Cruz de Tenerife, Vilaflor usw.

ADEJE

- Más Información. www.ayuntamientodeadeje.es
- Tel. Ayuntamiento de Adeje. 922 756 200

Superficie / Area / Fläche	Altitud / Height / Höhe ü.d.M.	Población / Population / Bevölkerung	Espacios Naturales Protegidos / Protected Natural Areas / Naturschutzgebiet	Distancia por carretera / Distance by car / Distanz auf Verkehrswegen
105,95 km²	280 m.	33.722 habitantes	5.394,56 hectáreas	83 km. a S/C de Tenerife

01 🇪🇸 Iglesia Parroquial de Santa Úrsula. Construida en el siglo XVI y reformada en los posteriores.
   🏴 Parish church of Santa Úrsula. Built in the 16th century and restored in the follllowing ones.
   🇩🇪 Pfarrkirche von Santa Úrsula. Im16. Jahrhundert erbaut und in den darauffolgenden Jahrhunderten umgebaut.

02 🇪🇸 La fauna y los fondos marinos de este municipio poseen un gran atractivo (Playa Paraíso).
   🏴 The fauna and the underwater landscapes of this district are highly attractive (Playa Paraíso)
   🇩🇪 Die Fauna und Meeresgründe der Gemeinde stellen eine große Attraktion dar (Playa Paraíso).

03 🇪🇸 Escultura homenaje al Mencey de Adeje.
   🏴 Sculpture in tribute to the Mencey de Adeje.
   🇩🇪 Die Skulptur ist zu Ehren des Mencey von Adeje aufgestellt worden.

04 🇪🇸 Costa Adeje. Playa de Las Américas.
   🏴 Costa Adeje. Las Américas beach.
   🇩🇪 Costa Adeje. Playa de Las Américas.

05 🇪🇸 Puerto Colón, un lugar tranquilo para pasear.
🏵 Puerto Colón, a quiet place to walk.
🇩🇪 Puerto Colón, ein ruhiger Ort für Spaziergänge.

06 🇪🇸 Casa Fuerte, siglo XVI. Fue durante varios siglos el centro político, económico y social de la jurisdicción de Adeje. Construida por Don Pedro de Ponte para proteger la zona de las constantes incursiones de piratas.
🏵 Casa Fuerte, 16th century. It was the political, economic and social centre of Adeje jurisdiction for several centuries. Built by Don Pedro de Ponte to protect the area from the constant pirates´ raids.
🇩🇪 Casa Fuerte, 16. Jh. Hier befand sich jahrhundertelang das politische, wirtschaftliche und soziale Zentrum des Amtsbezirkes Adeje. Erbaut von Pedro de Ponte zum Schutz gegen die ständigen Piratenangriffe.

07 🇪🇸 En ciertos tramos del Barranco del Infierno circula agua durante todo el año, lo que constituye uno de sus principales atractivos.
🏵 Water flows in certain parts of Barranco del Infierno (Infierno ravine) all year round, which constitutes one of its main attractions.
🇩🇪 An einigen Stellen des Barranco del Infierno fließt das ganze Jahr über Wasser, was ihn so besonders attraktiv macht.

08 🇪🇸 Delfín común (Delphinus delphis). Se puede avistar, al igual que otros cetáceos que frecuentan las aguas de este municipio, partiendo desde Puerto Colón (Adeje).
🏵 Dolphin (Delphinus delphis). They can be seen, as well as other cetaceans which frequently swim the waters of this municipality, on boats sailing from Puerto Colón (Adeje).
🇩🇪 Delphin (Delphinus delphis). Sie können wie auch andere Fischsäugetiere, die die Gewässer dieser Ortschaft besuchen, vom Puerto Colón (Adeje) aus beobachtet werden.

ARAFO

- Más Información. www.arafo.org
- Tel. Ayuntamiento de Arafo. 922 511 711

Superficie / Area / Fläche	Altitud / Height / Höhe ü.d.M.	Población / Population / Bevölkerung	Espacios Naturales Protegidos / Protected Natural Areas / Naturschutzgebiet	Distancia por carretera / Distance by car / Distanz auf Verkehrswegen
34,27 km²	**470 m.**	**5.276 habitantes**	**2.175,10 hectáreas**	**27 km. a S/C de Tenerife**

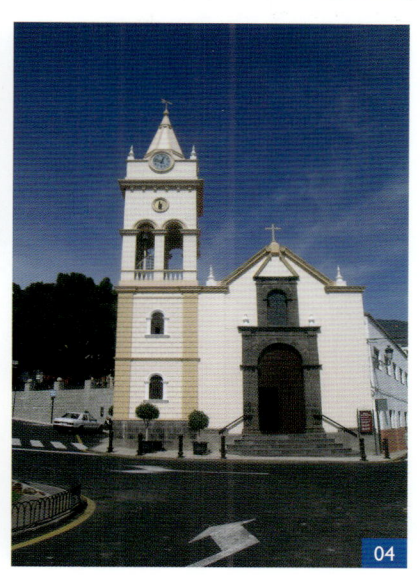

01 🇪🇸 Plaza de San Juan Degollado.
🇬🇧 Plaza de San Juan Degollado.
🇩🇪 Plaza de San Juan Degollado.

02 🇪🇸 Casa de la Esquina de los Carros. En esta casa de estilo canario vivió el padre del Nacionalismo canario Secundino Delgado, que también le da nombre. Ha sido adquirida por el Cabildo de Tenerife para biblioteca y espacio museístico.
🇬🇧 House at the Carros Corner. The father of Canarian nationalism, Secundino Delgado, who also gives the house its name, lived in this house of Canarian style. It has been acquired by the Cabildo (Tenerife Council) for library and museum purposes.
🇩🇪 Haus an der Ecke der Carros. In diesem Haus kanarischen Stiles lebte der Vater des kanarischen Nationalismus, Secundino Delgado, der ihm auch den Namen gibt. Es wurde von der Inselregierung Teneriffas als Bibliothek und zu Ausstellungszwecken erworben.

03 🇪🇸 Capilla del Señor del Pino. Se levanta a los pies de un pino centenario y se encuentra a la entrada del pueblo. Tiene sus orígenes en un calvario del siglo XVIII, aunque la capilla se construyó a fines del XIX.
🇬🇧 Chapel of Señor del Pino. It rises at the foot of a centennial pine and is located at the entrance of the village. It was originally a place where crosses were set up from the 18th century, although the chapel was built at the end of the 19th century.
🇩🇪 Kapelle Señor del Pino. Sie steht zu Füßen eines Hunderte von Jahren alten Pinienbaumes und befindet sich an der Ortseinfahrt. Sie wurde an einem ursprünglichen Kreuzweg aus dem 18. Jahrhundert Ende des 19. Jahrhunderts erbaut.

04 🇪🇸 Iglesia de San Juan Degollado, siglos XVII-XVIII. Situada en el centro del casco urbano, su torre es del siglo XX.
🇬🇧 Church of San Juan Degolllado (17th and 18th centuries). Located in the middle of the town centre, its tower dates back to the 20th century.
🇩🇪 Kirche San Juan Degollado (17.-18. Jh.). In der Ortsmitte gelegen, der Turm stammt aus dem 20 Jahrhundert.

05 🇪🇸 Caldera de Pedro Gil con el volcán de Arafo.
🇬🇧 Caldera de Pedro Gil with Arafo volcano.
🇩🇪 Caldera de Pedro Gil mit dem Vulkan Arafo.

ARICO

- Más Información. www.villa-arico.com
- Tel. Ayuntamiento de Arico. 922 768 242

Superficie Area Fläche	Altitud Height Höhe ü.d.M.	Población Population Bevölkerung	Espacios Naturales Protegidos Protected Natural Areas Naturschutzgebiet	Distancia por carretera Distance by car Distanz auf Verkehrswegen
178,76 km²	500 m.	7.159 habitantes	7.112,91 hectáreas	52 km. a S/C de Tenerife

01 🇪🇸 Caserío de Icor. Conjunto histórico-artístico caracterizado por la arquitectura tradicional canaria de los siglos XVII y XVIII.
🇬🇧 Hamlet of Icor. Historical-artistic site characterised by the traditional Canarian architecture from the 17th and 18th centuries.
🇩🇪 Gehöft Icor. Historisch-künstlerisches Gebäude in traditioneller kanarischer Bauweise aus dem 17. und 18. Jahrhundert.

02 🇪🇸 Vista panorámica del Porís de Abona.
🇬🇧 Panoramic view of Porís de Abona.
🇩🇪 Blick auf Porís de Abona.

03 🇪🇸 Iglesia de Nuestra Señora de La Luz (Arico El Nuevo).
🇬🇧 Church of Nuestra Señora de La Luz (Arico El Nuevo).
🇩🇪 Iglesia de Nuestra Señora de La Luz (Arico El Nuevo).

04 🇪🇸 Iglesia de San Juan Bautista (Villa de Arico). Fundada sobre una antigua ermita (1590-1610), el actual templo data del siglo XVIII.
🇬🇧 Church of San Juan Bautista (Villa de Arico). Founded on the ruins of an old hermitage (1590-1610), the current temple dates from the 18th century.
🇩🇪 Kirche San Juan Bautista (Villa de Arico). Erbaut auf einer ehemaligen Einsiedelei (1590-1610), die heutige Kirche stammt aus dem 18. Jahrhundert.

05 🇪🇸 Barranco de "El Río".
🇬🇧 Barranco de "El Río".
🇩🇪 Barranco de „El Río".

06 🇪🇸 Típico paisaje de la zona costera de Arico.
🇬🇧 Typical landscape of the coastal area of Arico.
🇩🇪 Typische Landschaft der Küstenregion von Arico.

ARONA

- Más Información. **www.arona.org**
- Tel. Ayuntamiento de Arona. 922 725 100

Superficie / Area / Fläche	Altitud / Height / Höhe ü.d.M.	Población / Population / Bevölkerung	Espacios Naturales Protegidos / Protected Natural Areas / Naturschutzgebiet	Distancia por carretera / Distance by car / Distanz auf Verkehrswegen
81,79 km²	**610 m.**	**65.550 habitantes**	**1.103,84 hectáreas**	**81,30 km. a S/C de Tenerife**

01 🇪🇸 Fachada exterior del Ayuntamiento de Arona.
🇬🇧 Façade of Arona Town Hall.
🇩🇪 Außenfassade des Rathauses von Arona.

02 🇪🇸 El Puerto de Los Cristianos es de vital importancia para el transporte de mercancías y pasajeros entre Tenerife y las islas de La Gomera, El Hierro y La Palma.
🇬🇧 Los Cristianos harbour has vital importance for the transport of goods and passengers between Tenerife and the islands of La Gomera, El Hierro y La Palma.
🇩🇪 Der Hafen von Los Cristianos ist lebenswichtig für den Fracht- und Personentransport zwischen Teneriffa und den Inseln La Gomera, El Hierro und La Palma.

03 🇪🇸 La fauna y los fondos marinos de este municipio poseen un gran atractivo (Las Galletas).
🇬🇧 The fauna and the underwater landscapes of this district are highly attractive (Las Galletas).
🇩🇪 Die Fauna und die Meersgründe der Gemeinde stellen eine große Attraktion dar (Las Galletas).

04 🇪🇸 El Roque de Jama.
🇬🇧 Roque de Jama.
🇩🇪 El Roque de Jama.

05 🇪🇸 Calle del casco histórico de Arona.
🇬🇧 A street in the historical centre of Arona.
🇩🇪 Strasse in der historischen Altstadt von Arona.

06 Vista panorámica de Los Cristianos.
 Panoramic view of Los Cristianos.
 Panoramablick auf Los Cristianos.

07 Arona (casco).
 Arona (town).
 Arona (Innenstadt).

08 En el caserío de "La Fuente" aún predomina la arquitectura tradicional canaria.
 Traditional Canarian architecture is still predominant in "La Fuente" hamlet.
 Im Gehöft "La Fuente" herrscht noch die traditionelle kanarische Architektur vor.

09 Fachada de la Iglesia Parroquial de San Antonio Abad, siglo XVII.
 Façade of San Antonio Abad Parish church (17th century).
 Fassade der Pfarrkirche San Antonio Abad, 17. Jh.

10 Playa de Las Galletas
 Las Galletas beach.
 Strand von Las Galletas.

11 El calderón tropical *(Globicephala macrorhynchus)*. En las costas del municipio de Arona existe una colonia importante de cetáceos, que se pueden visitar desde los puertos de Las Galletas y Los Cristianos.
 Tropical tinged whale *(Globicephala macrorhynchus)*. There exists on the coast of Arona municipality an important colony of cetaceans, which can be visited from Las Galletas and Los Cristianos harbours.
 Tropischer Grindwal *(Globicephala macrorhynchus)*. An der Küste der Ortschaft Arona gibt es noch eine bedeutende Kolonie von Meeressäugetieren, die von den Häfen von Las Galletas und Los Cristianos aus besichtigt werden können.

BUENAVISTA DEL NORTE

- Más Información. **www.buenavistadelnorte.com**
- Tel. Ayuntamiento de Buenavista del Norte. 922 129 030

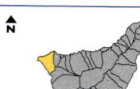

	Superficie / Area / Fläche	Altitud / Height / Höhe ü.d.M.	Población / Population / Bevölkerung	Espacios Naturales Protegidos / Protected Natural Areas / Naturschutzgebiet	Distancia por carretera / Distance by car / Distanz auf Verkehrswegen
	67,42 km²	**110 m.**	**5.300 habitantes**	**5.502,49 hectáreas**	**71 km. a S/C de Tenerife**

01 🇪🇸 Playa de Masca.
🇬🇧 Beach of Masca.
🇩🇪 Strand von Masca.

02 🇪🇸 Vista panorámica del caserío de Masca.
🇬🇧 Panoramic view of the hamlet of Masca.
🇩🇪 Schöner Blick auf das Dorf Masca.

03 🇪🇸 Ex-convento de San Francisco. Antiguo convento de franciscanos que se fundó por el año 1648. A mediados del siglo XIX fue disuelta la orden y desmantelada su construcción, convirtiéndose en cementerio hasta 1946. En la actualidad sólo se conserva el pórtico del convento.

🇬🇧 Former convent of San Francisco. Old Franciscan convent which was founded around the year 1648. During the mid 19th century, the order was dissolved and the building works were dismantled. As a consequence, the building was used as a cemetery until 1946. Nowadays only the convent gateway is kept.

🇩🇪 Ehemaliges San Francisco Kloster. Das alte Franziskaner Kloster wurde um das Jahr 1648 gegründet. Mitte des 19. Jahrhunderts wurde der Orden aufgelöst und das Gebäude verwahrloste. Bis 1946 wurde es als Friedhof benutzt. Heute ist nur noch das Portal des Klosters erhalten.

04 🇪🇸 Barranco de Los Carrizales.
🇬🇧 Barranco de Los Carrizales.
🇩🇪 Barranco de Los Carrizales.

05 🇪🇸 Plaza de Los Remedios. Un lugar tranquilo para el descanso.
🇬🇧 Los Remedios Square. A quiet place for a rest.
🇩🇪 Der Los Remedios Platz. Ein ruhiger Ort für eine Rast.

06 🇪🇸 La fauna y los fondos marinos de este municipio poseen un gran atractivo.
🇬🇧 The fauna and the underwater landscapes of this district are highly attractive.
🇩🇪 Die Fauna und die Meeresgründe der Gemeinde stellen eine große Attraktion dar.

CANDELARIA

- Más Información. www.candelaria.es
- Tel. Ayuntamiento de Candelaria. 922 500 800

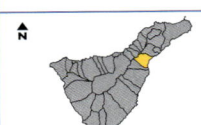

Superficie / Area / Fläche	Altitud / Height / Höhe ü.d.M.	Población / Population / Bevölkerung	Espacios Naturales Protegidos / Protected Natural Areas / Naturschutzgebiet	Distancia por carretera / Distance by car / Distanz auf Verkehrswegen
49,18 km²	**5 m.**	**20.628 habitantes**	**1.961,92 hectáreas**	**19 km. a S/C de Tenerife**

01 🇪🇸 Iglesia de Santa Ana (1575), ampliada en el siglo XVIII. En su entorno se encuentra el antiguo barrio de Santa Ana, con casas típicas canarias.
🏴 Church of Santa Ana (1575), enlarged in the 18th century. The old suburb of Santa Ana surrounds it, with typical Canarian houses.
🇩🇪 Kirche Santa Ana (1575). Sie wurde im 18. Jahrhundert vergrößert. Um sie herum, das Stadtviertel Santa Ana mit seinen typischen kanarischen Häusern.

02 🇪🇸 La Avenida Marítima, que une el casco de Candelaria con Las Caletillas.
🏴 The promenade, which connects Candelaria town centre with Las Caletillas.
🇩🇪 Strandpromenade, die den Ortskern von Candelaria und Las Caletillas verbindet.

03 🇪🇸 Playa de Candelaria, cerca de la Basílica.
🏴 Candelaria beach, next to the Basílica.
🇩🇪 Strand von Candelaria nahe der Basílica.

04 🇪🇸 Basílica de La Candelaria, donde se encuentra la Patrona de Canarias.
🏴 Basílica of La Candelaria, where the Patron Saint of the Canary Islands is located.
🇩🇪 In der Basilika von Candelaria befindet sich die Schutzherrin der Kanaren.

05 🇪🇸 Menceyes guanches, confeccionados en bronce por el escultor José Abad.
🏴 Menceyes or princes of the Guanches, created in bronze by the sculptor, José Abad.
🇩🇪 Die Menceys (Könige) der Guanchen, vom Bildhauer José Abad in Bronze hergestellt.

EL ROSARIO

- Más Información. **www.ayuntamientoelrosario.org**
- Tel. Ayuntamiento de El Rosario. 922 297 447

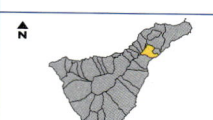

Superficie / Area / Fläche	Altitud / Height / Höhe ü.d.M.	Población / Population / Bevölkerung	Espacios Naturales Protegidos / Protected Natural Areas / Naturschutzgebiet	Distancia por carretera / Distance by car / Distanz auf Verkehrswegen
39,43 km²	905 m.	16.024 habitantes	817,69 hectáreas	15 km. a S/C de Tenerife

01 Ayuntamiento de El Rosario. La Esperanza.
   Town Hall of El Rosario. La Esperanza.
   Rathaus von El Rosario. La Esperanza.

02 El juego del palo, uno de los más antiguos deportes autóctonos de Canarias, ha sido tradicional en el municipio, gracias a la escuela de Los Verga.
   The stick game, one of the oldest native sports in the Canary Islands, has always been traditional in this borough thanks to the school of Los Verga.
   Das Stockspiel, eine der ältesten einheimischen Sportarten auf den Kanaren, war Dank der Schule von Los Verga immer schon eine Tradition in der Ortschaft.

03 Ruinas de la casa del pirata "Amaro Pargo", en Machado. Nació en el último tercio del siglo XVII y aunque muchos lo califican de pirata, otros estudios dicen que fue capitán de fragata.
   Ruins of the house of the pirate "Amaro Pargo", in Machado. He was born in the last third of the 17th century and although he is considered a pirate by many, other studies say that he was the captain of a frigate.
   Ruins of the house of the pirate Amaro Pargo in Machado. Er wurde im letzten Drittel des 17. Jahrhunderts geboren und obwohl man ihn allgemein für einen Piraten hielt, gibt es auch Untersuchungen, die behaupten, er sei Fregattenkapitän gewesen.

04 Ermita de Nuestra Señora del Rosario (Machado), siglo XVI. Construida según la tradición arquitectónica canaria, tiene un alto valor patrimonial. Se sitúa junto al camino de los romeros que desde La Laguna se dirigen al Santuario de la Patrona de Canarias (la Virgen de Candelaria).
   Chapel of Nuestra Señora del Rosario (Machado), 16th century. Built according to the Canarian architectural tradition, it has high heritage value. It is located beside the path used by the pilgrims who go from La Laguna to the Sanctuary of the Canarian Patroness (the Virgin of Candelaria).
   Kapelle Nuestra Señora del Rosario (Machado), 16. Jahrhundert. Nach kanarischer Bauweise erbaut, besitzt sie einen hohen kunsterblichen Wert. Sie liegt auf dem Pilgerweg von La Laguna zum Heiligtum der Schutzheiligen der Kanaren.

05 Vista panorámica de la costa: Tabaiba y Radazul.
   Panoramic view of the coast of: Tabaiba and Radazul.
   Panoramablick auf die Küste von: Tabaiba und Radazul.

EL SAUZAL

- Más Información. **www.elsauzal.es**
- Tel. Ayuntamiento de El Sauzal. 922 570 000

Superficie Area Fläche	Altitud Height Höhe ü.d.M.	Población Population Bevölkerung	Espacios Naturales Protegidos Protected Natural Areas Naturschutzgebiet	Distancia por carretera Distance by car Distanz auf Verkehrswegen
18,31 km²	**322 m.**	**8.317 habitantes**	**591,39 hectáreas**	**24 km. a S/C de Tenerife**

01 🇪🇸 Vista panorámica de la costa de El Sauzal.
🇬🇧 Panoramic view of the coast of El Sauzal.
🇩🇪 Panoramablick auf die Küste von El Sauzal.

02 🇪🇸 Iglesia Parroquial de San Pedro Apóstol (siglo XVI). Fue sede temporal del Cabildo de Tenerife, debido a una epidemia de peste que asoló La Laguna.
🇬🇧 Parish church of San Pedro Apóstol (16th century). It was a provisional seat for Cabildo de Tenerife (Council of Tenerife), due to a plague epidemic which devastated La Laguna.
🇩🇪 Die alte Pfarrkirche San Pedro Apóstol (16. Jahrhundert) war zeitweise Sitz der Inselregierung von Teneriffa, als La Laguna von der Pest bedroht war.

03 🇪🇸 Desde el mirador de La Garañona se puede contemplar una excelente panorámica de los Acantilados de Acentejo, con su playa de arena negra.
🇬🇧 From the La Garañona Viewing Point, an excellent view of the Cliffs of Acentejo, with the beach of exotic black volcanic sand at its foot, can be contemplated.
🇩🇪 Vom Aussichtspunkt La Garañona hat man eine hervorragende Aussicht auf die Steilküste von Acentejo mit ihrem schwarzen Sandstrand.

04 🇪🇸 Fachada del Ayuntamiento de El Sauzal, de estilo neocanario.
🇬🇧 Façade of El Sauzal Town Hall, built in neo-Canarian style.
🇩🇪 Fassade des Rathauses von El Sauzal in neokanarischem Stil.

05 🇪🇸 Casa del Vino. Fue una antigua hacienda canaria del siglo XVII, que hoy es propiedad del Cabildo de Tenerife y está dedicada a la promoción de vinos de la isla. Anexa se encuentra la Casa de la Miel. Tel. 922 572 535 / 922 572 542.
🇬🇧 Casa del Vino. This was an old Canarian property from the 17th Century, which is today owned by the Tenerife Island Authority and is devoted to the promotion of the island's wines. Next door is the Casa de la Miel (House of Honey). Phone. 922 572 535 / 922 572 542.
🇩🇪 Casa del Vino. Die ehemalige kanarische Hazienda aus dem 17. Jahrhundert ist heute Eigentum der Inselverwaltung von Teneriffa und für die Vermarktung der Inselweine bestimmt. Nebenan befindet sich la Casa de la Miel. Tel. 922 572 535 / 922 572 542.

EL TANQUE

. Tel. Ayuntamiento de El Tanque. 922 136 715

Superficie Area Fläche	Altitud Height Höhe ü.d.M.	Población Population Bevölkerung	Espacios Naturales Protegidos Protected Natural Areas Naturschutzgebiet	Distancia por carretera Distance by car Distanz auf Verkehrswegen
23,65 km²	480 m.	3.096 habitantes	1.394,48 hectáreas	70 km. a S/C de Tenerife

01 🇪🇸 El Granero (antiguo edifico destinado a guardar el grano), que da nombre a una zona del municipio.
🇬🇧 El Granero (old building where the grain was kept), which gives an area of the municipality its name.
🇩🇪 El Granero (Kornscheune, altes Gebäude zur Aufbewahrung von Getreide), das diesem Ortsteil den Namen gibt.

02 🇪🇸 Vista panorámica de El Tanque.
🇬🇧 Panoramic view of El Tanque.
🇩🇪 Panoramablick auf El Tanque.

03 🇪🇸 El municipio de El Tanque es el único de la isla de Tenerife en el que se pueden localizar seis eras de trilla, prácticamente unidas.
🇬🇧 The municipality of El Tanque is the only one in Tenerife where six practically joined threshing floors can be found.
🇩🇪 Die Ortschaft El Tanque ist die einzige auf Teneriffa, wo man sechs Dreschfelder nebeneinander sehen kann.

04 🇪🇸 Nacientes de agua en el mirador de La Atalaya.
🇬🇧 Springs at La Atalaya viewing point
🇩🇪 Wasserquellen am Aussichtspunkt La Atalaya.

05 🇪🇸 Iglesia de San Antonio de Padua. Tanque Bajo.
🇬🇧 Church of San Antonio de Padua. Tanque Bajo.
🇩🇪 Kirche San Antonio de Padua. Tanque Bajo.

06 🇪🇸 Fachada principal de la casa de Los Guzmanes (Tanque Bajo). Perteneció a una de las familias más ricas e influyentes, que poseía grandes extensiones de tierra por todo el municipio.
🇬🇧 Front façade of Los Guzmanes´ house (Tanque Bajo). It belonged to one of the richest and most influential families, who owned large plots of land all over the municipality.
🇩🇪 Hauptfassade des Hauses Los Guzmanes (Tanque Bajo), das einer der meist wohlhabenden und einflussreichsten Familien gehört, die darüber hinaus viele Ländereien im Gemeindekreis besitzen.

FASNIA

. Más Información. **www.fasnia.com**
. Tel. Ayuntamiento de Fasnia. 922 530 028

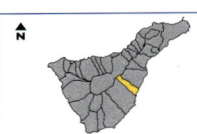

Superficie / Area / Fläche	Altitud / Height / Höhe ü.d.M.	Población / Population / Bevölkerung	Espacios Naturales Protegidos / Protected Natural Areas / Naturschutzgebiet	Distancia por carretera / Distance by car / Distanz auf Verkehrswegen
45,11 km²	**450 m.**	**2.671 habitantes**	**1.867,73 hectáreas**	**40 km. a S/C de Tenerife**

01 🇪🇸 La fauna y los fondos marinos de este municipio poseen un gran atractivo (Las Eras).
🏴󠁧󠁢󠁥󠁮󠁧󠁿 The fauna and the underwater landscapes of this district are highly attractive (Las Eras).
🇩🇪 Die Fauna und die Meeresgründe der Gemeinde sind eine große Attraktion (Las Eras).

02 🇪🇸 Iglesia parroquial de San Joaquín (1800), reconstruida en el siglo XX (casco de Fasnia).
🏴󠁧󠁢󠁥󠁮󠁧󠁿 Parish church of San Joaquín (1800), rebuilt in the 20th century (Fasnia town centre).
🇩🇪 Pfarrkirche San Joaquín (1800), umgebaut im 20. Jahrhundert (Ortskern von Fasnia).

03 🇪🇸 Ruinas de la Iglesia Vieja de Fasnia, siglo XVII.
🏴󠁧󠁢󠁥󠁮󠁧󠁿 Ruins of the old church of Fasnia, 17th century.
🇩🇪 Ruinen der alten Kirche von Fasnia, 17. Jh.

04 🇪🇸 Barranco de Herques. Existen algunos testimonios antiguos sobre la existencia de una cueva sepulcral guanche con más de mil momias, descubierta en el siglo XVIII.
🏴󠁧󠁢󠁥󠁮󠁧󠁿 Herques ravine. There is some old evidence of the existence of a sepulchral Guanche cave with more than one thousand mummies, discovered in the 18th century.
🇩🇪 Barranco de Herques. Einige alte Funde bezeugen, dass es hier eine Grabhöhle der Guanches mit über tausend Mumien gab, die im 18. Jahrhundert entdeckt worden ist.

05 🇪🇸 Vista panorámica del "Puente de los Tres Ojos".
🏴󠁧󠁢󠁥󠁮󠁧󠁿 Panoramic view of "Puente de los Tres Ojos".
🇩🇪 Panoramablick auf „Puente de los Tres Ojos".

GARACHICO

- Más Información. www.garachico.es
- Tel. Ayuntamiento de Garachico. 922 830 000

Superficie Area Fläche	Altitud Height Höhe ü.d.M.	Población Population Bevölkerung	Espacios Naturales Protegidos Protected Natural Areas Naturschutzgebiet	Distancia por carretera Distance by car Distanz auf Verkehrswegen
29,28 km²	**10 m.**	**5.682 habitantes**	**2.052,39 hectáreas**	**66 km. a S/C de Tenerife**

01 🇪🇸 Iglesia de Nuestra Señora de Los Ángeles. Se encuentra adosada al antiguo convento franciscano, del que era su iglesia. Tiene un rico artesonado mudéjar.

🇬🇧 Church of Nuestra Señora de Los Ángeles. It was the chapel of the old Franciscan convent, to which it is annexed. It has rich Mudéjar pannelling.

🇩🇪 Die Kirche Nuestra Señora de Los Ángeles ist an das alte Franziskaner Kloster angebaut und diente früher als dessen Kapelle. Sie besitzt eine reiche Mudéjar-Holztäfelung.

02 🇪🇸 Puerto y Roque de Garachico.
🇬🇧 Harbour and Roque de Garachico.
🇩🇪 Hafen und Roque de Garachico.

03 🇪🇸 Iglesia de San Roque.
🇬🇧 Iglesia de San Roque.
🇩🇪 Iglesia de San Roque.

04 🇪🇸 La fauna y los fondos marinos de este municipio poseen un gran atractivo.

🇬🇧 The fauna and the underwater landscapes of this district are highly attractive.

🇩🇪 Die Fauna und die Meeresgründe der Gemeinde stellen eine große Attraktion dar.

05 🇪🇸 Parque de la histórica Puerta de Tierra, siglo XVI, por donde entraban y salían las mercancías que se descargaban en el Puerto de Garachico. El lagar que se encuentra en dicho parque es del siglo XVII y procede de la hacienda de San Juan Degollado.

🇬🇧 Park of the historical Puerta de Tierra, 16th century, through which the goods which were unloaded on Garachico docks came in and out of the town. The wine press located in the park is from the 17th century, and it comes from San Juan Degollado country estate.

🇩🇪 Park der historischen Puerta de Tierra, 16. Jahrhundert, durch die die im Hafen abgeladenen Waren ein- und ausgefahren wurden. Die Weintrotte im Park stammt aus dem 17. Jahrhundert und kommt aus dem Gutshof San Juan Degollado.

GRANADILLA DE ABONA

Más Información. **www.granadilladeabona.org**
Tel. Ayuntamiento de Granadilla de Abona. 922 759 900

Superficie / Area / Fläche	Altitud / Height / Höhe ü.d.M.	Población / Population / Bevölkerung	Espacios Naturales Protegidos / Protected Natural Areas / Naturschutzgebiet	Distancia por carretera / Distance by car / Distanz auf Verkehrswegen
162,44 km²	650 m.	33.207 habitantes	3.884,84 hectáreas	65 km. a S/C de Tenerife

01 🇪🇸 Mercadillo del agricultor. San Isidro.
🇬🇧 Mercadillo del agricultor (Farmers' Market). San Isidro.
🇩🇪 Bauernmarkt. San Isidro.

02 🇪🇸 Playa del Médano.
🇬🇧 El Médano beach.
🇩🇪 Strand von El Médano.

03 🇪🇸 Antigua calle peatonal (Arquitecto Marrero). Se encuentra en el casco histórico del municipio y muy cerca del Ayuntamiento.
🇬🇧 Old pedestrian street (Arquitecto Marrero). It is found in the historical town centre and very near the Town Hall.
🇩🇪 Alte Fußgängerstraße (Architekt Marrero). Sie befindet sich im historischen Ortskern ganz in der Nähe des Rathauses.

04 🇪🇸 Cueva del Santo Hermano Pedro (próxima a la playa de El Médano).
🇬🇧 Cave of Santo Hermano Pedro (near El Médano beach).
🇩🇪 Höhle des Santo Hermano Pedro (in der Nähe des Strandes von El Médano).

05 🇪🇸 Iglesia y antiguo convento franciscano de San Luis (siglo XVII), en el casco del municipio.
🇬🇧 Church and former Franciscan convent of San Luis, 17th century, in the town centre.
🇩🇪 Kirche und ehemaliges Franziskaner Kloster San Luis (17. Jh.) im Ortskern.

06 🇪🇸 Paisaje Lunar (Altos de Granadilla, próximo al término municipal de Vilaflor). Un lugar excepcional digno de visitar.
🇬🇧 Lunar landscape (Altos de Granadilla, next to the municipality of Vilaflor). An exceptional well worth visiting.
🇩🇪 Die Mondlandschaft (Altos de Granadilla in der Nähe der Ortsgrenze zu Vilaflor) ist wirklich einen Besuch wert.

GUÍA DE ISORA

- Más Información. **www.guiadeisora.org**
- Tel. Ayuntamiento de Guía de Isora. 922 850 100

Superficie / Area / Fläche	Altitud / Height / Höhe ü.d.M.	Población / Population / Bevölkerung	Espacios Naturales Protegidos / Protected Natural Areas / Naturschutzgebiet	Distancia por carretera / Distance by car / Distanz auf Verkehrswegen
143,43 km²	580 m.	18.722 habitantes	7.468,26 hectáreas	95 km. a S/C de Tenerife

01 🇪🇸 Muelle y playa de San Juan.
🇬🇧 Docks and beach of San Juan.
🇩🇪 Kai und Strand von San Juan.

02 🇪🇸 Caserío de Las Fuentes. Un bello lugar donde divisar excelentes panorámicas. En la actualidad solo tienen residencia habitual 2 personas.
🇬🇧 Hamlet of Las Fuentes. A beautiful place from which excellent views can be seen. Nowadays it is a habitual place of residence for only two people.
🇩🇪 Weiler Las Fuentes. Ein schöner Ort mit wunderbarer Aussicht, zur Zeit nur von zwei Personen bewohnt.

03 🇪🇸 Horno en el caserío "El Jaral".
🇬🇧 Kiln in the hamlet "El Jaral".
🇩🇪 Backofen im Weiler "El Jaral".

04 🇪🇸 Calle típica en el casco histórico de Guía de Isora.
🇬🇧 Typical street in the historical centre of Guía de Isora.
🇩🇪 Typische Strasse in der historischen Altstadt von Guia de Isora.

05 🇪🇸 Iglesia de Nuestra Señora de La Luz. Aunque la primera ermita data de principios del siglo XVII, las últimas reformas corresponden a principios del XX.
🇬🇧 Church of Nuestra Señora de La Luz. Although the first chapel dates from the early 17th century, the last improvements were carried out in the early 20th century.
🇩🇪 Kirche Nuestra Señora de La Luz. Die Einsiedelei stammt zwar aus dem 17. Jahrhundert, die letzten Umbauarbeiten wurden jedoch erst Anfang des 20. Jahrhunderts vorgenommen.

06 🇪🇸 Delfínes Moteados (Stenella frontalis). Podemos avistarlos, al igual que otros cetáceos que frecuentan las costas de este municipio, partiendo desde Playa de San Juan.
🇬🇧 Spotted dolphins (Stenella frontalis). We can sight them, as well as other cetaceans which frequently swim the waters of the coast of this municipality, on boats which leave from San Juan beach.
🇩🇪 Die Tupfendelfine (Stenella frontalis) können wir von Playa de San Juan aus sehen, ebenso wie andere Meeressäugetiere, die sich an der Küste der Ortschaft aufhalten.

GÜÍMAR

- Más Información. www.guimar.es
- Tel. Ayuntamiento de Güímar. 922 526 100

Superficie / Area / Fläche	Altitud / Height / Höhe ü.d.M.	Población / Population / Bevölkerung	Espacios Naturales Protegidos / Protected Natural Areas / Naturschutzgebiet	Distancia por carretera / Distance by car / Distanz auf Verkehrswegen
102,93 km²	289 m.	16.489 habitantes	4.494,53 hectáreas	28 km. a S/C de Tenerife

01 🇪🇸 Reserva Natural Especial del Malpaís de Güímar. Ha sido muy frecuentada y estudiada, debido a su importancia botánica, geológica y arqueológica.

🇬🇧 Malpaís de Güímar Special Nature Reserve. It has been much visited and studied, due to its botanical, geological and archaeological importance.

🇩🇪 Der Naturschutzpark Malpaís de Güímar ist wegen seiner botanischen, geologischen und archäologischen Relevanz ein beliebtes Studienobjekt und Ausflugsort.

02 🇪🇸 Vista panorámica de la zona costera del Puertito de Güímar.

🇬🇧 Panoramic view of the coastal area of the Puertito de Güímar.

🇩🇪 Panoramablick auf die Küstenregion von Puertito de Güímar.

03 🇪🇸 Fachada principal del edificio del Ayuntamiento de Güímar (siglo XVII).

🇬🇧 Front façade of the building which houses Güímar Town Hall (17th century).

🇩🇪 Hauptfassade des Rathausgebäudes von Güímar (17. Jh.).

04 🇪🇸 Todos los años, el día 7 de Septiembre tiene lugar una de las más antiguas e importantes romerías de Canarias: "El Socorro".

🇬🇧 Every year, on 7th September, one of the oldest and most important folk festivals in the Canary Islands takes place here: "El Socorro".

🇩🇪 Jedes Jahr findet hier am 7. September eine der ältesten und bedeutendsten Pilgerfeste der Kanaren statt: "El Socorro".

05 🇪🇸 Cañizo guanche, ubicado en una cueva situada en los altos del Barranco de Badajoz. Según la tradición se cree que posiblemente fue destinada para curar los quesos, aunque quedan abiertas otras hipótesis.

🇬🇧 Guanche dairy, located in a cave in the highlands of Badajoz ravine. According to tradition, it is believed to have been used for cheese curing. However, other hypotheses are still being considered.

🇩🇪 Das Rohrgeflecht aus der Guanchenzeit wurde in einer Höhle im oberen Teil des Barranco de Badajoz gefunden. Es wurde überliefert, dass es vermutlich zum Käsereifen benutzt wurde, es gibt aber auch andere Hypothesen.

05 🇪🇸 Iglesia de San Pedro Apóstol (siglo XIX). Levantada sobre el primitivo templo (siglo XVII). En su interior se destacan las imágenes de San Pedro y la Virgen del Socorro.

🇬🇧 Church of San Pedro Apóstol (19th century). Erected on the ruins of the original church (17th century), in its interior stand out the images of San Pedro and Virgen del Socorro.

🇩🇪 Die Kirche San Pedro Apóstol (19. Jh.) wurde auf einem alten Tempel erbaut (17.Jh.) und in ihrem Inneren sind die Abbilder von San Pedro und der Virgen del Socorro hervorzuheben.

06 🇪🇸 Iglesia de San José (El Escobonal-Agache).

🇬🇧 Church of San José (El Escobonal-Agache).

🇩🇪 Die Kirche San José (El Escobonal-Agache).

07 🇪🇸 Parque Etnográfico Pirámides de Güímar. C/ Chacona, s/n. Tel. 922 514 510. www.piramidesdeguimar.net.

🇬🇧 Pirámides de Güímar Ethnographic Park. Chacona Street. Tel 922 514 510. www.piramidesdeguimar.net.

🇩🇪 Etnographischer Park Pirámides de Güímar. Chacona, s/n. Tel. 922 514 510. www.piramidesdeguimar.net.

08 🇪🇸 Vista panorámica de una zona agrícola de la Comarca de Agache. Lomo de Mena.

🇬🇧 Panoramic view of an agricultural area in the Comarca de Agache. Lomo de Mena.

🇩🇪 Panoramablick auf die Agrarregion la Comarca de Agache. Lomo de Mena.

09 🇪🇸 Güímar "tierra de buenos vinos". Algunos ejemplos de bodegas y vinos de prestigio. "Viña Chagua", Bco. Badajoz-La Ladera.Tel/Fax. 922 511 168 / 647 403 148; "Tizón", Finca "La Sabina". La Hoya. Tel. 615 208 168; "Los Pelados". Hoya Cartaya, 32. Tel. 922 512 786.

🇬🇧 Güímar "land of good wines". Some examples of prestigious vineyards and wines. "Viña Chagua", Bco. Badajoz-La Ladera.Tel/Fax. 922 511 168 / 647 403 148; "Tizón", Finca "La Sabina". La Hoya. Tel. 615 208 168; "Los Pelados". Hoya Cartaya, 32. Phone. 922 512 786.

🇩🇪 Güímar, Heimat der guten Weine. Einige Beispiele für Keltereien und Prestigeweine. "Viña Chagua", Bco. Badajoz-La Ladera.Tel/Fax. 922 511 168 / 647 403 148; "Tizón", Finca "La Sabina". La Hoya. Tel. 615 208 168; "Los Pelados". Hoya Cartaya, 32. Tel. 922 512 786

ICOD DE LOS VINOS

- Más Información. www.icoddelosvinos.com
- Tel. Ayuntamiento de Icod de Los Vinos. 922 869 600

Superficie / Area / Fläche **95,91 km²**	Altitud / Height / Höhe ü.d.M. **235 m.**	Población / Population / Bevölkerung **24.290 habitantes**	Espacios Naturales Protegidos / Protected Natural Areas / Naturschutzgebiet **5.639,48 hectáreas**	Distancia por carretera / Distance by car / Distanz auf Verkehrswegen **56 km. a S/C de Tenerife**

01 Playa de San Marcos.
San Marcos beach.
Strand San Marcos.

02 Galería principal del "Sobrado" (Cueva del Viento).
Main gallery of el "Sobrado" (Cueva del Viento).
Hauptgalerie von „el Sobrado" (Cuevo del Viento).

03 Iglesia Parroquial de San Marcos. De arquitectura tradicional, con elementos góticos, mudéjares, barrocos y neoclásicos. Fue construida a fines del siglo XV, aunque se realizaron importantes reformas a comienzos del XIX. Parte del edificio está destinado a museo de arte sacro, que puede ser visitado. Una de las obras artísticas de mayor valor es la Cruz de Icod (Cuba 1663-68), considerada la mayor y más grande cruz de plata y filigrana del mundo. Mide 2,45 m. y pesa 48,300 kg.

Parish church of San Marcos. Of traditional architecture, with gothic, Mudejar, baroque and neo-classical elements. Built at the end of the 15th century, although Important renovations were carried out in the early 19th century. Part of the building is used as a museum of religious art, which can be visited. One of the works of art with a higher value is the Cruz de Icod (Cuba 1663-68), considered the biggest silver and filigree cross in the world. It is 2.45 metres high and weighs 48.3 kilos.

Pfarrkirche San Marcos in traditioneller Architektur mit gotischen, barrocken, neoklassizistischen und Mudejarelementen. Zwar schon Ende des 15. Jahrhunderts erbaut, wurden bedeutende Umbauarbeiten zu Beginn des 19. Jahrhunderts an ihr vorgenommen. Ein Teil des Gebäudes ist Museum für heilige Kunst und kann besucht werden. Das Kreuz von Icod (Cuba 1663-68) ist eines der wertvollsten Kunstwerke. Es wird mit seinen 2,45 m und 48,300 kg als das größte Silberfiligrankreuz der Welt betrachtet.

04 Drago "milenario" de Icod de los Vinos.
Ancient dragon tree of Icod de los Vinos.
Tausendjähriger Drachenbaum von Icod de los Vinos.

05 Ex-convento de San Francisco del Espíritu Santo (siglo XVII). Es actualmente sede de la Biblioteca Pública Municipal.
Former convent of San Francisco del Espíritu Santo (17th century). It now holds the Municipal Public Library.
Ehemaliges Kloster San Francisco del Espíritu Santo (17. Jh.). Es ist heute Sitz der Stadtbibliothek.

06 Casa de Lorenzo Cáceres (comienzos del siglo XIX). Alberga el Museo de Ciencias Naturales y el Museo de la música, así como varias empresas.
Lorenzo Cáceres' House (early 19th century). It holds the Museum of Natural Science and the Museum of Music, as well as several businesses.
Haus von Lorenzo Cáceres (Beginn des 19. Jahrhunderts). Es beherbergt das Naturkunde- und das Musikmuseum sowie mehrere Unternehmen.

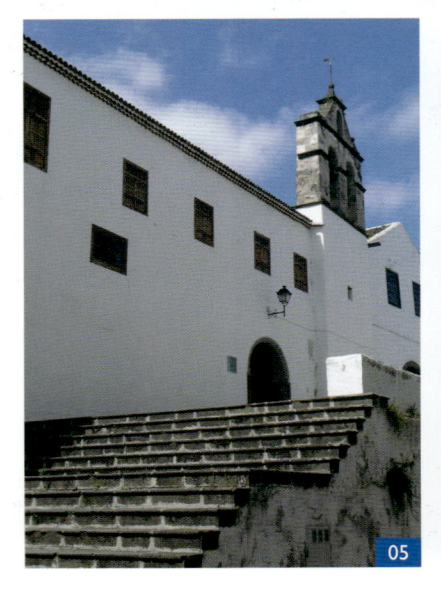

LA GUANCHA

- Más Información. www.aytolaguancha.com
- Tel. Ayuntamiento de La Guancha. 922 828 002

Superficie Area Fläche	Altitud Height Höhe ü.d.M.	Población Population Bevölkerung	Espacios Naturales Protegidos Protected Natural Areas Naturschutzgebiet	Distancia por carretera Distance by car Distanz auf Verkehrswegen
23,78 km²	500 m.	5.388 habitantes	1.233,96 hectáreas	58 km. a S/C de Tenerife

01 🇪🇸 En el municipio de La Guancha existe una gran tradición del trabajo con telar y calado canario. Estas labores podemos observarlas y adquirir sus trabajos en el "Taller de Artesanía de La Guancha". Avda. Hipólito Sinforiano. Tel. 922 828 551.

🇬🇧 In the municipality of La Guancha there exists a popular tradition based on working with looms and Canarian openwork. These labours can be watched, and there is the possibility of buying the products in "Taller de Artesanía de La Guancha". Avda. Hipólito Sinforiano. Tel. 922 828 551.

🇩🇪 In der Ortschaft La Guancha existiert die Tradition der Webund Hohlstichstickereiarbeiten. Im "Taller de Artesanía de La Guancha" kann bei der Arbeit zugeschaut und eingekauft werden. Avda. Hipólito Sinforiano. Tel. 922 828 551.

02 🇪🇸 Iglesia del Dulce Nombre de Jesús. Siglo XVI, aunque su torre ha sido reconstruida en el año 2002.

🇬🇧 Church of Dulce Nombre de Jesús. From the 16th century, although its tower was rebuilt in 2002.

🇩🇪 Kirche Dulce Nombre de Jesús aus dem 16. Jahrhundert. Der Turm wurde 2002 umgebaut.

03 🇪🇸 Charco del Viento. Un bello lugar frecuentado por bañistas y pescadores.

🇬🇧 Charco del Viento. A beautiful place usually visited by swimmers and fishermen.

🇩🇪 Charco del Viento. Ein wunderschöner besonders von Badegästen und Fischern gern besuchter Ort.

04 🇪🇸 Iglesia de Santa Catalina, de mediados del siglo XIX, edificada sobre una antigua ermita del siglo XVI. Se encuentra situada en el Barrio de Santa Catalina, núcleo originario del municipio.

🇬🇧 Church of Santa Catalina, from the mid 19th century, built on an old chapel from the 16th century. It is situated in Santa Catalina, the original settlement.

🇩🇪 Die Kirche Santa Catalina aus der Mitte des 19. Jh. wurde auf die Grundmauern einer Kapelle aus dem 16. Jh. gebaut. Sie befindet sich im Ortsviertel Santa Catalina, dem ehemaligen Ortskern.

05 🇪🇸 El Pinalete. En este lugar existe una galería de agua, actualmente en funcionamiento, con una capilla de San Antonio de Padua.

🇬🇧 El Pinalete. In this place in the town centre, there is a water "gallery" or horizontal well which is still functioning, with a chapel devoted to San Antonio de Padua.

🇩🇪 El Pinalete. An dieser Stelle der Ortschaft gibt es eine Wassergalerie, die heute noch funktioniert; daneben die Kapelle San Antonio de Padua.

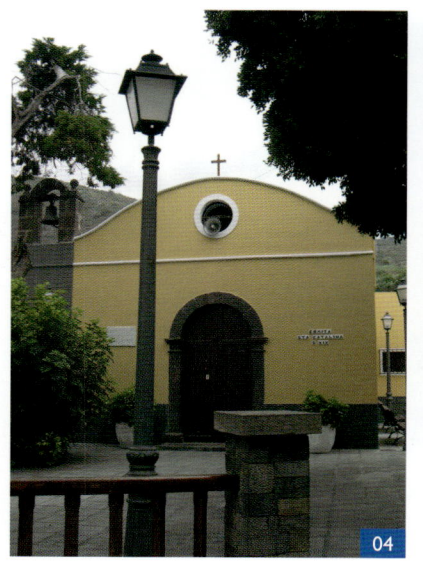

LA LAGUNA

- Más Información. **www.aytolalaguna.com**
- Tel. Ayuntamiento de La Laguna. 922 601 100

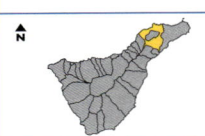

Superficie / Area / Fläche	Altitud / Height / Höhe ü.d.M.	Población / Population / Bevölkerung	Espacios Naturales Protegidos / Protected Natural Areas / Naturschutzgebiet	Distancia por carretera / Distance by car / Distanz auf Verkehrswegen
102,06 km²	546 m.	141.627 habitantes	2.370,32 hectáreas	9 km. a S/C de Tenerife

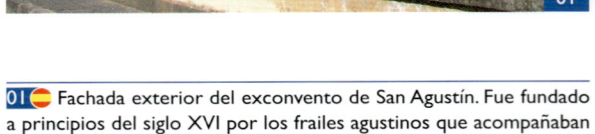

01 🇪🇸 Fachada exterior del exconvento de San Agustín. Fue fundado a principios del siglo XVI por los frailes agustinos que acompañaban a los conquistadores.

🇬🇧 Façade of the old Convento de San Agustín. It was founded in the early 16th Century by the Augustinian friars who travelled with the Conquistadors.

🇩🇪 Außenfassade des exconvento de San Agustín. Es wurde Anfang 16.Jahrhundert von den Augustinermönchen gegründet, welche die spanischen Eroberer begleiteten.

02 🇪🇸 Vista panorámica de la Vega Lagunera.
🇬🇧 Panoramic view of la Vega Lagunera
🇩🇪 Panoramablick auf la Vega Lagunera.

03 🇪🇸 Patio interior del Palacio de Lercaro, edificio levantado a fines del siglo XVI por familias comerciantes de origen italiano. En la actualidad es la sede del Museo de Historia de Tenerife.

🇬🇧 Interior courtyard of Lercaro Palace, built at the end of the sixteenth century by families of traders of Italian extraction. It currently houses the History Museum of Tenerife.

🇩🇪 Innenhof des Palacio de Lercaro, der Ende des 16. Jahrhunderts von Händlerfamilien italienischer Herkunft gebaut wurde. Zur Zeit ist das Gebäude Sitz des Historischen Museums von Teneriffa.

04 🇪🇸 Alfombras del Corpus Christi.
Corpus Christi Carpets.
🇩🇪 Teppiche an Fronleichnam.

05 🇪🇸 La costa del municipio de La Laguna, especialmente Bajamar y Punta del Hidalgo, constituyen un importante enclave turístico y lugar de veraneo.

The coastline of the municipality of La Laguna, especially Bajamar and Punta del Hidalgo, is considered an important holiday resort and summer resort.

🇩🇪 An der Küste der Gemeinde La Laguna bilden vor allem Bajamar und Punta del Hidalgo mit zahlreichen Ferienwohnungen das touristische Zentrum.

06 🇪🇸 Catedral de Nuestra Señora de Los Remedios. Aunque su origen se remonta a una antigua parroquia del siglo XVI, pero ha sufrido numerosas reformas a lo largo de los siglos, sobre todo a comienzos del XIX.

🏴󠁧󠁢󠁥󠁮󠁧󠁿 Cathedral of Nuestra Señora de Los Remedios. Although its origins date back to an old parish church from the 16th century, it has undergone countless improvements over the centuries, above all in the early 19th century.

🇩🇪 Kathedrale Nuestra Señora de Los Remedios. Ursprünglich war sie im 16. Jahrhundert eine Pfarrkirche, hat aber im Laufe der Jahrhunderte, vor allem Anfang des 19. Jahrhunderts, zahlreiche Umbauarbeiten erfahren.

07 🇪🇸 Palacio de Nava. Bello edificio de cantería azul en el que se conjugan elementos manieristas, barrocos y neoclásicos. Durante el siglo XVIII fue sede de la Tertulia de Nava, bajo la dirección de su propietario el Marqués de Villanueva del Prado.

🏴󠁧󠁢󠁥󠁮󠁧󠁿 Nava Palace. Beautiful blue ashlar masonry building which combines Manierist, Baroque and Neo-classical elements. During the 18th century it housed the Nava literary circle, directed by the owner of the palace, the Marquis of Villanueva del Prado.

🇩🇪 Palacio de Nava. Ein schönes Gebäude aus bläulichem Stein, in dem sich Elemente des Manierismus, Barock und Neoklassik vereinen. Im 18. Jahrhundert fanden hier die berühmtesten Abendgesellschaften unter dem Vorsitz seines Besitzers, des Marqués de Villanueva del Prado, statt.

08 🇪🇸 Fiesta de los Corazones de Tejina.
🏴󠁧󠁢󠁥󠁮󠁧󠁿 Fiesta de los Corazones de Tejina.
🇩🇪 Fiesta de los Corazones de Tejina.

09 🇪🇸 Claustro del Convento de Santa Catalina de Siena (Siglo XVII).
🏴󠁧󠁢󠁥󠁮󠁧󠁿 Cloister of the Convent of Santa Catalina de Siena (17th Century).
🇩🇪 Kreuzgang des Santa Catalina de Siena Klosters (17. Jahrhundert).

10 🇪🇸 Parque de La Vega.
🏴󠁧󠁢󠁥󠁮󠁧󠁿 La Vega Park.
🇩🇪 Park La Vega.

11 🇪🇸 Roque de los "Dos Hermanos". Pta. del Hidalgo.
🏴󠁧󠁢󠁥󠁮󠁧󠁿 Roque de los "Dos Hermanos" (Two Brothers). Punta del Hidalgo.
🇩🇪 Roque de los „Dos Hermanos". Punta del Hidalgo.

12 🇪🇸 Real Santuario del Santísimo Cristo de La Laguna, fundado por un grupo de monjes franciscanos que vinieron con los conquistadores en el siglo XVI.

🇬🇧 Real Santuario del Santísimo Cristo de La Laguna. It was founded by a group of Franciscan monks who came with the conquerors in the 16th Century.

🇩🇪 Wallfahrtsort des Santísimo Cristo de La Laguna. Er wurde von einer Gruppe von Franziskaner-Mönchen gegründet, die mit den Eroberern im 16. Jahrhundert ankamen.

13 🇪🇸 Plaza del Adelantado. Está situada junto al Ayuntamiento y mercado municipal.

🇬🇧 Adelantado Square. It is situated beside the Town Hall and the local marketplace.

🇩🇪 Plaza del Adelantado. Sie befindet sich am Rathaus und Stadtmarkt.

14 🇪🇸 Calle de La Carrera. Una de las principales calles de la ciudad, con varios edificios históricos.

🇬🇧 Calle de La Carrera. One of the main streets, where there are a number of historical buildings.

🇩🇪 Calle de La Carrera. Eine der Hauptstrassen, an denen bedeutende historische Gebäude stehen.

15 🇪🇸 Iglesia matriz de Nuestra Señora de la Concepción. Primera parroquia fundada en Tenerife. A lo largo del XVI y XVII se van adosando capillas, mientras que la torre se construye a fines del XVII.

🇬🇧 Central church of Nuestra Señora de la Concepción. It was the first parish church founded in Tenerife. Throughout the 16th and 17th centuries, several chapels were added, whereas the tower was built in the late 17th century.

🇩🇪 Die Hauptkirche Nuestra Señora de la Concepción war die erste Pfarrkirche, die auf Teneriffa gegründet wurde. Im 16. und 17. Jahrhundert baute man verschiedene Kapellen an, während der Turm erst Ende des 17. Jahrhunderts dazugebaut wurde.

16 🇪🇸 Casa de Carta (siglo XVIII). Antigua casona canaria adquirida por el Cabildo para instalar el Museo de Antropología. Ctra. Gral. Tacoronte-Valle Guerra, s/n. Tel. 922 546 300.

🇬🇧 Casa de Carta. 18th century. Old Canarian mansion, acquired by the Cabildo (Tenerife Council) to host a Museum of Anthropology. Main road from Tacoronte to Valle Guerra. Tel. 922 546 300.

🇩🇪 Casa de Carta (18. Jahrhundert). Altes kanarisches Gebäude, von der Inselregierung zur Errichtung eines Anthropologischen Museums erworben. Ctra. General Tacoronte-Valle Guerra, s/n. Tel. 922 546 300.

LA MATANZA DE ACENTEJO

- Más Información. www.matanceros.com
- Tel. Ayuntamiento de La Matanza de Acentejo. 922 577 120

Superficie / Area / Fläche	Altitud / Height / Höhe ü.d.M.	Población / Population / Bevölkerung	Espacios Naturales Protegidos / Protected Natural Areas / Naturschutzgebiet	Distancia por carretera / Distance by car / Distanz auf Verkehrswegen
14,11 km²	520 m.	7.806 habitantes	473,90 hectáreas	25 km. a S/C de Tenerife

01 🇪🇸 Ermita de San Antonio Abad. Fue levantada después de la Batalla de Acentejo gracias al voto realizado por Antón Vallejo, tras haber salvado su vida en el histórico enfrentamiento de mayo de 1494.

🇬🇧 Chapel of San Antonio Abad. It was erected after the Battle of Acentejo, thanks to the vow made by Antón Vallejo, who survived the historic confrontation in May 1494.

🇩🇪 Kapelle San Antonio Abad. Sie wurde nach der Schlacht von Acentejo dank des Zuspruches von Antón Vallejo nach seiner Lebensrettung bei dem historischen Kampf im Mai 1494 errichtet.

02 🇪🇸 Casas restauradas de San Antonio, buenos ejemplos de la arquitectura rural del municipio. Datan del siglo XVIII.

🇬🇧 San Antonio restored houses, fine examples of the rural architecture of the municipality. They date back to the 18th century.

🇩🇪 Sanierte Häuser in San Antonio, beste Beispiele für die Landarchitektur der Ortschaft. Sie stammen aus dem 18. Jahrhundert.

03 🇪🇸 Panorámica de "Los Nateros" y Montañas de San Antonio, una excelente zona agrícola.

🇬🇧 View of "Los Nateros" and San Antonio Mountains, an excellent agricultural area.

🇩🇪 Ansicht von "Los Nateros" und den Bergen von San Antonio; ein hervorragendes Agrargebiet.

04 🇪🇸 "El Caletón", un lugar tranquilo para practicar la pesca.

🇬🇧 "El Caletón", a quiet place to practise fishing.

🇩🇪 "El Caletón" ein ruhiger Ort zum Angeln und Fischen.

05 🇪🇸 Fachada de la Parroquia de El Salvador.

🇬🇧 Façade of the Parish of El Salvador.

🇩🇪 Fassade der Pfarrkirche El Salvador.

06 🇪🇸 Mercadillo del Agricultor.

🇬🇧 Mercadillo del Agricultor (The farmer's market).

🇩🇪 Bauernmarkt.

LA OROTAVA

- Más Información. **www.villadelaorotava.com**
- Tel. Ayuntamiento de La Orotava. 922 324 444

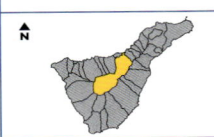

Superficie Area Fläche	Altitud Height Höhe ü.d.M.	Población Population Bevölkerung	Espacios Naturales Protegidos Protected Natural Areas Naturschutzgebiet	Distancia por carretera Distance by car Distanz auf Verkehrswegen
207,31 km²	**390 m.**	**40.355 habitantes**	**20.728,62 hectáreas**	**35 km. a S/C de Tenerife**

01 🇪🇸 Vistas panorámicas del Teide y de Las Cañadas.
🇬🇧 Panoramic views of Mount Teide and Las Cañadas.
🇩🇪 Panoramablick auf den Teide und Las Cañadas.

02 🇪🇸 Típico callejón empedrado en el Casco de La Orotava.
🇬🇧 A typical cobbled street in the centre of La Orotava.
🇩🇪 Typische Pflasterstrasse im Zentrum von La Orotava.

03 🇪🇸 Fachada de la Casa de los Balcones o Casa Fonseca. C/ San Francisco, 3. Edificio del siglo XVIII que alberga un comercio de artesanía. Tel. 922 330 629.
🇬🇧 Façade of Casa Los Balcones or Casa Fonseca. 3 San Francisco Street. Building from the 18th century which holds a handicraft shop. Tel. 922 330 629.
🇩🇪 Fassade der Casa de los Balcones oder Casa Fonseca. Straße San Francisco, 3. In dem Gebäude aus dem 18. Jahrhundert ist heute ein Kunsthandwerksgeschäft untergebracht. Tel. 922 330 629.

04 🇪🇸 Fachada de la iglesia de La Concepción del siglo XVIII. Construida sobre las ruinas de la antigua iglesia del siglo XVI y destruida por los terremotos de 1704 y 1705. Es el mejor ejemplo de arquitectura barroca de Canarias.
🇬🇧 Façade of the church of La Concepción from the 18th century. Built on the ruins of the old church from the 16th century and destroyed by the earthquakes of 1704 and 1705. It is the best example of Canarian Baroque Architecture.
🇩🇪 Fassade der Kirche La Concepción aus dem 18. Jahrhundert. Erbaut auf den Ruinen der alten Kirche aus dem 16. Jahrhundert, die bei den Erdbeben von 1704 und 1705 zerstört wurde. Sie ist das beste Beispiel für den kanarischen Barock.

05 🇪🇸 Alfombras del Corpus Christi. Una de las tradiciones más arraigadas en el municipio y de gran interés turístico, realizadas principalmente con tierras de colores y flores.

🇬🇧 Corpus Christi Carpets. One of the most deep-rooted traditions in this municipality and of great tourist interest, mainly made of coloured sands and flowers.

🇩🇪 Teppiche an Fronleichnam. Eine mit der Ortschaft besonders verwurzelte Tradition von hohem touristischen Interesse. Sie werden aus farbigem Sand und Blumen hergestellt.

06 🇪🇸 Jardines de la Quinta Roja con su Panteón. Posee más de 11.605 m² de superficie y tiene una clara simbología masónica.

🇬🇧 Gardens of Quinta Roja with their Panteón (Pantheon). The area is over 11.605 m² and it clearly shows Masonic symbols.

🇩🇪 Die Gärten der Quinta Roja mit dem Pantheón erstrecken sich über eine Fläche von 11.605 m² und lassen deutlich Freimaurersymbole erkennen.

07 🇪🇸 Escultura dedicada a la princesa guanche "Dácil".

🇬🇧 Sculpture of the Guanche Princess Dácil.

🇩🇪 Die Skulptur ist der Guanchenprinzessin „Dácil" gewidmet.

08 🇪🇸 Molino de agua de la Casa Lercaro (o Ponte Fonte).

🇬🇧 Water mill of Casa Lercaro (or Ponte Fonte).

🇩🇪 Wassermühle der Casa Lercaro (oder Ponte Fonte).

09 🇪🇸 Plaza de la Constitución. Al fondo la iglesia de San Agustín.

🇬🇧 Constitution Square. In the background, Church of San Agustín.

🇩🇪 Plaza de la Constitución. Im Hintergrund die Kirche San Agustín.

LA VICTORIA DE ACENTEJO

. Más Información. **www.lavictoriadeacentejo.com**
. Tel. Ayuntamiento de La Victoria. 922 580 031

	Superficie / Area / Fläche	Altitud / Height / Höhe ü.d.M.	Población / Population / Bevölkerung	Espacios Naturales Protegidos / Protected Natural Areas / Naturschutzgebiet	Distancia por carretera / Distance by car / Distanz auf Verkehrswegen
	18,36 km²	**385 m.**	**8.393 habitantes**	**1.147,04 hectáreas**	**27,70 km. a S/C de Tenerife**

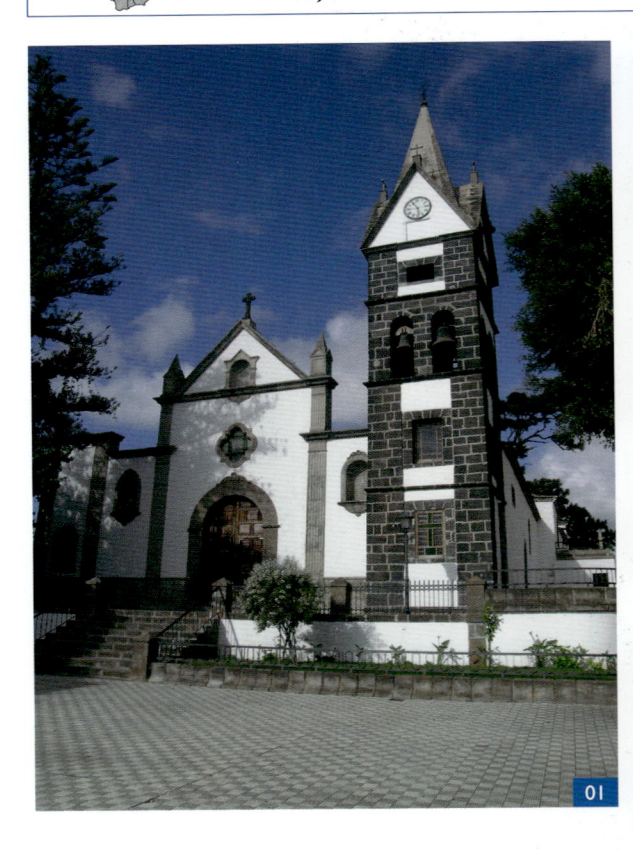

01 🇪🇸 Iglesia de Nuestra Señora de la Encarnación (o de La Victoria), del siglo XVI. De estilo mudéjar canario, su interior tiene un gran valor artístico.
🇬🇧 Church of Nuestra Señora de la Encarnación (or La Victoria), from the 16th century. Of mudéjar-Canarian style, its interior has great artistic value.
🇩🇪 Kirche Nuestra Señora de la Encarnación (oder de La Victoria) aus dem 16. Jahrhundert. Der Kircheninnenraum im Mudéjarstil ist von besonderem künstlerischen Wert.

02 🇪🇸 "La Sabina", en el Paisaje Protegido Costa de Acentejo.
🇬🇧 "La Sabina", in the Costa de Acentejo protected landscape.
🇩🇪 "La Sabina" (Wachholder) im Landschaftsschutzgebiet Costa de Acentejo.

03 🇪🇸 Hacienda y Ermita de Santo Domingo. Siglo XVIII. Fue posada de peregrinos y aún conserva uno de los mejores lagares canarios.
🇬🇧 Country estate and Chapel of Santo Domingo (18th century). It was an inn for pilgrims and still holds one of the best Canarian wine presses.
🇩🇪 Landgut und Einsiedelei Santo Domingo. 18. Jahrhundert. Es diente früher als Pilgerunterkunft und in ihm ist noch eine der besten kanarischen Weinpressen erhalten geblieben.

04 🇪🇸 Parque urbano "El Pinar" (casco del municipio).
🇬🇧 "El Pinar" Park (town centre).
🇩🇪 Stadtpark "El Pinar" (Ortskern).

LOS REALEJOS

- Más Información. www.ayto-realejos.es
- Tel. Ayuntamiento de Los Realejos. 922 346 234

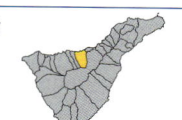

Superficie / Area / Fläche	Altitud / Height / Höhe ü.d.M.	Población / Population / Bevölkerung	Espacios Naturales Protegidos / Protected Natural Areas / Naturschutzgebiet	Distancia por carretera / Distance by car / Distanz auf Verkehrswegen
57,09 km²	350 m.	36.243 habitantes	3.295,54 hectáreas	42 km. a S/C de Tenerife

01 🇪🇸 La costa de Los Realejos ofrece hermosas playas o calas, como la de "Los Roques".
🇬🇧 The coast of Los Realejos offers beautiful beaches or coves, such as "Los Roques".
🇩🇪 Die Küste von Los Realejos besitzt wunderschöne Strände, wie der von "Los Roques".

02 🇪🇸 Paisaje en La Rambla de Castro.
🇬🇧 Landscape in La Rambla de Castro.
🇩🇪 Landschaft in La Rambla de Castro.

03 🇪🇸 La Iglesia de Santiago Apóstol es uno de los primeros templos cristianos de la isla de Tenerife. En 1983 fue declarada Monumento Histórico de carácter Nacional.
🇬🇧 Church of Santiago Apóstol. It is one of the first Christian places of worship of Tenerife. In 1983 it was declared a National Historical Monument.
🇩🇪 Die Kirche Santiago Apóstol war eine der ersten christlichen Tempel der Insel Teneriffa. 1983 wurde sie zum Nationalen Historischen Denkmal erklärt.

04 🇪🇸 La fauna y los fondos marinos de este municipio poseen un gran atractivo.
🇬🇧 The fauna and the underwater landscapes of this district are highly attractive.
🇩🇪 Die Fauna und die Meersgründe der Gemeinde stellen eine große Attraktion dar.

05 🇪🇸 Fachada del Ayuntamiento de Los Realejos.
🇬🇧 Façade of Los Realejos Town Hall.
🇩🇪 Fassade des Rathauses von Los Realejos.

06 🇪🇸 Casco histórico de El Realejo Bajo.
🇬🇧 Old quarter of El Realejo Bajo.
🇩🇪 Historischer Ortskern von El Realejo Bajo.

LOS SILOS

. Más Información. www.lossilos.es
. Tel. Ayuntamiento de Los Silos. 922 840 004

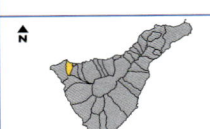

Superficie Area Fläche	Altitud Height Höhe ü.d.M.	Población Population Bevölkerung	Espacios Naturales Protegidos Protected Natural Areas Naturschutzgebiet	Distancia por carretera Distance by car Distanz auf Verkehrswegen
24,23 km²	200 m.	5.497 habitantes	1.287,20 hectáreas	68 km. a S/C de Tenerife

01 Claustro del ex-convento de San Sebastián.
  Cloister of the former Convent of San Sebastián.
  Innenhof des ehemaligen Klosters San Sebastián.

02 Vista panorámica de la costa de Los Silos, con la chimenea del antiguo ingenio de azucar.
  Panoramic view of the coast of Los Silos, including the chimney of the old sugar mill.
  Panoramablick auf die Küste von Los Silos mit dem Schornstein der alten Rohrzuckerfabrik.

03 Charcas de Erjos, ubicadas en la zona de cumbre y compartidas con el municipio de El Tanque. Estas charcas de agua dulce son el resultado de extracciones de tierra en una zona de materiales impermeables. Este bello paraje de interés para las aves presenta un indudable valor ecológico. Se puede llegar fácilmente si aparcamos el coche en la Carretera General, 53 (Bar Fleytas) de Erjos, y posteriormente iniciamos un breve recorrido a pie por un sendero.
  Erjos Ponds are placed in the peak area and they are shared with El Tanque municipality. These freshwater ponds are the consequence of soil extraction in an impermeable area. This beautiful spot is of great interest for birds and presents an undoubted ecological value. It is easy to find. Park your car at Bar Fleytas in Erjos on the Carretera General and take a short walk down a path towards them.
  Die „Erjos"-Teiche befinden sich im oberen Ortsteil und gehören teilweise auch zur Ortschaft El Tanque. Die Süßwasserteiche entstanden durch Erdabtragungen in einem wasserundurchlässigen Gebiet. Die schöne vogelreiche Landschaft besitzt zweifellos einen hohen ökologischen Wert. Man gelangt leicht zu dem Gebiet, wenn man an der Carretera General, 53 (Bar Fleytas) in Erjos parkt und zu Fuß den kurzen Pfad entlanggeht.

04 Antiguo callejón adoquinado de "Aregume", comunica el casco del municipio con el barrio del mismo nombre.
  Ancient cobblestone alley of "Aregume", it communicates the town centre with the suburb of the same name.
  Die alte kopfsteingepflasterte „Aregume"-Gasse führt vom Ortskern zum Ortsteil mit dem selben Namen.

05 Iglesia parroquial de Nuestra Señora de La Luz, fundada en 1570.
  Parish church of Nuestra Señora de la Luz, founded in 1570.
  Pfarrkirche Nuestra Señora de La Luz, gegründet 1570.

PUERTO DE LA CRUZ

- Más Información. **www.puertodelacruz.es**
- Tel. Ayuntamiento de Puerto de La Cruz. 922 378 400

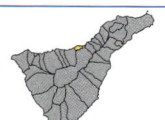

Superficie / Area / Fläche	Altitud / Height / Höhe ü.d.M.	Población / Population / Bevölkerung	Distancia por carretera / Distance by car / Distanz auf Verkehrswegen
8,73 km²	9 m.	30.613 habitantes	37 km. a S/C de Tenerife

01 🇪🇸 Jardín de Aclimatación de La Orotava. Fue creado por una Real Orden de Carlos III de 17 de Agosto de 1788.

🇬🇧 Acclimatization Garden of La Orotava. It was created by the Royal Order of Charles III, on 17th August 1788.

🇩🇪 Der Akklimatisierungsgarten von La Orotava, wurde vom Real Orden de Carlos III am 17. August 1788 gegründet.

02 🇪🇸 La fauna y los fondos marinos de este municipio poseen un gran atractivo.

🇬🇧 The fauna and the underwater landscapes of this district are highly attractive.

🇩🇪 Die Fauna und Meeresgründe dieser Gemeinde stellen eine große Attraktion dar.

03 🇪🇸 Complejo Costa Martiánez, adaptado a la arquitectura tradicional canaria. Con un lago artificial de 27.000 m³ de agua de mar, 4 piscinas para adultos y 3 infantiles. Es obra del famoso artista lanzaroteño César Manrique.

🇬🇧 Costa Martiánez complex, built in traditional Canarian style. It has an artificial lake containing 27,000 m³ of seawater, 4 swimming-pools for adults and three for children. It is a work by the famous artist from Lanzarote, César Manrique.

🇩🇪 Der Komplex Costa Martiánez wurde mit seinem 27.000m³ großen Meereswasser-Kunstsee, 4 Erwachsenen- und 3 Kinderschwimmerbecken an die traditionelle kanarische Architektur angepasst. Er ist das Werk des berühmten Künstlers César Manrique aus Lanzarote.

04 🇪🇸 Muelle pesquero.
🇬🇧 Fishing docks.
🇩🇪 Fischerhafen.

05 🇪🇸 Casa de La Real Aduana, fundada en 1620. Anexo se encuentra el Muelle y el Puerto, que fue de gran importancia para toda la isla durante los siglos XVII y XVIII.
🇬🇧 Casa de La Real Aduana, founded in 1620. Close to it are the Docks and the Harbour, which had great importance for the whole island during the 17th and 18th centuries.
🇩🇪 Casa La Real Aduana (Zollgebäude), gegründet 1620. Daneben befinden sich die Bucht und der Hafen, der im 17. und 18. Jahrhundert eine große Bedeutung für die Insel hatte.

06 🇪🇸 Castillo de San Felipe.
🇬🇧 Castle of San Felipe.
🇩🇪 Burg San Felipe.

07 🇪🇸 Iglesia de Nuestra Señora de la Peña de Francia (fines del siglo XVII). La influencia de las familias irlandesas que llegaron al Puerto de la Cruz queda reflejada en la capilla de San Patricio.
🇬🇧 Church of Nuestra Señora de la Peña de Francia, end of 17th century. The influence of the Irish families who arrived in Puerto de la Cruz is reflected in the Chapel of San Patricio.
🇩🇪 Kirche Nuestra Señora de la Peña de Francia (Ende des 17. Jh.). Der Einfluss der irischen Familien, die nach Puerto de la Cruz gezogen sind, lässt sich an der Kapelle San Patricio erkennen.

08 🇪🇸 Museo Arqueológico, ubicado en una casona canaria del siglo XIX. Se encuentra en el popular barrio marinero de La Ranilla. Calle el Lomo, 9. Tel. 922 371 465.
🇬🇧 Archaeological Museum, placed in a Canarian mansion from the 19th century. It is located in the popular sailors suburb of La Ranilla. 9 El Lomo Street. Tel. 922 371 465.
🇩🇪 Archäologisches Museum in einem kanarischen Gebäude aus dem 19. Jahrhundert. Es befindet sich im Fischerviertel La Ranilla. Straße El Lomo, 9. Tel. 922 371 465.

09 🇪🇸 Playa Jardín. Excelente playa de arena negra, que ha ostentado la bandera azul.
🇬🇧 Playa Jardín (Jardín Beach). An excellent black sand beach, which has the blue flag.
🇩🇪 Der Playa Jardín ist ein schöner Strand mit schwarzem Sand und blauer Flagge der EU.

SAN JUAN DE LA RAMBLA

- Más Información. www.aytosanjuandelarambla.es
- Tel. Ayuntamiento de San Juan de La Rambla. 922 360 003

Superficie / Area / Fläche	Altitud / Height / Höhe ü.d.M.	Población / Population / Bevölkerung	Espacios Naturales Protegidos / Protected Natural Areas / Naturschutzgebiet	Distancia por carretera / Distance by car / Distanz auf Verkehrswegen
20,67 km²	61 m.	5.081 habitantes	998,89 hectáreas	47 km. a S/C de Tenerife

01 🇪🇸 Iglesia de San Juan Bautista. Fue reedificada en el siglo XVIII y tiene un interesante artesonado mudéjar.

🇬🇧 Church of San Juan Bautista. It was rebuilt in the 18th century and presents an interesting Mudejar coffering.

🇩🇪 Die Kirche San Juan Bautista wurde im 18. Jahrhundert umgebaut und besitzt eine interessante Mudéjarholztäfelung.

02 🇪🇸 Paisaje costero de San Juan de la Rambla (Las Aguas).

🇬🇧 The coastal landscape of San Juan de la Rambla (Las Aguas).

🇩🇪 Küstenlandschaft von San Juan de la Rambla (Las Aguas).

03 🇪🇸 Iglesia de San José, en el barrio del mismo nombre (zona alta de San Juan de la Rambla).

🇬🇧 Church of San José, in the neighbourhood of the same name (highlands of San Juan de la Rambla).

🇩🇪 Kirche San Juan, im Ortsviertel mit dem selben Namen (oberer Ortsteil von San Juan de la Rambla).

04 🇪🇸 El casco histórico de San Juan de la Rambla conserva numerosas casonas típicas canarias, con balcones de madera.

🇬🇧 The old quarter of San Juan de la Rambla contains numerous traditional Canarian mansions with wooden balconies.

🇩🇪 Im historischen Ortskern von San Juan de la Rambla sind zahlreiche typische kanarische Häuser mit Holzbalkonen erhalten geblieben.

SAN MIGUEL DE ABONA

- Más Información. **www.sanmigueldeabona.org**
- Tel. Ayuntamiento de San Miguel de Abona. 922 700 000

Superficie / Area / Fläche	Altitud / Height / Höhe ü.d.M.	Población / Population / Bevölkerung	Espacios Naturales Protegidos / Protected Natural Areas / Naturschutzgebiet	Distancia por carretera / Distance by car / Distanz auf Verkehrswegen
42,04 km²	**600 m.**	**11.737 habitantes**	**46,68 hectáreas**	**72,10 km. a S/C de Tenerife**

01 🇪🇸 Iglesia de San Miguel Arcángel. Construida sobre una antigua ermita del siglo XVII y ampliada en el siglo XIX.
🇬🇧 Church of San Miguel Arcángel. Built on an old chapel from the 17th century and enlarged in the 19th century.
🇩🇪 Die Kirche San Miguel Arcángel wurde auf eine alte Kapelle aus dem 17. Jahrhundert gebaut und im 19. Jahrhundert erweitert.

02 🇪🇸 Casa del Capitán. Centro cultural polivalente.
🇬🇧 Casa del Capitán. Multipurpose cultural centre.
🇩🇪 Casa del Capitán. Mehrzweckmäßiges Kulturzentrum.

03 🇪🇸 Mercadillo del agricultor. Las Chafiras.
🇬🇧 Mercadillo del agricultor or Farmers' Market. Las Chafiras.
🇩🇪 Bauernmarkt. Las Chafiras.

04 🇪🇸 Monumento Natural de Montaña Amarilla. La variedad de tonos amarillos y sus pequeñas calas lo convierten en un lugar de obligada visita.
🇬🇧 Nature Monument of Montaña Amarilla. The variety in yellow shades and its small beaches make it a place worth visiting, a "must".
🇩🇪 Naturmonument Montaña Amarilla. Die Vielzahl an Gelbtönen und die kleinen Buchten verpflichten zu einem Besuch.

05 🇪🇸 Playa próxima a la Avenida Marítima y muelle deportivo.
🇬🇧 Beach close to the Avenida Marítima and the marina.
🇩🇪 Strand in der Nähe der Avenida Marítima und des Yachthafens.

SANTA CRUZ DE TENERIFE

- Más Información. **www.sctfe.es**
- Tel. Ayuntamiento de Santa Cruz de Tenerife. 922 606 000

Superficie / Area / Fläche	Altitud / Height / Höhe ü.d.M.	Población / Population / Bevölkerung	Espacios Naturales Protegidos / Protected Natural Areas / Naturschutzgebiet
150,56 km²	4 m.	221.567 habitantes	12.181,13 hectáreas

01 🇪🇸 Parque García Sanabria, lugar ideal para el recreo y el ocio.
🇬🇧 Parque García Sanabria, an ideal place for leisure and relaxation.
🇩🇪 Parque García Sanabria ist der ideale Ort für Erholung und Freizeit.

02 🇪🇸 Calle del Castillo, una de las vías comerciales más importantes de Santa Cruz.
🇬🇧 Castillo Street, one of the main shopping streets of Santa Cruz.
🇩🇪 Die Calle del Castillo ist eine der wichtigsten Einkaufsstraßen von Santa Cruz.

03 🇪🇸 Iglesia de La Concepción. Se levantó en el siglo XVI, aunque fue reedificada en los siglos XVII y XVIII.
🇬🇧 Church of La Concepción. Built in the 16th Century, although it was refurbished in the 17th and 18th Centuries.
🇩🇪 Iglesia de La Concepción. Sie wurde im 16. Jahrhundert errichtet und jeweils im 17. und 18. Jahrhundert wieder aufgebaut.

04 🇪🇸 Paisaje costero en Anaga.
🇬🇧 Coastal landscape in Anaga.
🇩🇪 Küstenlandschaft von Anaga.

05 🇪🇸 Parque Marítimo César Manrique. Un excelente lugar para el baño y el ocio.
🇬🇧 Parque Marítimo César Manrique. An excellent place for swimming and leisure time.
🇩🇪 Parque Marítimo César Manrique. Ein hervorragender Bade- und Freizeitpark.

06 🇪🇸 Castillo de San Andrés, construido a comienzos del siglo XVIII. Fue parcialmente destruido por las riadas del barranco próximo.

🇬🇧 San Andrés Castle, built at the beginning of the 18th century. It was partly destroyed by the floodings in the ravine close to it.

🇩🇪 Die Burg von San Andrés wurde zu Beginn des 18. Jahrhunderts erbaut und teilweise durch die Überschwemmungen der nahegelegenen Schlucht zerstört.

07 🇪🇸 Playa de Las Teresitas, lugar ideal para bañarse, tomar el sol y pasear.

🇬🇧 Playa de Las Teresitas (Teresitas Beach), a magnificent beach for swimming, sunbathing and strolling.

🇩🇪 Der Strand Las Teresitas dient hervorragend zum Schwimmen, Sonnenbaden und Flanieren.

08 🇪🇸 Auditorio y Castillo de San Juan.

🇬🇧 Auditorio and Castle of San Juan.

🇩🇪 Auditorium und Castillo de San Juan.

09 🇪🇸 Museo de la Naturaleza y el Hombre. Ubicado en la calle Fuente Morales, s/n. Tel. 922 535 816. www.museosdetenerife.org.

🇬🇧 Museum of Nature and Mankind. Located on calle Fuente Morales, s/n. Phone. 922 535 816. www.museosdetenerife.org

🇩🇪 Museum für Mensch und Natur. Es liegt in der calle Fuente Morales, s/n. Tel. 922 535 816. www.museosdetenerife.org

10 🇪🇸 Vista panorámica del puerto de Santa Cruz de Tenerife.

🇬🇧 Panoramic view of the port of Santa Cruz de Tenerife.

🇩🇪 Panoramablick auf Santa Cruz de Tenerife.

CANARIAS. ISLAS Y PUEBLOS

11 🇪🇸 Playa de Las Gaviotas. Anaga.
🇬🇧 Las Gaviotas beach. Anaga.
🇩🇪 Playa de Las Gaviotas. Anaga.

12 🇪🇸 Juan Sebastián Elcano (puerto de Santa Cruz de Tenerife).
🇬🇧 The "Juan Sebastian Elcano" (port of Santa Cruz de Tenerife).
🇩🇪 Juan Sebastian Elcano (Hafen von Santa Cruz de Tenerife).

13 🇪🇸 Playa de Almáciga. Anaga.
🇬🇧 Almáciga beach. Anaga.
🇩🇪 Playa de Las Gaviotas. Anaga.

14 🇪🇸 Fachada exterior barroca de la Iglesia de San Francisco (siglos XVII y XVIII).
🇬🇧 Exterior baroque façade of the Church of San Francisco (17th and 18th centuries).
🇩🇪 Barocke Außenfassade der Kirche San Francisco (17. und 18. Jahrhundert).

15 🇪🇸 Escultura "Guerrero Goslar" de Henry Moore.
🇬🇧 "Goslar Warrior". Sculpture by Henry Moore.
🇩🇪 Skulptur "Guerrero Goslar" von Henry Moore.

16 🇪🇸 Vista panorámica de Taganana.
🇬🇧 Panoramic view of Taganana.
🇩🇪 Panoramablick auf Taganana.

143

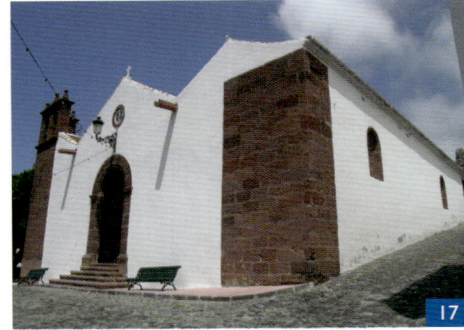

17 🇪🇸 Fachada exterior e interior de la Iglesia Nuestra Señora de las Nieves. Taganana.
🇬🇧 Façade and interior of Church of Nuestra Señora de Las Nieves.
🇩🇪 Aussen- und Innenfassade der Iglesia Nuestra Señora de las Nieves. Taganana.

18 🇪🇸 Roque Taborno. Anaga.
🇬🇧 Roque Taborno. Anaga.
🇩🇪 Roque Taborno. Anaga.

19 🇪🇸 Camino de las vueltas de Taganana. Anaga.
🇬🇧 Camino de las vueltas in Taganana. Anaga.
🇩🇪 Camino de las vueltas von Taganana. Anaga.

20 🇪🇸 Playa Roque de Las Bodegas. Anaga.
🇬🇧 Roque de Las Bodegas beach. Anaga.
🇩🇪 Playa Roque de Las Bodegas. Anaga.

21 🇪🇸 Barranco de Afur. Anaga.
🇬🇧 Barranco de Afur. Anaga.
🇩🇪 Afur Schlucht. Anaga.

22 🇪🇸 Playa de Benijo. Anaga.
🇬🇧 Playa de Benijo. Anaga.
🇩🇪 Playa de Benijo. Anaga.

23 🇪🇸 Roque Las Ánimas. Anaga.
🇬🇧 Roque Las Ánimas. Anaga.
🇩🇪 Roque Las Ánimas. Anaga.

SANTA ÚRSULA

- Más Información. www.SANTAURSULA.es
- Tel. Ayuntamiento de Santa Úrsula. 922 301 640

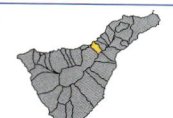

Superficie / Area / Fläche	Altitud / Height / Höhe ü.d.M.	Población / Population / Bevölkerung	Espacios Naturales Protegidos / Protected Natural Areas / Naturschutzgebiet	Distancia por carretera / Distance by car / Distanz auf Verkehrswegen
22,59 km²	**285 m.**	**12.632 habitantes**	**1.463,39 hectáreas**	**31 km. a S/C de Tenerife**

01 🇪🇸 Ermita de San Luis (siglo XVII).
🇬🇧 Chapel of San Luis (17th century).
🇩🇪 Kapelle San Luis (17. Jahrhundert).

02 🇪🇸 Plaza y fachada exterior del Ayuntamiento de Santa Úrsula.
🇬🇧 Square and façade of Santa Úrsula Town Hall.
🇩🇪 Plaza und Außenfassade des Rathauses von Santa Úrsula.

03 🇪🇸 Antiguos lavaderos situados en el Barranco de Los Sauces (zona alta de Santa Úrsula).
🇬🇧 Old washing place situated in Barranco Los Sauces (highlands of Santa Úrsula).
🇩🇪 Alte öffentliche Waschstellen im Barranco de Los Sauces (oberer Ortsteil von Santa Úrsula).

04 🇪🇸 Fachada exterior de la Casa del Capitán (Siglo XVII). Declarada Bien de Interés Cultural.
🇬🇧 The façade of the Casa del Capitán (17th Century). Declared a Property of Cultural Interest.
🇩🇪 Außenfassade der Casa del Capitán (17. Jahrhundert). Wurde offiziell zum Kulturgut ernannt.

05 🇪🇸 Panorámica del bello Barranco de La Cruz. En la parte superior se sitúa la urbanización La Quinta Roja.
🇬🇧 View of the beautiful Barranco de La Cruz (La Cruz ravine). La Quinta Roja urbanization is situated on the top.
🇩🇪 Ansicht des schönen Barranco de La Cruz. Im oberen Teil befindet sich die Siedlung La Roja Quinta.

06 🇪🇸 Iglesia de Santa Úrsula (siglo XVII). En su interior se conservan obras de arte de alto valor patrimonial.
🇬🇧 Church of Santa Úrsula (17th century). Works of art of great value are kept in the interior.
🇩🇪 Kirche Santa Úrsula (17. Jahrhundert). In ihr werden hochwertige Kunstschätze aufbewahrt.

SANTIAGO DEL TEIDE

- Más Información. **www.santiagodelteide.org**
- Tel. Ayuntamiento de Santiago del Teide. 922 863 127

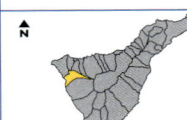

Superficie / Area / Fläche	Altitud / Height / Höhe ü.d.M.	Población / Population / Bevölkerung	Espacios Naturales Protegidos / Protected Natural Areas / Naturschutzgebiet	Distancia por carretera / Distance by car / Distanz auf Verkehrswegen
52,21 km²	**936 m.**	**11.212 habitantes**	**3.382,72 hectáreas**	**78 km. a S/C de Tenerife**

01 🇪🇸 Iglesia de San Fernando Rey (último tercio del siglo XVII).
🏴󠁧󠁢󠁥󠁮󠁧󠁿 Church of San Fernando Rey (last third of the 17th century).
🇩🇪 Kirche San Fernando Rey (letztes Drittel des 17. Jahrhunderts).

02 🇪🇸 La fauna y los fondos marinos de este municipio poseen un gran atractivo. Los Gigantes.
🏴󠁧󠁢󠁥󠁮󠁧󠁿 The fauna and the underwater landscapes of this district are highly attractive. Los Gigantes.
🇩🇪 Die Fauna und die Meeresgründe der Gemeinde stellen eine große Attraktion dar. Los Gigantes.

03 🇪🇸 Playa de La Arena que cuenta con la bandera azul de la Unión Europea.
🏴󠁧󠁢󠁥󠁮󠁧󠁿 Playa de La Arena (La Arena beach), which holds the European Union blue flag.
🇩🇪 Strand La Arena, ausgezeichnet mit der blauen Flagge der EU.

04 🇪🇸 Malpaís del Chinyero (Erupción - 1909).
🏴󠁧󠁢󠁥󠁮󠁧󠁿 Malpaís del Chinyero (Eruption - 1909).
🇩🇪 Malpaís del Chinyero (Ausbruch - 1909).

05 🇪🇸 Acantilados de Los Gigantes.
🏴󠁧󠁢󠁥󠁮󠁧󠁿 The cliffs of Los Gigantes.
🇩🇪 Die Steilküste von Los Gigantes.

TACORONTE

- Más Información. www.tacoronte.es
- Tel. Ayuntamiento de Tacoronte. 922 561 350

Superficie / Area / Fläche	Altitud / Height / Höhe ü.d.M.	Población / Population / Bevölkerung	Espacios Naturales Protegidos / Protected Natural Areas / Naturschutzgebiet	Distancia por carretera / Distance by car / Distanz auf Verkehrswegen
30,09 km²	525 m.	22.384 habitantes	387,46 hectáreas	20 km. a S/C de Tenerife

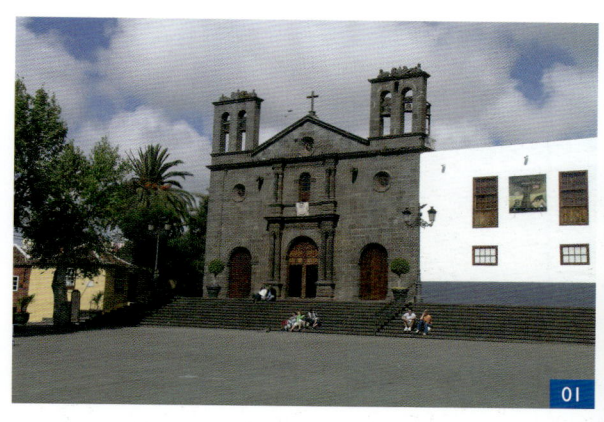

01 🇪🇸 Iglesia del Santísimo Cristo de los Dolores. Pertenece al antiguo convento agustino del siglo XVII.
🇬🇧 Church of Santísimo Cristo de los Dolores. It belongs to the old Augustinian convent from the 17th century.
🇩🇪 Die Kirche des Santísimo Cristo de los Dolores gehört zum ehemaligen Augustiner Kloster aus dem 17. Jahrhundert.

02 🇪🇸 La Alhóndiga. Edificio del siglo XVII, que sirvió como almacén comunal de grano para los habitantes de la zona en épocas de escasez.
🇬🇧 La Alhóndiga. A building from the 17th century which served as a communal grain store for the inhabitants of the area, when they were going through times of shortage.
🇩🇪 La Alhóndiga. Gebäude aus dem 17. Jahrhundert, das in Notzeiten als Kornspeicher für die Bewohner des Gebietes bereitstand.

03 🇪🇸 Barranco de Guayonge. En él se han descubierto interesantes restos arqueológicos de la época guanche.
🇬🇧 Barranco de Guayonge (Guayonge ravine). There, interesting archaeological remains from Guanche times have been discovered.
🇩🇪 Barranco de Guayonge. Hier wurden interessante archäologische Reste aus der Guanchen-Zeit gefunden.

04 🇪🇸 Vista panorámica de El Pris y Mesa del Mar.
🇬🇧 Panoramic view of El Pris and Mesa del Mar.
🇩🇪 Schöner Blick auf El Pris und Mesa del Mar.

05 🇪🇸 Sobre una antigua ermita del siglo XVI, se levantó la Iglesia de Santa Catalina a lo largo de los siglos XVII y XVIII. En ella se venera la imagen de Santa Catalina Mártir, atribuida al escultor Luján Pérez.
🇬🇧 The church of Santa Catalina was built in the 17th and 18th Centuries on the site of an old chapel. The image of Santa Catalina Mártir, attributed to the sculptor Luján Pérez, is worshipped here.
🇩🇪 Auf einer alten Kapelle aus dem 16. Jahrhundert wurde die Kirche Santa Catalina im 17. und 18. Jahrhundert erbaut. Hier wird das Bildnis von Santa Catalina Mártir, vermutlich vom Bildhauer Luján Pérez, angebetet.

TEGUESTE

- Más Información. **www.tegueste.org**
- Tel. Ayuntamiento de Tegueste. 922 316 100

Superficie / Area / Fläche	Altitud / Height / Höhe ü.d.M.	Población / Population / Bevölkerung	Espacios Naturales Protegidos / Protected Natural Areas / Naturschutzgebiet	Distancia por carretera / Distance by car / Distanz auf Verkehrswegen
26,41 km²	**400 m.**	**10.279 habitantes**	**920,72 hectáreas**	**16 km. a S/C de Tenerife**

01 🇪🇸 Iglesia de San Marcos Evangelista (siglos XVIII y XIX). Se levanta sobre una edificación del siglo XVI, hoy desaparecida.
🇬🇧 Church of San Marcos Evangelista, from the 18th and 19th centuries. It was built on the site of an earlier building from the 16th century, nowadays disappeared.
🇩🇪 Die Kirche San Marcos Evangelista aus dem 18. und 19. Jahrhundert wurde auf die Gemäuer eines heute verschwundenen Gebäudes des 16. Jahrhunderts erbaut.

02 🇪🇸 Portada de la finca de los Zamorano. Casco de Tegueste.
🇬🇧 Entrance archway to Los Zamorano country estate. Tegueste town centre.
🇩🇪 Tor des Gutshofes von Los Zamorano. Ortskern von Tegueste.

03 🇪🇸 Fiesta de La Librea.
🇬🇧 Fiesta de La Librea.
🇩🇪 Fiesta de La Librea.

04 🇪🇸 Romería de Tegueste, una de las más típicas de Canarias.
🇬🇧 Folk Festivals in Tegueste (Pilgrimage of Tegueste), one of the most typical ones in the Canary Islands.
🇩🇪 Die Pilgerfeier in Tegueste ist eine der typischsten der Kanaren.

05 🇪🇸 Iglesia de la Virgen del Socorro (siglo XVI). El Socorro.
🇬🇧 Church of La Virgen del Socorro (16th century). El Socorro.
🇩🇪 Kirche Virgen del Socorro (16. Jahrhundert). El Socorro.

VILAFLOR

- Más Información. www.vilaflor.org
- Tel. Ayuntamiento de Vilaflor. 922 709 002

Superficie Area Fläche	Altitud Height Höhe ü.d.M.	Población Population Bevölkerung	Espacios Naturales Protegidos Protected Natural Areas Naturschutzgebiet	Distancia por carretera Distance by car Distanz auf Verkehrswegen
56,26 km²	1.400 m.	1.930 habitantes	3.076,34 hectáreas	80 km. a S/C de Tenerife

01 🇪🇸 Plaza de San Pedro (Casco de Vilaflor).
🇬🇧 San Pedro Square (Vilaflor town centre).
🇩🇪 Plaza de San Pedro (Ortskern von Vilaflor).

02 🇪🇸 Iglesia de San Pedro Apóstol. Ubicada sobre la antigua ermita del siglo XVI.
🇬🇧 Church of San Pedro Apóstol. Built on an old chapel from the 16th century.
🇩🇪 Kirche San Pedro Apóstol, erbaut auf den Grundmauern einer alten Kapelle aus dem 16. Jahrhundert.

03 🇪🇸 Panorámica de Vilaflor desde el mirador de El Roque.
🇬🇧 View of Vilaflor from El Roque Viewing Point.
🇩🇪 Blick auf Vilaflor vom Aussichtspunkt El Roque.

04 🇪🇸 Escultura del Hermano Pedro, situada a la entrada de Vilaflor.
🇬🇧 Sculpture of Hermano Pedro, situated at the entrance of Vilaflor.
🇩🇪 Skulptur des Hermano Pedro am Ortseingang von Vilaflor.

05 🇪🇸 "Pino Gordo", uno de los pinos canarios más grandes y antiguos de la isla.
🇬🇧 "Pino Gordo", one of the biggest and oldest Canarian pine trees on the island.
🇩🇪 "Pino Gordo" (Dicke Pinie) eine der größten und ältesten Pinien der Insel.

06 🇪🇸 En el municipio de Vilaflor se encuentra ubicada "Fuente Alta", una de las fábricas de agua embotellada de la isla, recogida directamente de un manantial. Tel. 922 709 129. ww.fuente-alta.com
🇬🇧 "Fuente Alta", one of the bottled water factories on the island, is located in the borough of Vilaflor. The water is collected directly from a spring. Tel. 922 709 129. ww.fuente-alta.com
🇩🇪 In der Ortschaft Vilaflor befindet sich eine der Mineralwasserfabriken der Insel "Fuente Alta", deren Wasser direkt aus der Quelle stammt. Tel. 922 709 129. ww.fuente-alta.com

RED DE ESPACIOS NATURALES PROTEGIDOS
NETWORK OF PROTECTED NATURAL SPACES / DAS NETZ DER NATURSCHUTZGEBIETE

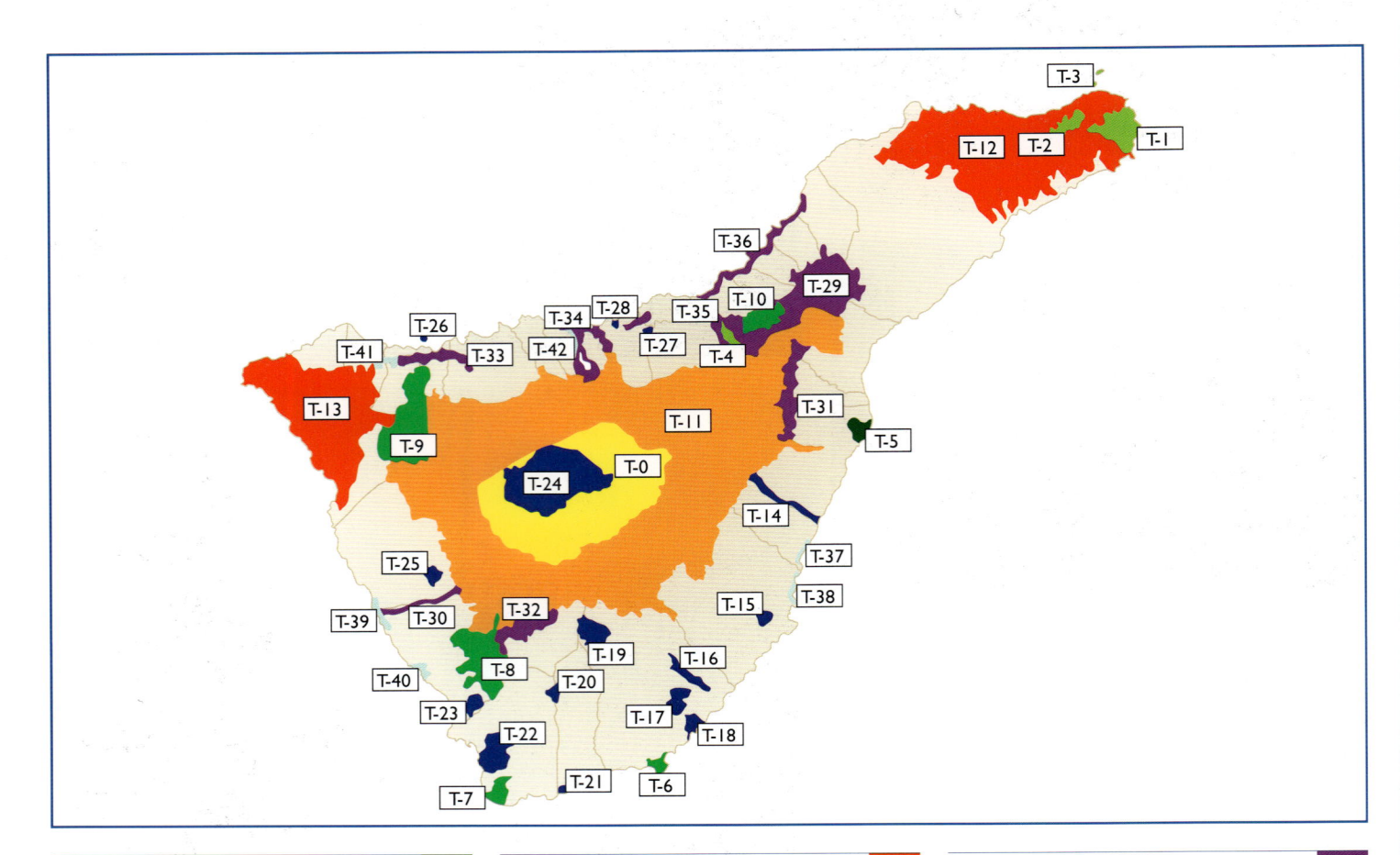

PARQUE NACIONAL	
T-0	Parque Nacional del Teide

RESERVA NATURAL INTEGRAL	
T-1	Reserva Natural Integral de Ijuana
T-2	Reserva Natural Integral del Pijaral
T-3	Reserva Natural Integral de Los Roques de Anaga
T-4	Reserva Natural Integral de Pinoleris

RESERVA NATURAL ESPECIAL	
T-5	Reserva Natural Especial del Malpaís de Güímar
T-6	Reserva Natural Especial de Montaña Roja
T-7	Reserva Natural Especial del Malpaís de La Rasca
T-8	Reserva Natural Especial del Barranco del Infierno
T-9	Reserva Natural Especial del Chinyero
T-10	Reserva Natural Especial de Las Palomas

PARQUE NATURAL	
T-11	Parque Natural de Corona Forestal

PARQUE RURAL	
T-12	Parque Rural de Anaga
T-13	Parque Rural de Teno

MONUMENTO NATURAL	
T-14	Monumento Natural del Barranco de Fasnia y Güímar
T-15	Monumento Natural de La Montaña Centinela
T-16	Monumento Natural de Los Derriscaderos
T-17	Monumento Natural de Las Montañas de Ifara y Los Riscos
T-18	Monumento Natural de Montaña Pelada
T-19	Monumento Natural de La Montaña Colorada
T-20	Monumento Natural del Roque de Jama
T-21	Monumento Natural de La Montaña Amarilla
T-22	Monumento Natural de La Montaña de Guaza
T-23	Monumento Natural de La Caldera del Rey
T-24	Monumento Natural del Teide
T-25	Monumento Natural de La Montaña de Tejina
T-26	Monumento Natural del Roque de Garachico
T-27	Monumento Natural de La Montaña de Los Frailes

PAISAJE PROTEGIDO	
T-28	Paisaje Protegido de La Rambla de Castro
T-29	Paisaje Protegido de Las Lagunetas
T-30	Paisaje Protegido del Barranco de Erques
T-31	Paisaje Protegido de Las Siete Lomas
T-32	Paisaje Protegido de Ifonche
T-33	Paisaje Protegido de Los Acantilados de La Culata
T-34	Paisaje Protegido de Los Campeches, Tigaiga y Ruíz
T-35	Paisaje Protegido de La Resbala
T-36	Paisaje Protegido de Costa de Acentejo

SITIO DE INTERÉS CIENTÍFICO	
T-37	Sitio de Interés Científico del Acantilado de La Hondura
T-38	Sitio de Interés Científico del Tabaibal del Porís
T-39	Sitio de Interés Científico de Los Acantilados de Isorana
T-40	Sitio de Interés Científico de La Caleta
T-41	Sitio de Interés Científico de Interián
T-42	Sitio de Interés Científico del Barranco de Ruiz

B.I.C.* Y OTROS LUGARES DE INTERÉS HISTÓRICO
B.I.C. AND OTHER LOCATIONS OF HISTORICAL INTEREST / B.I.C. UND ANDERE HISTORISCH INTERESSANTE ORTE

ADEJE
- Casa Fuerte. Siglo XVI. Reformada en el siglo XVIII. (M)
- Caserío de Taucho. (CH)
- Ex-convento franciscano Nuestra Señora de Guadalupe y San Pedro (actual ayuntamiento). Siglo XVII. (M)
  Tapices Gobelinos. Siglo XVII.
- Iglesia de Santa Úrsula. Siglo XVI-XVII. Reformada en el siglo XVIII. (M)
  Imágenes: Virgen de Candelaria. Copia de la primitiva talla de la Patrona de Canarias, siglo XVII.
  Santa Úrsula, de escuela alemana (siglo XVII); Virgen de la Encarnación (siglo XVI).
  Techumbre mudéjar; retablo manierista (finales del siglo XVI); retablo barroco de la Virgen del Rosario (1744).
- Morro Grueso. (ZA)
- Roque del Conde. (ZA)

ARAFO
- Casona de la calle Gral. Franco o "Casa de la Esquina de los Carros". (SH)
  Casa de Secundino Delgado, padre del Nacionalismo canario.
- Lo de Ramos. (SH)
- Molino de agua (1895), acueducto, chorros y lavadero público. (SE)

ARICO
- Caserío de Icor. Siglos XVII y XVIII. (CH)
  Conjunto de arquitectura tradicional.
- Iglesia de San Juan Bautista. Sobre la ermita del siglo XVI. Casas antiguas aledañas. Siglos XVII-XVIII. (M)
  Virgen de Abona. Patrona del Sur de Tenerife, siglo XVIII; San José, 1756; Virgen del Carmen, 1767.
  Retablo mayor, siglo XVIII.
- Villa de Arico. (CH)
- Arico El Nuevo. (CH)

ARONA
- Caserío de Casas Altas. (CH)
- Los Cambados. (ZA)
- Playa del Bunker. El Guincho. (ZP)
- Rasca. (ZA)
- Roque de Chijafe. (ZA)
- Roque de Higara. (ZA)
- Roque de la Abejera. (ZA)
- Roque de Malpaso. (ZA)
- Roque de Vento. (ZA)
- Yacimiento de Las Toscas. (ZA)

BUENAVISTA DEL NORTE
- Buenavista del Norte. Casco Urbano. (CH)
- Caserío de Masca. (CH)
- Cueva de Asena. (M)
- Iglesia de Nuestra Sra. de Los Remedios. Segunda mitad del siglo XVI. (M)
  Incendiada en 1996. Reconstruida.
- Pico Yeje. Masca. (ZA)

CANDELARIA
- Imagen de Nuestra Señora de Candelaria. 1827. (BM)
  Obra de Fernando Estévez. Estilo neoclásico. Patrona de Canarias desde 1559.
- Pinturas de Manuel Martín González. Basílica de Candelaria. (BM)
- Pozo de la Virgen. (M)
- Santuario de la Virgen de Candelaria y Convento. 1959. (M)
  Escuela regionalista. Arquitecto J. E. Marrero Regalado.
  Pinturas murales de José Aguiar, Carlos Chevilly.
- Villa de Candelaria. Casco Urbano. (CH)

EL ROSARIO
- Casa del Pirata (Amaro Pargo) en Machado. (SH)
- Ermita de Nuestra Sra. del Rosario. Primera mitad siglo XVI. (SH)
  Bienes muebles vinculados a la misma. Machado.
  Imágenes de San Amaro y San José, siglo XVIII.
  Lienzo del Cristo de la Humildad y Paciencia.
  Retablo mayor con Virgen del Rosario, siglo XVI.
  Escultura policromada de San Sebastián, siglo XVII.
- Las Raíces. (CH)
- Molinos sitos en Barranco Grande y Cuevas Blancas. (ZA)
- Camino Histórico: Plaza Llano del Moro-Las Toscales-Machado-Candelaria. (SH)

EL SAUZAL
- Iglesia de San Pedro Apóstol. 1515. (M)
  Imágenes: Dolorosa. Escuela sevillana; San Sebastián, siglo XVI.
  Pinturas: Cuadro de Ánimas, La Candelaria. Escuela de Cristóbal Hernández de Quintana.
  Sagrario de plata. Orfebres laguneros. Barroco.
  San Miguel y San Rafael. Escuela canaria.
  Pila Bautismal, obra neoclásica italiana.
- Iglesia Nuestra Señora de los Ángeles.

EL TANQUE
- Casa de Los Guzmanes. Tanque Bajo. Siglo XVIII. (CH)
- Casa de Los Martelos. Tanque Bajo. Siglo XVII. (CH)
- Casa de Los Viudos. Tanque Alto. (CH)
  Recién restaurada. Actual Casa de la Juventud.
- El Tanque. Casco Urbano. (CH)
- Ermita de San José de Los Llanos. Siglo XVIII. (CH)
  Reconstruida en el siglo XX.
- Iglesia de San Antonio de Padua. Tanque Bajo. Siglo XVI. (CH)
  Incendiada por la erupción del volcán de 1706. Reedificada 1707-1729.
  Imágenes: Niño Jesús (Martín de Andújar), barroco; Nuestra Sra. del Buen Viaje, siglo XVI.
  Retablos barrocos del Calvario y del Carmen; San Antonio de Padua, siglo XVI.
  Custodia, siglo XVIII.
- Los Partidos de Franquis. (ZA)
- Mirador de La Atalaya y antiguos lavaderos. Tanque Bajo. (CH)

FASNIA
- Antiguo Camino Real: Barranco de Herques-Casa de Los Delgado Mejías (siglo XVII)-El Cementerio-Barranco de San Joaquín.
- Caserío de Archifira.
- Ermita de la Virgen de Los Dolores (siglo XIX).
- Fuente Nueva.
- Iglesia de San Joaquín.
  El templo se bendijo en 1800. Reconstruido en 1933.
  Imágenes: Jesús Crucificado; San Joaquín (siglo XVII); San José y Virgen de Los

*Declarados o con expediente en trámite por Organismos Oficiales. / Declared or under consideration by Official Bodies. / Von offiziellen Behörden bereits dazu erklärt oder behördlicher Weg zur Erklärung bereits beantragt.

Dolores (siglo XIX); Santa Ana (siglo XVII); Virgen del Carmen. Custodia venezolana, finales del siglo XVIII.
- Molino de viento de aldea, 1840.
- Puente de los Tres Ojos.
- Ruinas de la antigua iglesia de San Joaquín, siglo XVII.

GARACHICO
- Castillo de San Miguel. 1575. (M)
- Villa y Puerto de Garachico. Casco Urbano. (CH)

GRANADILLA DE ABONA
- Cueva del Hermano Pedro. El Médano. (SH)
- Eres de Charco del Pino. (SH)
- Ermita de San Isidro Labrador. 1675. (M)
- Iglesia de San Antonio de Padua. Siglo XVIII. (M)
  Sobre fábrica inicial del siglo XVI. Torre en 1886.
  Cáliz de plata sobredorada.
  Cantería chasnera.
  Cruz procesional, 1700.
  Cuadro de Ánimas, 1781.
  Lámpara del Santísimo, 1645-1650.
  San José. Venezuela, 1771.
  San Fernando Rey, 1710.
  San Francisco, escultura barroca. Escuela sevillana, siglo XVII.
  Techumbre mudéjar.
  Tabernáculo, 1767.
- Iglesia y antiguo convento franciscano de San Luis. 1665. (M)
  Techumbre mudéjar.
- Montaña de Ifara, de Los Riscos y Llanos. (ZA)

GUÍA DE ISORA
- Aripe. (ZA)
- Caserío de Chirche y Aripe. (CH)
- Caserío de Las Fuentes. (CH)
- Guía de Isora. Casco Urbano. (CH)

GÜÍMAR
- Camino del Socorro. (SH)
- Canal de Tea del Barranco del Agua. (SE)
- Capilla de San Pedro Abajo. 1796. (M)
- Capilla de San Pedro Arriba. 1764. (M)
- Casa del Paseo y capilla de San Juan. (SH)
- Casco Histórico de Güímar. (CH)
- Chinguaro. (SH)
- Ermita de El Socorro. (M)
  Construida en el siglo XVI, reconstruida en el siglo XVII, ampliada en el siglo XIX.
- Iglesia del convento de Santo Domingo Soriano. 1643. (M)
  Reedificado siglo XVIII (1777). Artesonado mudéjar.
  Imágenes: Nazareno (finales siglo XVII); Nuestra Señora del Rosario y San Antonio Abad (siglo XVIII); Santo Domingo Penitente, atribuido a Luján Pérez.
  Retablo barroco tardío (siglo XVIII).
- Iglesia Matriz de San Pedro Apóstol. 1610. (M)
  Reformas y estado actual del siglo XIX.
  Imágenes: retablos neoclásicos; San Pedro (siglo XVIII); retablos barroco tardío (siglo XVIII); Vírgenes del Carmen y de Los Dolores (siglo XIX); Nuestra Señora del Socorro (siglo XVII); Virgen de los Remedios (finales del siglo XVII); El Señor de las Tribulaciones.
  Pinturas: Murales de López Ruiz sobre las de Gumersindo Robayna.
  Orfebrería: Juego de altar de plata, Guatemala (finales del siglo XVIII); Cáliz, barroco indiano.
- La Hidro - Central Hidroeléctrica. (SH)
- Llano de la Virgen. (SH)
- Molino de La Menora. (SE)
- Molinos y Lavaderos de Chacaica. (SE)

ICOD DE LOS VINOS
- Casa Campino. (M)
- Cuevas de Don Gaspar. (ZA)
- Cueva de los Guanches. (ZA)
- Drago de Icod de los Vinos. (JH)
- Ermita del Calvario. (M)
  Neoclásica. Cristo del Calvario. Cuba, siglo XVIII.
- Ermita de Nuestra Sra. de Buen Paso y sus bienes muebles. (SH)
- Ex-convento franciscano del Espíritu Santo. 1641. (M)
  Capilla de Los Dolores. Siglo XVIII.
- Icod de los Vinos. Casco Histórico. (CH)
- Iglesia de San Marcos. Finales siglo XV. (M)
  Aspecto actual desde el siglo XVIII. Portada manierista. Retablo Mayor. Estilo barroco. Tabernáculo barroco, siglo XVIII.
  Imágenes: El Nazareno (Martín de Andújar), siglo XVII; San Diego de Alcalá; Señor de la Humildad y la Paciencia, siglo XVII; Virgen del Rosario, Fernando Estévez; Cristo Yacente de pasta de maíz de los indios tarascos, México, siglo XVI; Cristo de la Dulce Muerte, neoclásico, La Habana; Cristo de la Inspiración. Escuela sevillana, siglo XVIII; San Marcos. Escuela flamenca, siglo XV; Cuadro de Ánimas.
  Museo Sacro: Cruz de filigrana de plata, barroca, La Habana, 1663-1668.

LA GUANCHA
- Casco Histórico del Barrio de Santa Catalina. (CH)
  Casas tradicionales.
- Iglesia del Dulce Nombre de Jesús. 1579. (M)
  Mudéjar. Torre reconstruida en 2002.
  Nuestra Señora del Rosario (siglo XVIII); Virgen de La Esperanza (siglo XVIII); Corona filigrana (siglo XIX).
- La Casa de Artesanía.
- Necrópolis guanche de Hoyo Brunco. (ZA)

LA LAGUNA
- Antiguo seminario. Ex-convento de Santo Domingo. (M)
- Casa de Carta. Reedificada siglo XVIII. (M)
- Casa natal del Beato Padre Anchieta. Siglo XVI. (M)
  Fachada modificada a principios del siglo XX.
- Casa de los Capitanes Generales. 1624-1631. (M)
  Modificada en 1805. Portada central clasicista.
- Catedral de Nuestra Sra. de Los Remedios. 1909-1913. (M)
  Terminación sobre iglesia de 1515. Estilo Neoclásico.
- Convento de Sta. Catalina de Siena. 1607. (M)
  Cuerpo incorrupto de Sor María de Jesús, en proceso de beatificación.
- Ermita del Gran Poder de Dios. Bajamar. 1881. (M)
- Ermita de Nuestra Sra. de Gracia. Finales siglo XV, principios siglo XVI. (M)
  Imagen flamenca de la Virgen de Gracia.
- Ermita de San Diego del Monte. Siglo XVIII. (M)
- Ermita de San Juan Bautista. 1582-1586. (M)
- Ermita de San Miguel Arcángel. 1506. (M)
  Reedificada en 1759.
- Ex-convento de San Agustín. 1506. (M)
- Fiesta de los Corazones de Tejina. (Etnografía)
- Hospital de Nuestra Sra. de los Dolores. 1515. (M)
  Reedificación y ampliaciones posteriores.
- Iglesia de San Bartolomé de Tejina. (M)
  Sobre primitivo edificio de 1530. Reformas siglos XVIII-XX.
  Retablo rococó. Imagen de La Dolorosa (atribuida a Luján Pérez o Fernando Estévez).
- Iglesia de Nuestra Sra. de La Concepción. 1511. (M)
  Retablos, esculturas, pinturas, orfebrería y torre.

- Iglesia de Santo Domingo. 1522. (M)
  Reformas posteriores.
- Iglesia de San Lázaro. 1861. (M)
  Sobre fábrica arruinada del siglo XVII.
- Iglesia parroquial de San Benito Abad. 1532. (M)
  Reedificado en 1635.
- Iglesia y cementerio de San Juan Bautista. (M)
- Imagen del Santísimo Cristo de La Laguna. (BM)
  Talla flamenca del siglo XVI.
- La Barranquera. Valle Guerra. (ZA)
- La Librea de Valle Guerra. (CA)
- Monasterio de Santa Clara. 1578. (M)
- Palacio de Lercaro. Finales siglo XVI. (M)
  Reformas posteriores.
- Palacio de los Condes del Valle de Salazar. Mediados siglo XVII. (Actual Palacio Obispado). (M)
  Mejor fachada barroca de Canarias. Reformas siglos XVIII y principios del siglo XX.
- Palacio de Nava. 1585. (M)
  Conjunto barroco, neoclásico, manierista y ecléctico.
- Polvorín de Taco. (M)
- Real Santuario del Santísimo Cristo de La Laguna. Siglo XVI. (M)
  Reedificado tras incendio en 1810. Plaza y convento de San Francisco. San Miguel de las Victorias.
- San Cristóbal de La Laguna. Casco Urbano declarado Patrimonio de la Humanidad. (CH)

LA MATANZA DE ACENTEJO
- Barranco de Acentejo o Barranco de San Antonio. (SH)
- Lagar sito en el nº 198 de la Calle Real. (SE)
- La Matanza de Acentejo. Casco Urbano. (CH)
- Risco de La Sabina. (ZA)

LA OROTAVA
- Acueducto de los Molinos. (SE)
- Camino El Ciprés. (SH)
- Cementerio. (M)
- Casa de Ponte Fonte (Lercaro). Siglos XVI-XVII. (M)
- Delimitación Entorno de Protección.
- Iglesia de Nuestra Sra. de La Concepción. 1768. (M)
  Construida sobre la ermita de 1498. Fachada barroca e interior neoclásico.
  Retablos de La Concepción y Señor Preso.
  Imágenes de Luján Pérez y Fernando Estévez.
  Pinturas e importante orfebrería.
- Inmuebles sitos en la Calle Calvario, 52 y 54. (M)
- Jardín de aclimatación. Hijuela del Botánico. 1788. (JH)
- Jardines del Marquesado de la Quinta Roja. (JH)
- La Orotava. Casco Urbano. (CH)
- Neveros de Izaña. (SE)

LA VICTORIA DE ACENTEJO
- Barranco de Acentejo. (SH)
- Iglesia de Nuestra Sra. de La Encarnación. Siglo XVI. (M)

  Reformas en siglos posteriores.
  Techumbre mudéjar.
  Nuestra Sra. de Los Ángeles. Siglo XVI.
  San Matías, siglo XVIII.
  Custodia de plata. Puebla de los Ángeles, México, 1739.
  Cuadro de Las Ánimas. Gaspar de Quevedo, 1672.
- Risco de la Sabina. (ZA)

LOS REALEJOS
- Casa natal de José Viera y Clavijo. (M)
- Hacienda de Los Príncipes. 1512. (M)
  Planta en forma de L, siglos XVII-XVIII.
- Iglesia del Carmen. Plaza de San Agustín y sus aledaños. (M)
- Iglesia de Nuestra Sra. de la Concepción, con los bienes muebles vinculados a la misma. Realejos Bajo. Fundada en 1516. (M)
  Reconstruida en 1993, tras un incendio de 1978.
  Virgen del Rosario (siglo XVII); Dolorosa.
- Iglesia de Santiago Apóstol. 1496. (M)
  Retablos barrocos (Santa Bárbara).
  Imágenes: Nazareno, Martín de Andújar; Santa Lucía. Flamenca (siglo XVI); Cruz de mármol (siglo XVII); Pila bautismal de jaspe, Lisboa (siglo XVII).
  Pintura: Tríptico de Santiago, flamenco (siglo XVI).
- Realejo Bajo. (CH)

LOS SILOS
- Ex-convento de monjas San Sebastián. 1649. (M)
- Los Silos. Casco Urbano. (CH)

PUERTO DE LA CRUZ
- Antiguo Casino. (islote del CH)
- Biblioteca Inglesa. (islote del CH)
- Casa de Iriarte. (SH)
- Casa de dos plantas en el Camino El Durazno. (islote del CH)
- Casa Miranda. Segunda mitad siglo XVIII. (M)
- Castillo de San Felipe. 1655. (M)
- Ermita de San Nicolás de Tolentino y Casa Solariega. (M)
- Ermita de San Telmo. Siglo XVIII. (M)
  Techumbre mudéjar.
- Hornos de Cal. (M)
- Iglesia de Nuestra Sra. de La Peña de Francia y sus bienes muebles. 1697. (M)
- Iglesia de San Francisco. Siglo XVII. (M)
- Iglesia de de San Amaro. Siglo XVI. (M)
- Inmueble en Calle Blanco, 19. (M)
- Jardín Botánico. 1791. (JH)
  Jardín de Aclimatación de La Orotava.
- La Casa Amarilla. (SH)
- La Casona y Jardines de San Fernando. (M)
- Ladera de Martiánez. (ZA)
- Lago de la Costa de Martiánez. César Manrique. 1976. (JH)
- Puerto de La Cruz. Casco Urbano. (CH)
- Torreón de Ventoso. Siglo XVIII. (M)

SAN JUAN DE LA RAMBLA
- Acantilados de San Juan de la Rambla y laderas de los Barrancos de Chauera y Ruiz. (ZA)
- Barrio de Los Quevedos. (SH)
- Iglesia de San José. Siglo XVIII. (M)
- Molino de gofio del Risco de Las Pencas. (SE)
- Villa de San Juan de la Rambla. Casco Urbano. (CH)
  Casonas del siglo XVII y XVIII.

SAN MIGUEL DE ABONA
- Antiguos hornos de La Hoya y Aldea Blanca. (M)
- Roque de los Cambados. (ZA)

SANTA CRUZ DE TENERIFE
- Almacén de Cepsa. 1930. (M)
- Antiguo Hospital Civil. 1863. (M)
- Antiguo Mercado o Recova Vieja. Siglo XIX. (M)
  Neoclásico.
- Barranco del Muerto. (ZA)
- Barranco del Pilar. (ZA)

- Casa Mascareño. (M)
- Casa Sixto Machado. 1904. (M)
- Casino de Santa Cruz de Tenerife. 1929-1935. (M)
  Lienzos, frescos (José Aguiar), esculturas (Francisco Borges).
- Castillo del Santo Cristo de Paso Alto. 1655. (M)
- Castillo de San Andrés. 1769. (M)
- Castillo de San Joaquín. La Cuesta, 1780. (M)
  Reformado en 1789.
- Castillo de San Juan. Siglo XVII. (M)
- Cementerio de San Rafael y San Roque. Siglo XIX. (M)
- Ciudad Jardín. (CH)
- Conjunto de muelles, almacenes y varadero de Valleseco. (SH)
- Edificio del antiguo Colegio de La Asunción. (M)
- Edificio del Ayuntamiento. 1899. (M)
- Edificio del Círculo de Amistad XII de Enero. 1904-1911. (M)
  Esculturas.
- Edificio Financiera. (M)
- Edificio del Parlamento de Canarias. 1882-1886. (M)
  Antigua Sociedad Filarmónica "Santa Cecilia". Neoclásico.
- Edificio Villasegura (actual Escuela de Comercio). 1908. (M)
- El Guerrero Goslar. (BM)
- El Toscal. (CH)
- Ermita de Santa Catalina. (M)
- Ermita de San Telmo. Siglo XVI. (M)
- Escuela de Artes Aplicadas y Oficios Artísticos. (M)
- Femme Bouteille. (BM)
- Iglesia de Ntra. Sra. de Las Nieves. Taganana. 1505. (M)
  Posteriores reformas en los siglos XVI y XVII.
  Tríptico flamenco "La Natividad", principios del siglo XVI.
  Orfebrería indiana.
- Iglesia ex-convento franciscano de San Pedro de Alcántara. 1676-1680. (M)
  Trabajos de ampliación y reformas en los siglos XVII y XVIII. Retablos barrocos.
- Iglesia Parroquia de Nuestra Sra. de La Concepción. Siglos XVI-XVII-XVIII. (M)
  Retablos barrocos, pinturas, tallas.
- Inmueble nº 45 de la Calle Castillo. (M)
- Molino de Barranco Grande. (ZA)
- Molino de Cuevas Blancas. (SH)
- Molino del Llano del Moro. (SE)
- Murales de José Aguiar García (Salón Noble Cabildo Insular). (BM)
- Murales de Néstor Martín Fdez. de la Torre (Casino de S/C de Tenerife). (BM)
- Museo Municipal. Finales del siglo XIX. (M)
  Pinturas.
- La Gallega. (ZA)
- Lomo Gordo. Barranco del Pilar. (ZA)
- Palacio de Carta. Neoclásico. 1721. (M)
- Plaza de Weyler. (CH)
  Capitanía General 1876-1883 y Fuente de mármol de Carrara. Génova. 1899.
- Parroquia de María Auxiliadora. (M)
- Pinturas de Manuel Martín González (Parlamento de Canarias). (BM)
- Teatro Guimerá. 1848-1851. (M)
- Templo Masónico. 1900-1921. (M)
  Calle San Lucas, 35.

SANTA ÚRSULA
- Casa del Capitán. La Vera. Siglo XVII. (M)
- Cueva de Bencomo. (ZA)
- Hacienda de San Clemente. (M)
- Iglesia de Santa Úrsula. 1587. (M)
  Techumbre mudéjar.
  Retablos barrocos del siglo XVIII.
  Imágenes de Nuestra Sra del Rosario, Santa Rita, San Sebastián, Cristo de la Misericordia, Santa Úrsula (siglo XVII); Nazareno (siglo XVIII).
  Orfebrería: Custodia de plata, cruz procesional y dos atriles mejicanos.

SANTIAGO DEL TEIDE
- Casa del Patio, hacienda de los Señores del Valle Santiago, los Hoyo-Solórzano. Lagares. Siglo XVII. (M)

TACORONTE
- Acantilados de Tacoronte y Barranco de Guayonge. (ZA)
- Casa de Don Lucio. (islote del CH)
- Drago en la urbanización "Los Alemanes". (JH)
- El Calvario. 1674. (islote del CH)
  San Juan Evangelista, Magdalena y Dolorosa, siglo XVIII.
- Ermita de San Jerónimo. 1654. (islote del CH)
  Imagen de San Jerónimo, siglo XVIII.
  Pintura de San Judas Tadeo. Cristóbal Hdez. de Quintana.
  Cáliz mexicano.
- Ermita de Nuestra Señora de La Caridad. (islote del CH)
- Ex-convento de San Agustín. 1649. (M)
  Sobre antigua ermita siglo XVI.
  Casa conventual de dos pisos, mediados siglo XVIII.
  En la Iglesia: Santuario Cristo de Los Dolores, 1664, podemos observar entre otros aspectos: el retablo barroco, su techumbre mudéjar y el Cristo de Los Dolores del siglo XVII.
- Iglesia de Santa Catalina de Alejandría. Siglo XVI. (M)
  Ampliación y reformas en siglos posteriores.
  Retablo central barroco, 1774.
  Imágenes: Santa Catalina. Luján Pérez (finales del siglo XVIII - principios del siglos XIX); Virgen del Carmen. Luján Pérez (1805); Virgen del Rosario (siglo XVII); San Antonio (siglo XVII); San Francisco (siglo XVIII); San José, México (siglo XVIII).
  Pinturas: Siglo XVII y XVIII; San Andrés y Nuestra Señora de La Peña. Escuela sevillana, siglo XVII; pinturas de Gaspar de Quevedo, siglo XVIII.
  Pila bautismal, barroco italiano.
  Platería americana y canaria.
- Juan Fernández. La Fuentecilla. (ZA)
- La Alhóndiga. 1685. (islote del CH)
- Tacoronte. Casco urbano. (CH)

TEGUESTE
- La Librea de Tegueste. (CA)
- Los Cabezazos. Barranco Agua de Dios. (ZA)
- Tegueste. Casco Urbano. (CH)

VILAFLOR
- Caserío de Casas Altas. (CH)
- Iglesia de San Pedro Apóstol. 1560-1568. (M)
  Sobre ermita primera mitad del siglo XVI.
  Artesonado mudéjar; Cristo Yacente (alabastro), siglo XVII; San Pedro (alabastro), obra de Pedro Villar. Mediados siglo XVI.
  Orfebrería: cáliz dorado. Italia; cruz procesional cubana; custodia lagunera, siglo XVIII.

LA GOMERA

- Más Información. **www.cabildogomera.org**
- Tel. Cabildo de La Gomera. 922 140 100

Superficie / Area / Fläche	369,76 km²
Altitud / Height / Höhe ü.d.M.	Garajonay 1.487 m.
Población / Population / Bevölkerung	21.746 habitantes
Espacios Naturales Protegidos / Protected Natural Areas / Naturschutzgebiet	12.314,4 hectáreas

LA GOMERA

Fuente / Source / Quelle: Instituto Geográfico Nacional. Centro Nacional de Información Geográfica.
Escala 1:350.000. Ampliado un 50%.

INTRODUCCIÓN
INTRODUCTION / EINLEITUNG

ASPECTOS GEOGRÁFICOS
GEOGRAPHICAL ASPECTS / GEOGRAFISCHE GESICHTSPUNKTE

🇪🇸 La Gomera tiene forma casi circular. Su actual relieve ha sido producto de una intensa acción erosiva que ha ido labrando continuos e importantes desniveles, con profundos barrancos y costas abruptas, dejando además al descubierto un conjunto de formas espectaculares, como los roques de Agando, y Cano y la Fortaleza de Chipude.

La isla presenta una serie de discontinuidades biogeográficas y climáticas con variedad de paisajes vegetales: un piso basal en la zona de costa representado por tabaibales y cardonales; un piso de transición con sabinas y palmeras y un piso montano húmedo, desarrollado entre los 500 y 1.400 m aproximadamente, donde abunda el monteverde o laurisilva, formación vegetal cuya mayor parte queda incluida en el Parque Nacional de Garajonay, declarado Patrimonio de la Humanidad por la UNESCO en 1986. La isla cuenta con otros 16 espacios naturales protegidos, entre los que destacan el Parque Natural de Majona y el Parque Rural de Valle Gran Rey. En cuanto a la fauna, merece ser destacado el lagarto gigante gomero *(Gallotia bravoana)*, descubierto no hace muchos años con escasísimos ejemplares y que ahora se cría con éxito en cautividad.

La economía gomera ha estado estrechamente relacionada desde tiempos pasados con el sector primario; sin embargo, desde la década de los setenta del pasado siglo XX la base económica insular gira en torno al sector turístico, la construcción y el comercio. Este cambio en la diversificación de la economía se ha visto favorecido por la mejora en las comunicaciones

La población de la isla se concentra en los tramos bajos de los valles y se reparte entre sus seis municipios, siendo San Sebastián su capital. Aunque todos han mejorado sus infraestructuras, especialmente las vinculadas al turismo rural, es de destacar la importancia turística que ya ha alcanzado San Sebastián, Valle Gran Rey y Playa de Santiago.

🇬🇧 La Gomera is almost circular in shape. Its current contours are the product of intense erosive action which has created significant differences in height, with deep ravines and a rugged coastline, leaving a range of spectacular shapes such as the Roques de Agando and Cano and the Fortaleza de Chipude visible. The island has a series of bio-geographical and climatic discontinuities with a variety of plant landscapes: a basal zone in the area of coast represented by tabaibas (balsam spurge) and cardonales (candelabra spurge); a transitional level with junipers and palm trees and a humid mountain layer, at altitudes of between 500 and 1,400 metres approximately, where the "monteverde" or laurisilva is abundant, a plant formation of which the majority is included in the Garajonay National Park, which was declared a World Heritage Site by UNESCO in 1986. The island has another sixteen protected natural spaces, among which the Majona Nature Park and the Rural Park of Valle Gran Rey are outstanding. Regarding the fauna, the Giant Lizard of La Gomera (Gallotia bravoana), which was only discovered a few years ago with very few specimens living wild, but which is now bred in captivity, is very important.

The economy of La Gomera has been closely related since past times with the primary sector; however, since the 1970s the island's economy has been based on tourism, building and trade. This change in the diversification of the economy has been favoured by the improvement in communications.

The island's population is concentrated in the lower part of the valleys and is distributed among six municipal districts, including the capital San Sebastián. Although they have all improved their infrastructure, especially that which is connected with rural tourism, the importance that has already been achieved by San Sebastián, Valle Gran Rey and Playa de Santiago should be pointed out.

🇩🇪 La Gomera besitzt ein nahezu kreisförmiges Aussehen. Das heutige Inselrelief ist das Ergebnis intensiver Erosionsprozesse, welche beträchtliche Höhenunterschiede geschaffen haben, mit tiefen Schluchten und steilen Küstenabschnitten, und spektakulären Formen, wie Los Roques de Agando y Cano und La Fortaleza de Chipude.

Die Insel präsentiert eine Reihe biogeografischer und klimatischer Eigenarten, mit unterschiedlichen Landschaften und Pflanzengattungen: der Basalboden in der Küstenzone ist von Tabaibales und Cardonales durchwachsen; der Übergangsboden ist mit Sadebäumen und Palmenhainen bedeckt und zwischen 500 und 1.400m wächst auf feuchtem Bergboden der Monteverde (immergrüner Wald) oder Laurisilva, eine Pflanzenformation, deren Hauptbestand im Majona Nationalpark und im Valle Gran Rey Landschaftspark eingegliedert wurde. Unter der Fauna verdient die gomerische Rieseneidechse *(Gallotia bravoana)* besondere Erwähnung, deren Entdeckung erst wenige Jahre zurückliegt. Zu diesem Zeitpunkt gab es nur noch wenige Exemplare ihrer Art, doch hat man sie wieder erfolgreich herangezüchtet.

Die Wirtschaft von La Gomera ist seit Urzeiten mit dem Primärsektor verknüpft; allerdings hat seit den 70er Jahren des 20.Jahrhunderts eine Verlagerung auf den Touristiksektor, das Bauwesen und den Handel stattgefunden. Dieser Wandel zur wirtschaftlichen Diversifikation wurde durch den Ausbau der Verkehrswege erheblich unterstützt.

Die Inselbevölkerung konzentriert sich auf die unteren Bereiche der Täler und teilt sich auf sechs Gemeindebezirke auf, wobei San Sebastian die Hauptstadt ist. Wenngleich alle Gemeinden ihre Infrastrukturen verbessert haben, vor allem in Punkto Ruraltourismus, kommen San Sebastián, Valle Gran Rey und Playa de Santiago die größte touristische Bedeutung zu.

BREVE RESEÑA HISTÓRICA
A SHORT HISTORICAL SUMMARY / KURZER HISTORISCHER ÜBERBLICK

🇪🇸 El inicio del poblamiento de La Gomera se puede situar en el siglo V a.C. En el momento de la conquista la isla se encontraba dividida en cuatro bandos o demarcaciones: Mulagua, Hipalán, Orone y Agana.

A principios del siglo XV va a tener lugar el proceso de la conquista entre portugueses y castellanos, siendo estos últimos los que concluyeron la ocupación, estableciendo un régimen de Señorío. Lo que comenzó con un pacto de amistad, años más tarde se convirtió en atropellos hacia los gomeros; ello desencadenó una rebelión de los aborígenes en 1488, que concluyó con la muerte de Hernán Peraza, lo que ocasionó una fuerte represalia, en la que se dio muerte a más de doscientos implicados y esclavizó a un mayor número de mujeres y niños, muchos de los cuales fueron vendidos en la Península.

La importancia de La Gomera en el pasado venía dada por ser una de las escalas principales en la navegación atlántica, tal como se puso de manifiesto con la recalada de Cristóbal Colón en la isla en 1492, 1493 y 1498 a la que se debe su denominación de "Isla Colombina".

Durante todo el Antiguo Régimen (siglos XVI, XVII y XVIII) y XIX, la actividad económica y comercial estuvo controlada por personas vinculadas a la oligarquía señorial. El siglo XX se caracterizó, al igual que los anteriores, por los movimientos migratorios, sobre todo a otras islas y América; pero también fue el siglo de los cambios y mejoras en las infraestructuras sociales y de comunicaciones, así como del fortalecimiento en el sector turístico.

🇬🇧 La Gomera began to be populated in the fifth Century B.C. At the moment of the Conquest, the island was divided into four cantons: Mulagua, Hipalán, Orone and Agana.

At the beginning of the 15th Century, the Conquest was undertaken by Portuguese and Castilians, with a regime of private ownership being established. What began with a pact of friendship, years later became injustices towards the Gomerans; this led to a rebellion by the natives in 1488, which concluded with the death of Hernán Peraza, which brought down strong reprisals, with over two hundred people being put to death and more than the same number of women and children being enslaved, many of whom were sold onto the Spanish Mainland.

The importance of La Gomera in the past arose from its being one of a number of main ports of call in transatlantic navigation, as was clear from the stop that Christopher Columbus made on the island in 1492, 1493 and 1498 with the result that the island has since then been known as the "Columbian Isle".

During all the Ancien Regime (the 16th, 17th and 18th Centuries) and the 19th Century, the economic and commercial activity was controlled by persons linked with the oligarchy on the island. The 20th Century is characterised, just like the earlier ones, by migratory movements above all to other islands and to America, but it was also the century of change and improvements in the social and communications infrastructure, as well as of growth in the tourism sector.

Among the historical heritage, in the capital (San Sebastián de La Gomera) the Torre del Conde (the only 16th Century fortification which still exists in the Canaries), the Pozo de la Aguada, the Church of the Asunción, etc. are outstanding.

🇩🇪 Der Beginn der Besiedlung von La Gomera kann auf 500 v. Chr. datiert werden. Zum Zeitpunkt der Eroberung der Insel war diese diese in vier Bezirke aufgeteilt: Mulagua, Hipalán, Orone und Agana.

Zu Beginn des 15.Jahrhunderts nahmen die Portugiesen und Kastilier an der Eroberung teil, wobei letztere die Besetzung zum Abschluss brachten, und ein Herrschaftssystem errichteten. Der anfängliche Freundschaftspakt wurde Jahre später von Ungerechtigkeiten gegenüber den Gomeros getrübt, was daraufhin im Jahre 1488 zur Rebellion der Ureinwohner führte, die mit dem Tod von Hernán Peraza endete. Das wiederum zog starke Repressalien mit sich, die den Tod von mehr als 200 in die Ereignisse verwickelten Personen zufolge hatte, sowie die Versklavung von zahlreichen Frauen und Kindern, von denen viele auf dem spanischen Festland verkauft wurden.

Die Bedeutung von La Gomera lag in der Vergangenheit darin, dass die Insel einen der wichtigsten Anlaufpunkte der Atlantischen Schifffahrt darstellte. Nachdem Christoph Kolumbus 1492, 1493 und 1498 die Insel besuchte, wurde sie auch „Isla Colombina", die Kolumbusinsel genannt.

Während der alten Regierungszeit (16. bis 19.Jahrhundert) wurde die Wirtschaft und der Handel von Personen kontrolliert, die der herrschaftlichen Oligarchie angehörten. Das 20.Jahrhundert zeichnete sich ebenso wie in der Zeit davor von Ein- und Auswanderungswellen aus, besonders zu den anderen Inseln und nach Amerika. Doch es war auch das Jahrhundert des Wandels und der Verbesserung der gesellschaftlichen Infrastrukturen und Verkehrsverbindungen, sowie des Wachstums des Touristiksektors.
Unter dem historischen Erbe der Hauptstadt (San Sebastián de La Gomera) zählen besonders die Torre del Conde (einzige auf den Kanaren erhaltene Festungsanlage aus dem 16. Jahrhundert), el Pozo de la Aguada und la Iglesia de la Asunción.

AGULO

- Más Información. **www.ayuntamientodeagulo.com**
- Tel. Ayuntamiento de Agulo. 922 146 000 / 042 / 169

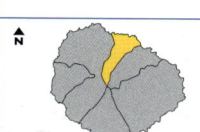

Superficie / Area / Fläche	Altitud / Height / Höhe ü.d.M.	Población / Population / Bevölkerung	Espacios Naturales Protegidos / Protected Natural Areas / Naturschutzgebiet	Distancia por carretera / Distance by car / Distanz auf Verkehrswegen
25,39 km²	**215 m.**	**1.207 habitantes**	**726,36 hectáreas**	**25 km. a SS de La Gomera**

01 🇪🇸 Callejones típicos del casco de Agulo.
   🇬🇧 Typical alleyways in Agulo.
   🇩🇪 Typische Gassen des Stadtzentrums von Agulo.

02 🇪🇸 Fachada exterior del Ayuntamiento de Agulo.
   🇬🇧 The façade of Agulo Town Hall.
   🇩🇪 Außenfassade des Rathauses von Agulo.

03 🇪🇸 Pescante de Agulo.
   🇬🇧 The Agulo davit.
   🇩🇪 Davit von Agulo.

04 🇪🇸 El centro de Agulo, desde la carretera general.
   🇬🇧 The centre of Agulo, seen from the main road.
   🇩🇪 Das Zentrum von Agulo, von der Hauptstrasse aus gesehen.

05 🇪🇸 Casa en la que vivió el famoso pintor José Aguiar.
   🇬🇧 The house in which the famous painter, José Aguiar, lived.
   🇩🇪 In diesem Haus lebte der berühmte Maler José Aguiar.

06 🇪🇸 Centro de visitantes "Juego de Bolas". En él podemos obtener información sobre el Parque Nacional Garajonay; además, cuenta con la reproducción del interior de una típica casa gomera y un centro de artesanía.

🇬🇧 The "Juego de Bolas" Visitors' Centre. Here you can get information on the Garajonay National Park, and there is also a reproduction of the interior of a typical Gomeran house and a craftwork centre.

🇩🇪 Besucherzentrum „Juego de Bolas". Hier erhält man Informationen zum Garajonay Nationalpark; außerdem kann man ein Kunsthandwerkszentrum besuchen und eine Nachbildung eines typisch gomerischen Hauses besichtigen.

07 🇪🇸 Fachada de la Iglesia de Santa Rosa de Lima.
🇬🇧 Façade of the Church of Santa Rosa de Lima.
🇩🇪 Fassade der Iglesia de Santa Rosa de Lima.

08 🇪🇸 Uno de los núcleos del pueblo de Agulo.
🇬🇧 One of the groups of houses in the village of Agulo.
🇩🇪 Einer der Ortsteile von Agulo.

09 🇪🇸 Iglesia de San Marcos y plaza de Leoncio Bento. En la víspera de la festividad San Marcos se siguen saltando las tradicionales hogueras.

🇬🇧 Church of San Marcos and Leoncio Bento square. On the eve of the festival of San Marcos, the local people jump over the traditional bonfires.

🇩🇪 Iglesia de San Marcos und Plaza de Leoncio Bento. Am Vorabend des San Marcos Festes springt man traditionsgemäß über das Feuer

10 🇪🇸 Agulo, es uno de los pueblos donde mejor se conserva la tradición del silbo gomero (Lino Rodríguez Martín).

🇬🇧 Agulo is one of the villages where the tradition of Gomeran whistling is best conserved (Lino Rodríguez Martín).

🇩🇪 Agulo gehört zu den Orten, an denen die Tradition des „silbo gomero" am stärksten repräsentiert ist (Lino Rodríguez Martín).

11 🇪🇸 Embalse de Amalahuigue, el mayor de la isla de La Gomera.

🇬🇧 The dam at Amalahuigue, the largest on the island of La Gomera

🇩🇪 Stausee von Amalahuigue, der größte auf der Insel La Gomera.

ALAJERÓ

. Tel. Ayuntamiento de Alajeró. 922 895 155 / 643

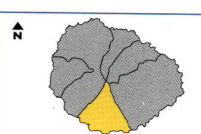

	Superficie Area Fläche	Altitud Height Höhe ü.d.M.	Población Population Bevölkerung	Espacios Naturales Protegidos Protected Natural Areas Naturschutzgebiet	Distancia por carretera Distance by car Distanz auf Verkehrswegen
	49,43 km²	**810 m.**	**1.954 habitantes**	**1.329,04 hectáreas**	**26 km. a SS de La Gomera**

01 🇪🇸 Ermita de Nuestra Señora del Buen Paso. Su festividad se celebra el 15 de septiembre y constituye una de las romerías tradicionales más populares de la isla, con sus chácaras y tambores.

🇬🇧 The Chapel of Nuestra Señora del Buen Paso. The festival is held on 15th September and is one of the island's most popular traditional romerías or religious festivals with castanets and drums.

🇩🇪 Ermita de Nuestra Señora del Buen Paso. Das Fest der Schutzherrin findet am 15. September statt und stellt eine der populärsten traditionellen Umzüge der Insel dar, begleitet von „chácaras" und Trommeln.

02 🇪🇸 Rodeado de un palmeral, destaca el drago centenario de Agalán, representado en el escudo del municipio.

🇬🇧 Surrounded by a palm grove, the ancient dragon tree of Agalán, which is depicted on the arms of the borough, stands out.

🇩🇪 Umgeben von einem Palmenhain hebt sich der alte Drachenbaum von Agalán ab, der auf dem Gemeindewappen abgebildet ist.

03 🇪🇸 El municipio ofrece amplias posibilidades para la práctica de la escalada. Zona próxima a la ermita de Nuestra Señora del Buen Paso.

🇬🇧 The borough offers a wide range of possibilities for climbing. An area near to the chapel of Nuestra Señora del Buen Paso.

🇩🇪 Die Gemeinde bietet zahlreiche Möglichkeiten für Kletterer. In der Umgebung der Kapelle Nuestra Señora del Buen Paso.

04 🇪🇸 Iglesia de San Salvador (siglo XVII, reconstruida en el XIX).

🇬🇧 The Church of San Salvador (17th Century, rebuilt in the 19th Century).

🇩🇪 Iglesia de San Salvador (17.Jahrhundert, neuere Konstruktion aus dem 19.Jh.).

05 🇪🇸 Vistas de Playa de Santiago.

🇬🇧 Views of Playa de Santiago.

🇩🇪 Blick auf Playa de Santiago.

CANARIAS. ISLAS Y PUEBLOS

06 🇪🇸 Fachada exterior e interior del aeropuerto de La Gomera.
　🌼 The façade and interior view of the airport of La Gomera.
　🇩🇪 Außenfassade und Räumlichkeiten des Flughafens von La Gomera.
07 🇪🇸 Morro de la Cruz.
　🌼 Morro de la Cruz.
　🇩🇪 Morro de la Cruz.
08 🇪🇸 Antiguo caserío de Agalán.
　🌼 The old hamlet of Agalán.
　🇩🇪 Alter Aussiedlerhof von Agalán.
09 🇪🇸 Vista panorámica de Alajeró y Montaña del Calvario, en la que se encuentra la ermita de San Isidro.
　🌼 A panoramic view of Alajeró and Montaña del Calvario, where the chapel of San Isidro is to be found.
　🇩🇪 Blick auf Alajeró und Montaña del Calvario, wo sich die San Isidro Kapelle befindet.
10 🇪🇸 Plantaciones de plataneras en el Barranco de Santiago.
　🌼 Banana plantations in the Santiago ravine.
　🇩🇪 Bananenanbau im Barranco de Santiago.

HERMIGUA

- Más Información. www.villadehermigua.com
- Tel. Ayuntamiento de Hermigua. 922 144 040

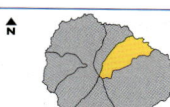

Superficie / Area / Fläche	Altitud / Height / Höhe ü.d.M.	Población / Population / Bevölkerung	Espacios Naturales Protegidos / Protected Natural Areas / Naturschutzgebiet	Distancia por carretera / Distance by car / Distanz auf Verkehrswegen
39,67 km²	**210 m.**	**2.142 habitantes**	**1.820,85 hectáreas**	**20 km. a SS de La Gomera**

01 🇪🇸 Plantación de cultivos en la zona alta de Hermigua.
🏴󠁧󠁢󠁥󠁮󠁧󠁿 Crops planted in the upper part of Hermigua.
🇩🇪 Landwirtschaftlicher Anbau in der oberen Region von Hermigua.

02 🇪🇸 Ermita de Nuestra Señora de Lourdes, en el Parque Nacional Garajonay.
🏴󠁧󠁢󠁥󠁮󠁧󠁿 Chapel of Our Lady of Lourdes, in the Garajonay National Park.
🇩🇪 Ermita de Nuestra Señora de Lourdes, im Garajonay Nationalpark.

03 🇪🇸 Los Telares, centro artesanal y museo etnográfico. Tel. 922 880 727. Casa Rural "Los Telares". Tel. 922 880 781.
🏴󠁧󠁢󠁥󠁮󠁧󠁿 The Looms, craftwork centre and ethnographic museum. Phone. 922 880 727. "Los Telares" Cottage. Phone. 922 880 781.
🇩🇪 Los Telares, Kunsthandwerkszentrum und ethnografisches Museum. Tel. 922 880 727. Ländliche unterkunft Los Telares. Tel. 922 880 781.

04 🇪🇸 Vista panorámica de la zona baja de Hermigua.
🏴󠁧󠁢󠁥󠁮󠁧󠁿 A panoramic view of the lower part of Hermigua.
🇩🇪 Panoramablick auf die untere Region von Hermigua.

05 🇪🇸 Pescante de Hermigua, construido para exportar los productos del valle.
🏴󠁧󠁢󠁥󠁮󠁧󠁿 The Hermigua davit, built so that the produce of the valley could be exported.
🇩🇪 Der Davit von Hermigua wurde für den Export der Produkte aus dem Tal angelegt.

06 🇪🇸 Parque de Hermigua.
   🇬🇧 Hermigua Park.
   🇩🇪 Park von Hermigua.
07 🇪🇸 Museo del gofio.
   🇬🇧 The Gofio museum.
   🇩🇪 Gofio Museum.
08 🇪🇸 Costa de Hermigua.
   🇬🇧 The coast of Hermigua.
   🇩🇪 Küste von Hermigua.
09 🇪🇸 Museo Etnográfico de La Gomera. Las Hoyetas, s/n. Hermigua.
   🇬🇧 Ethnographic museum of La Gomera. Las Hoyetas, s/n. Hermigua.
   🇩🇪 Ethnografisches Museum von La Gomera. Las Hoyetas, s/n. Hermigua.
10 🇪🇸 Iglesia de la Encarnación.
   🇬🇧 The church of la Encarnación.
   🇩🇪 Iglesia de la Encarnación.
11 🇪🇸 Los Roques de Hermigua, también conocidos como Roques Enamorados.
   🇬🇧 The Roques de Hermigua, also known as Roques Enamorados.
   🇩🇪 Los Roques de Hermigua, auch bekannt unter dem Namen Roques Enamorados.
12 🇪🇸 Iglesia del convento de San Pedro.
   🇬🇧 Church of the convento de San Pedro.
   🇩🇪 Iglesia del convento de San Pedro.

SAN SEBASTIÁN DE LA GOMERA

- Más Información. **www.aytossgomera.com**
- Tel. Ayuntamiento de San Sebastián de la Gomera. 922 141 072

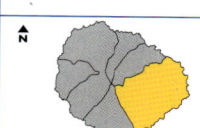

Superficie / Area / Fläche	Altitud / Height / Höhe ü.d.M.	Población / Population / Bevölkerung	Espacios Naturales Protegidos / Protected Natural Areas / Naturschutzgebiet
113,59 km²	5 m.	8.445 habitantes	3.499,59 hectáreas

01 🇪🇸 Casa de los Condes. Durante mucho tiempo fue vivienda de los Condes de La Gomera. En el siglo XVII fue destruida y más tarde se construyó una vivienda más humilde.

🇬🇧 Casa de los Condes. For many years, this was the home of the Condes de La Gomera. In the 17th Century, it was destroyed and later a more humble place of residence was built.

🇩🇪 Casa de los Condes. Lange Zeit war sie die Residenz der Grafen von La Gomera. Im 17.Jahrhundert wurde sie zerstört, aber schon etwas später rekonstruiert, wenn auch in etwas bescheideneren Ausmaßen.

02 🇪🇸 Playa de San Sebastián.

🇬🇧 The beach of San Sebastián.

🇩🇪 Playa de San Sebastián.

03 🇪🇸 Los fondos marinos de La Gomera presentan un gran atractivo. (Centro de Buceo Dive-Art. Calle Real, 48. San Sebastián de La Gomera. Tel. 660 659 098. www.dive-art.com).

🇬🇧 The underwater landscapes off La Gomera are highly attractive (Centro de Buceo Dive-Art. Calle Real, 48. San Sebastián de La Gomera. Tel. 660 659 098. www.dive-art.com).

🇩🇪 Die Meeresgründe von La Gomera sind sehr attraktiv. (Tauchzentrum Dive-Art. Calle Real, 48. San Sebastián de La Gomera. Tel. 660 659 098. www.dive-art.com).

04 🇪🇸 Fachada exterior de la iglesia de Nuestra Señora de la Asunción (siglo XVI). Fue la iglesia donde oró Cristóbal Colón antes de partir para el Nuevo Mundo (América). Lo más destacado de sus rasgos artísticos es la combinación de estilos góticos, manuelino y mudéjar.

🇬🇧 The façade of the church of Nuestra Señora de la Asunción (16th Century). This was the church where Christopher Columbus prayed before sailing for the New World. Its artistically most interesting feature is the combination of Gothic, Manueline and Hispano-Arabic styles.

🇩🇪 Außenfassade der Iglesia de Nuestra Señora de la Asunción (16. Jahrhundert). In dieser Kirche betete Christoph Kolumbus bevor er in die neue Welt aufbrach (Amerika).Besonders auffällig ist hier die Mischung der Stilrichtungen Gothik, Manuel und Mudejar.

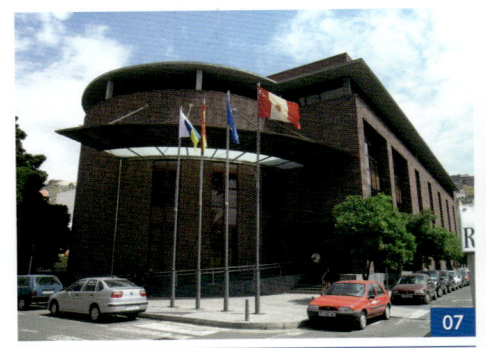

05 🇪🇸 Rorcual tropical *(balaenoptera edeni)*. A 4 km. de la Punta de San Cristóbal.
🇬🇧 Bryde's whale *(balaenoptera edeni)*. Four kilometres from Punta de San Cristóbal.
🇩🇪 Finnwal *(balaenoptera edeni)*. 4 km von la Punta de San Cristóbal.

06 🇪🇸 Playa de la Cueva.
🇬🇧 The beach of la Cueva.
🇩🇪 Playa de la Cueva.

07 🇪🇸 Fachada exterior del Excmo. Cabildo Insular de La Gomera, la máxima institución en la Isla.
🇬🇧 The façade of the Island Authority building of La Gomera, the island's most important institution.
🇩🇪 Außenfassade des Excmo. Cabildo Insular de La Gomera, der höchstrangigen Behörde der Insel (Inselrat).

08 🇪🇸 Fachada de la ermita de San Sebastián (siglo XV). Sufrió numerosos saqueos piráticos a lo largo del los siglos XVI y XVII.
🇬🇧 Façade of the chapel of San Sebastián (15th Century). It suffered extensive pillaging by pirates throughout the 16th and 17th Centuries.
🇩🇪 Außenfassade der Ermita de San Sebastián (15. Jahrhundert). Die Kapelle fiel im Laufe des 16. und 17. Jahrhunderts mehreren Piratenüberfällen zum Opfer.

09 🇪🇸 Fachada exterior del Museo "Casa de Colón", que alberga una colección de la cerámica Chimú (Perú). El edificio data del siglo XVII.
🇬🇧 The façade of the "Columbus' House" Museum, which houses a collection of ceramics from Chimú (Perú). The building dates from the 17th Century.
🇩🇪 Außenfassade des Museums „Casa de Colón"; es birgt eine Chimú-Keramik-Sammlung (Perú). Das Gebäude datiert aus dem 17. Jahrhundert.

10 🇪🇸 Torre del Conde (siglo. XV). Construida durante la conquista de la isla para evitar ataques, tanto del interior como del exterior.
🇬🇧 Torre del Conde (15th Century). Built during the conquest of the island to prevent attacks from both outside and inside the island.
🇩🇪 Torre del Conde (15. Jh.). Wurde während der Eroberung der Insel zum Schutze vor Angriffen sowohl vom Inselinneren als auch von außen konstruiert.

11 🇪🇸 Museo Arqueológico de La Gomera. Tel. 922 141 586.
🇬🇧 Archaeological museum of La Gomera. Phone. 922 141 586.
🇩🇪 Archäologisches Museum von La Gomera. Tel. 922 141 586.

12 🇪🇸 Panorámica del muelle de San Sebastián.
🇬🇧 A panoramic view of the port of San Sebastián.
🇩🇪 Blick auf den Hafen San Sebastián.

13 🇪🇸 Existen varias dulcerías, en las que podemos adquirir una excelente repostería gomera. Dulcería Rosa. Tel. 922 141 243. Dulcería Mendoza. Tel. 922 870 703.

🇬🇧 There are a number of cake shops, where you can buy excellent Gomeran desserts. Dulcería Rosa. Phone. 922 141 243. Dulcería Mendoza. Tel. 922 870 703.

🇩🇪 In San Sebastián existieren mehrere Süßwarengeschäfte, in denen exzellente gomerische Erzeugnisse angeboten werden. Dulcería Rosa. Tel. 922 141 243. Dulcería Mendoza. Tel. 922 870 703.

14 🇪🇸 Roque de Agando (1075 m.), es un gran pitón traquifonolítico.

🇬🇧 Roque de Agando (1075 m.), is a great trachyphonolite horn of rock.

🇩🇪 Roque de Agando (1075 m.) ist ein großes phonolitisches Felshorn.

15 🇪🇸 La "Calle del Medio", una de las más populares para ir de paseo y compras.

🇬🇧 The "Calle del Medio", one of the most popular in which to take a stroll or go shopping.

🇩🇪 Die „Calle del Medio", eine der populärsten Straßen zum Spazieren gehen und Einkaufen.

16 🇪🇸 Desde el mirador de La Hila se pueden observar bellas panorámicas de la villa.

🇬🇧 From the La Hila viewing point, you can observe beautiful panoramic views of the town.

🇩🇪 Vom Mirador de La Hila hat man eine schöne Sicht auf die Stadt.

17 🇪🇸 Puerto deportivo de San Sebastián.
🇬🇧 San Sebastián marina.
🇩🇪 Yachthafen von San Sebastián.

18 🇪🇸 Plaza de las Américas, un buen lugar para descanso y el recreo.

🇬🇧 Plaza de las Américas, a superb place for rest and relaxation.

🇩🇪 Plaza de las Américas, ein guter Ort für Erholung und Freizeit.

19 🇪🇸 Ferry de Fred Olsen, atracado en el muelle de San Sebastián.

🇬🇧 Fred Olsen Ferry, berthed in the port of San Sebastián.

🇩🇪 Eine Fähre der Fred Olsen ankert im Hafen San Sebastián.

20 🇪🇸 Embalse de Chejelipes, desde el mirador de Antonio Lazcano.

🇬🇧 Reservoir of Chejelipes, seen from the Antonio Lazcano viewing point.

🇩🇪 Stausee von Chejelipes, vom Mirador de Antonio Lazcano.

21 🇪🇸 Casa de la Aguada. En su patio aún se conserva el antiguo pozo en el que Colón se abasteció de agua, en su camino hacia el Nuevo Mundo (América). Actualmente, en este edificio se ha instalado la oficina de turismo.

🇬🇧 Casa de la Aguada. In the courtyard, there is still the old well from which Columbus supplied his ships on his way to the New World. Currently, the Tourist Information Office occupies the building.

🇩🇪 Casa de la Aguada. In ihrem Patio ist noch der alte Brunnen erhalten, aus dem sich Kolumbus auf seiner Reise in die neue Welt (Amerika) mit Wasser versorgte. Derzeit befindet sich in diesem Gebäude das Fremdenverkehrsamt.

22 🇪🇸 Ermita de las Nieves.

🇬🇧 Chapel of las Nieves.

🇩🇪 Ermita de las Nieves.

VALLE GRAN REY

- Más Información. www.aytovallegranrey.com
- Tel. Ayuntamiento de Valle Gran Rey. 922 805 000

Superficie / Area / Fläche	Altitud / Height / Höhe ü.d.M.	Población / Population / Bevölkerung	Espacios Naturales Protegidos / Protected Natural Areas / Naturschutzgebiet	Distancia por carretera / Distance by car / Distanz auf Verkehrswegen
32,36 km²	100 m.	4.857 habitantes	1.791,42 hectáreas	50 km. a SS de La Gomera

01 🇪🇸 Vista panorámica de Arure.
🇬🇧 A panoramic view of Arure.
🇩🇪 Blick auf Arure.

02 🇪🇸 El caserío de Taguluche, desde el mirador de El Santo.
🇬🇧 The hamlet of Taguluche, seen from the El Santo viewing point.
🇩🇪 Die Ortschaft Taguluche, vom Aussichtspunkt El Santo.

03 🇪🇸 Bancales típicos de Valle Gran Rey, uno de los paisajes simbólicos de La Gomera.
🇬🇧 Typical agricultural terraces in Valle Gran Rey, one of the symbolic landscapes of La Gomera.
🇩🇪 Typische Terrassenfelder in Valle Gran Rey, eine der für La Gomera symbolischsten Landschaften.

04 🇪🇸 Ermita de San Antonio, en la zona alta de Valle Gran Rey.
🇬🇧 Chapel of San Antonio, in the upper part of Valle Gran Rey.
🇩🇪 Ermita de San Antonio, im oberen Teil von Valle Gran Rey.

05 🇪🇸 Playa de Valle Gran Rey.
🇬🇧 The beach of Valle Gran Rey.
🇩🇪 Playa de Valle Gran Rey.

06 🇪🇸 Lagartario de Valle Gran Rey. En él se crían y protegen los lagartos gigantes endémicos descubiertos hace pocos años.
🏵 The Lizard Centre of Valle Gran Rey. Here the giant lizards that are native to the area and which were only discovered a few years ago are raised and protected.
🇩🇪 Lagartario de Valle Gran Rey. Hier werden die endemischen Rieseneidechsen, die erst vor wenigen Jahren entdeckt wurden, gezüchtet und geschützt.

07 🇪🇸 Playa del Inglés.
🏵 Playa del Inglés.
🇩🇪 Playa del Inglés.

08 🇪🇸 Vista de la zona conocida como "Casa de la Seda".
🏵 A view of the area known as "Casa de la Seda".
🇩🇪 Sicht auf die Zone namens „Casa de la Seda".

09 🇪🇸 Charco del Conde.
🏵 The Charco del Conde.
🇩🇪 Charco del Conde.

10 🇪🇸 Cañaverales en el cauce de Valle Gran Rey.
🏵 Reeds at the bottom of Valle Gran Rey.
🇩🇪 Bambusflächen im Flussbett von Valle Gran Rey.

11 🇪🇸 Exterior e interior de la Ermita de los Reyes, muy venerada en este municipio. Posee en su interior un retablo de la
Adoración de los Reyes, de finales del siglo XVIII.
   🇬🇧 The exterior and interior of the Chapel of los Reyes, which is much venerated in this borough. In the interior, there is an altarpiece of the Adoration of the Kings, from the late 18th Century.
   🇩🇪 Außen- und Innenbereich der Ermita de los Reyes, die in dieser Gemeinde sehr verehrt wird. Im Inneren steht der Altaraufsatz „Adoración de los Reyes", Ende 18.Jahrhundert.
12 🇪🇸 Ermita de la Virgen de la Salud. Arure.
   🇬🇧 Chapel of La Virgen de la Salud. Arure.
   🇩🇪 Ermita de la Virgen de la Salud. Arure.
13 🇪🇸 Mirador El Palmarejo. Única obra del desaparecido artista lanzaroteño César Manrique que existe en la isla. Restaurante. Tel. 922 805 868.
   🇬🇧 The El Palmarejo viewing point. The only piece of work by the late Lanzarote artist, César Manrique, which exists on the island. Restaurant. Phone. 922 805 868.
   🇩🇪 Mirador El Palmarejo. Einziges Werk des verstorbenen Künstlers César Manrique aus Lanzarote, das auf der Insel existiert. Restaurant. Tel. 922 805 868.
14 🇪🇸 Playa de las Vueltas y muelle de Valle Gran Rey.
   🇬🇧 Playa de las Vueltas and the port of Valle Gran Rey.
   🇩🇪 Playa de las Vueltas und Hafen Valle Gran Rey.

VALLEHERMOSO

- Más Información. **www.ayuntamientovallehermoso.org**
- Tel. Ayuntamiento de Vallehermoso. 922 800 000 / 075 / 480

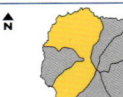

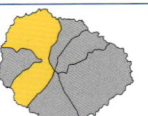

Superficie / Area / Fläche	Altitud / Height / Höhe ü.d.M.	Población / Population / Bevölkerung	Espacios Naturales Protegidos / Protected Natural Areas / Naturschutzgebiet	Distancia por carretera / Distance by car / Distanz auf Verkehrswegen
109,32 km²	230 m.	3.141 habitantes	3.155,09 hectáreas	41 km. a SS de La Gomera

01 🇪🇸 Callejón típico en el casco de Vallehermoso.
   🇬🇧 A typical alleyway in Vallehermoso
   🇩🇪 Typische Gasse im Stadtzentrum von Vallehermoso.

02 🇪🇸 Los Órganos. Monumento natural de origen volcánico, visible sólo desde el mar. Constituye el mejor ejemplo en Canarias de pitón sálico, en el que la erosión marina ha dejado al descubierto un espectacular conjunto de prismas, como consecuencia de la particular disposición de los materiales volcánicos al enfriarse.
   🇬🇧 The Natural Monument of Los Órganos, which is of volcanic origin, and is visible only from the sea. This constitutes the best example anywhere in the Canary Islands of salic volcanic rock, in which erosion by the sea has uncovered a spectacular set of prisms, as a consequence of the unusual disposition of the volcanic materials as they cooled.
   🇩🇪 Los Órganos. Naturmonument vulkanischen Ursprungs, nur vom Meer aus zu sehen. Bestes Beispiel für ein salisches Felshorn auf den Kanaren. Hier hat die Erosion des Meeres einen spektakulären Prismenkomplex zum Vorschein gebracht, eine eigenartige Anordnung, die beim Abkühlen des vulkanischen Materials entstand.

03 🇪🇸 Los Chorros de Epina.
   🇬🇧 Los Chorros de Epina.
   🇩🇪 Los Chorros de Epina.

04 🇪🇸 Presa "La Encantadora", con el barrio "Rosa de las Piedras" al fondo.
   🇬🇧 The "La Encantadora" reservoir, with "Rosa de las Piedras" in the background.
   🇩🇪 Talsperre „La Encantadora", mit dem Ort „Rosa de las Piedras" im Hintergrund.

05 🇪🇸 Patio interior de una antigua casa canaria.
   🇬🇧 The internal courtyard of an old Canarian house.
   🇩🇪 Innenhof eines alten kanarischen Hauses.

06 🇪🇸 Interior de la Iglesia de San Juan Bautista.
   🌞 The interior of the Church of San Juan Bautista.
   🇩🇪 Im Inneren der Iglesia de San Juan Bautista.

07 🇪🇸 Roque Cano, desde el barrio de Los Chapines.
   🌞 Roque Cano, from the barrio de Los Chapines.
   🇩🇪 Roque Cano, vom Ortsteil Los Chapines.

08 🇪🇸 Vista panorámica de Tamargada.
   🌞 A panoramic view of Tamargada.
   🇩🇪 Panoramablick auf Tamargada.

09 🇪🇸 Castillo del Mar, antiguo pescante de la zona costera de Vallehermoso. Alberga en su interior un restaurante y un centro cultural, con fotos antiguas.
   🌞 Castillo del Mar, an old davit in the coastal area of Vallehermoso. It is now a restaurant and arts centre, with old photos.
   🇩🇪 Castillo del Mar, alter Davit in der Küstenregion von Vallehermoso. Im Inneren befinden sich ein Restaurant und ein Kulturzentrum mit alten Fotos.

10 🇪🇸 El pueblo de Chipude y la Fortaleza.
   🌞 The village of Chipude and la Fortaleza (Fortress).
   🇩🇪 Das Dorf Chipude und la Fortaleza.

11 🇪🇸 Casa natal del prestigioso poeta canario Pedro García Cabrera.
   🌞 The birthplace of the renowned Canarian poet, Pedro García Cabrera.
   🇩🇪 Geburtshaus des berühmten kanarischen Dichters Pedro García Cabrera.

12 🇪🇸 Alfarería tradicional Rufina (El Cercado).
🏴 Rufina traditional pottery (El Cercado).
🇩🇪 Traditionelle Töpferei Rufina (El Cercado).
13 🇪🇸 Mirador de Igualero, donde se levanta una escultura en homenaje al silbo gomero.
🏴 Igualero viewing point, where there is a sculpture in tribute to the Gomeran whistling language.
🇩🇪 Mirador de Igualero. Hier steht eine Skulptur zum Angedenken an den „silbo gomero" (gepfiffene Sprache von la Gomera).
14 🇪🇸 Plaza de la Constitución.
🏴 Plaza de la Constitución.
🇩🇪 Plaza de la Constitución.
15 🇪🇸 Piscinas de Vallehermoso.
🏴 Vallehermoso swimming pools.
🇩🇪 Schwimmbäder von Vallehermoso.
16 🇪🇸 Iglesia parroquial de Chipude (siglo XVI).
🏴 Parish church of Chipude (16th Century).
🇩🇪 Pfarrkirche von Chipude (16. Jahrhundert).

RED DE ESPACIOS NATURALES PROTEGIDOS
NETWORK OF PROTECTED NATURAL SPACES / DAS NETZ DER NATURSCHUTZGEBIETE

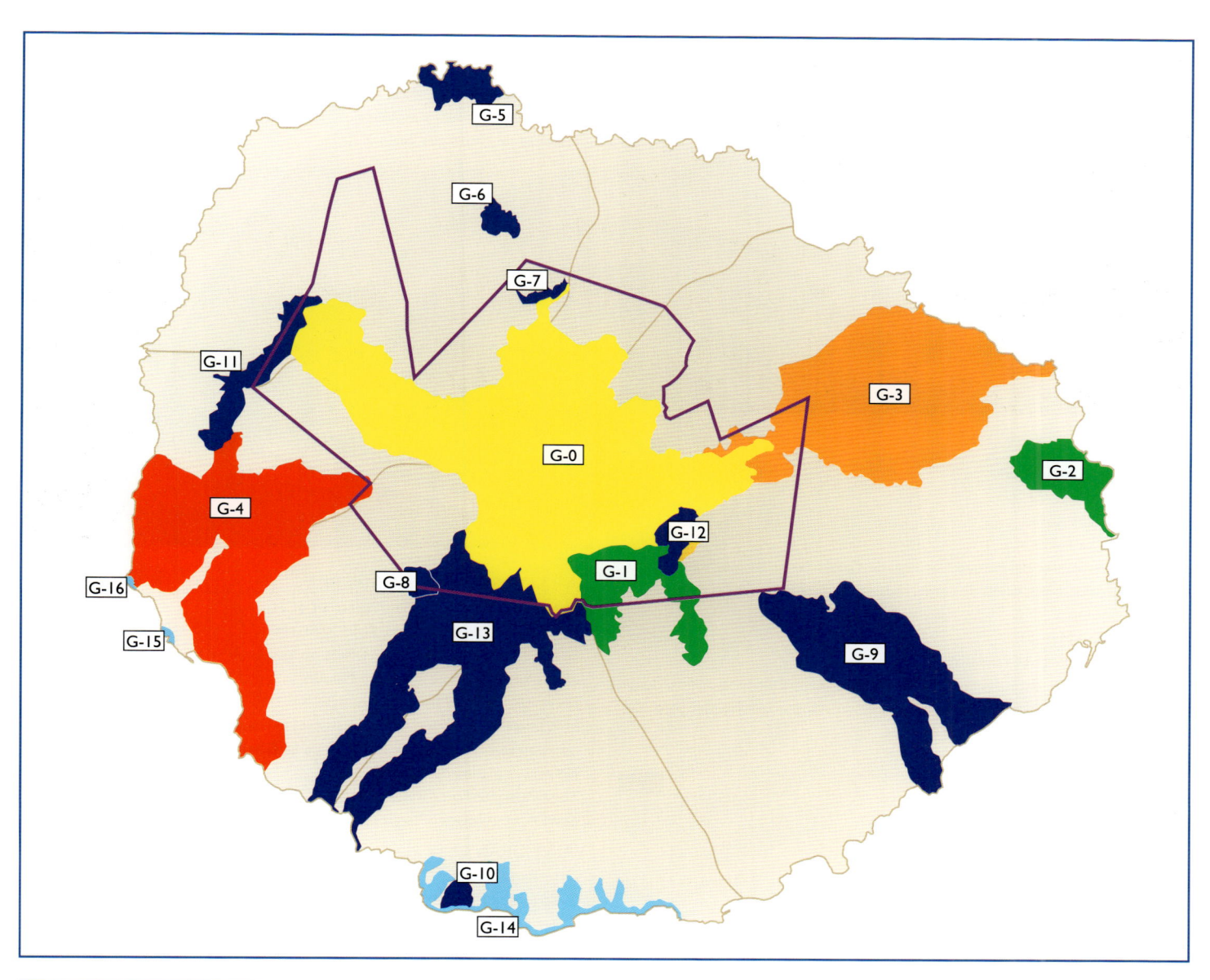

PARQUE NACIONAL
G-0 Parque Nacional de Garajonay

RESERVA NATURAL INTEGRAL
G-1 Reserva Natural Integral de Benchijigua

RESERVA NATURAL ESPECIAL
G-2 Reserva Natural Especial de Puntallana

PARQUE NATURAL
G-3 Parque Natural de Majona

PARQUE RURAL
G-4 Parque Rural de Valle de Gran Rey

MONUMENTO NATURAL
G-5 Monumento Natural de Los Órganos
G-6 Monumento Natural de Roque Cano
G-7 Monumento Natural de Roque Blanco
G-8 Monumento Natural de La Fortaleza
G-9 Monumento Natural del Barranco del Cabrito
G-10 Monumento Natural de La Caldera
G-11 Monumento Natural del Lomo del Carretón
G-12 Monumento Natural de Los Roques

PAISAJE PROTEGIDO
G-13 Paisaje Protegido de Orone

SITIO DE INTERÉS CIENTÍFICO
G-14 Sitio de Interés Científico de Acantilados de Alajeró
G-15 Sitio de Interés Científico del Charco del Conde
G-16 Sitio de Interés Científico del Charco de Cieno

B.I.C.* Y OTROS LUGARES DE INTERÉS HISTÓRICO
B.I.C. AND OTHER LOCATIONS OF HISTORICAL INTEREST / B.I.C. UND ANDERE HISTORISCH INTERESSANTE ORTE

AGULO
- Casco Histórico de Agulo.
- Casas de Meriga.
- Caserío de Las Rosas.
- Caserío de La Palmita.
- Centro de Visitantes del Parque Nacional de Garajonay (en el Juego de Bolas). Sala de exposiciones, salón de actos, museo etnográfico, talleres de artesanía y jardín botánico.
- Ermita de San Marcos.
- Iglesia de San Marcos Evangelista. El primer templo data del siglo XVII y se fue ampliando y modificando en sucesivos periodos. La edificación actual es de tipo neogótico, del siglo XX. Imágenes de La Merced y de San Marcos.
- Pescante de Agulo. Siglo XX.

ALAJERÓ
- Alajeró Casco.
- Casas de Quise.
- Casas de Los Almácigos.
- Caserío de Antoncojo, caserío de Arguayoda, caserío de El Drago, caserío de Imada, caserío de Targa.
- El centenario Drago de Agalán.
- Ermita de Nuestra Señora de El Buen Paso.
- Ermita de San Isidro. Alto de la Montaña de Tagaragunche.
- Factoría de pescado "La Cantera".
- Grabados rupestres del Roque de Targa.
- Iglesia de El Salvador. Siglo XVI. Elementos destacados: El Crucificado (siglo XV-XVI) y la Custodia Indiana de plata (siglo XVII).
- Yacimientos arqueológicos de Los Guros.
- Yacimientos arqueológicos de Los Polieros.
- Yacimientos arqueológicos de Tagaragunche.

HERMIGUA
- Iglesia del convento dominico de San Pedro. Siglo XVII. Posee un retablo del Rosario de estilo barroco del siglo XVII.
- Iglesia de Nuestra Señora de La Encarnación.
- Museo Etnográfico de La Gomera. Las Hoyetas, s/n. Tel. 922 140 106. Fax. 922 140 151. Dispone de piezas de artesanía tradicional y mobiliario.
- Pescante de Hermigua. Siglo XX.

SAN SEBASTIÁN DE LA GOMERA
- Conjunto Histórico de San Sebastián. (CH)
- Edificio Pozo de La Aguada. Siglo XVII. (M) Su importancia histórica viene dada porque en él se abasteció de agua Cristóbal Colón en su viaje al Nuevo Mundo.
- Torre del Conde. Mediados del siglo XV. (M) Es la única fortificación militar medieval existente en Canarias. Acoge una exposición sobre cartografía histórica de La Gomera, de la Villa de San Sebastián y diversos planos de la Torre.
- Zona Paleontológica Bujero del Silo. (ZP)
- Zona Arqueológica "Plataforma o Duna de Puntallana". (ZA)

VALLE GRAN REY
- Caserío de Arure.
- Caserío de Las Hayas.
- Caserío de Taguluche.
- Charco del Conde.
- Ermita de El Santo. Arure.
- Ermita de Los Reyes. Valle Gran Rey. Edificada en diferentes siglos.
- Ermita de San Nicolás de Tolentino. Arure.
- Ermita de San Antonio. Guadá.
- Yacimientos arqueológicos de la Asomada de Las Cuevas. Arure.
- Yacimientos arqueológicos de la Cordillera. Valle Gran Rey.

VALLEHERMOSO
- Concheros de Arguamul.
- Chorros de Epina.
- Ermita de Santa Lucía. Tazo. Siglos XVI-XVIII.
- Iglesia de San Juan Bautista. Vallehermoso.
- Zona Arqueológica Fortaleza de Chipude. (ZA)

*Declarados o con expediente en trámite por Organismos Oficiales. / Declared or under consideration by Official Bodies. / Von offiziellen Behörden bereits dazu erklärt oder behördlicher Weg zur Erklärung bereits beantragt.

LA PALMA

- Más Información. **www.cablapalma.es**
- Tel. Cabildo Insular de La Palma. 922 423 100

Superficie / Area / Fläche	708,32 km²
Altitud / Height / Höhe ü.d.M.	**Roque de los Muchachos 2423 m.**
Población / Population / Bevölkerung	**85.252 habitantes**
Espacios Naturales Protegidos / Protected Natural Areas / Naturschutzgebiet	**25.005,5 hectáreas**

LA PALMA

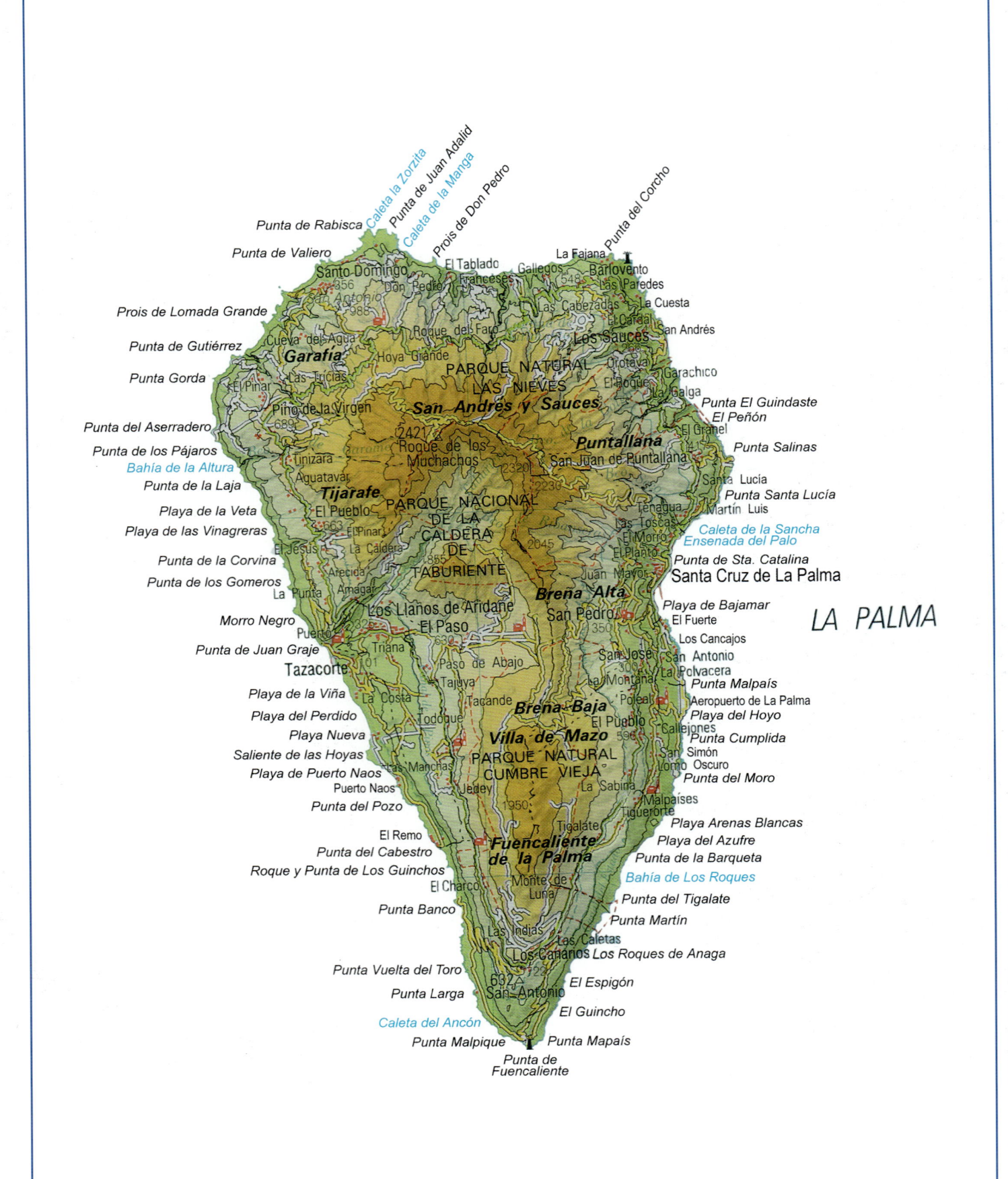

Fuente / Source / Quelle: Instituto Geográfico Nacional. Centro Nacional de Información Geográfica.
Escala 1:350.000

INTRODUCCIÓN
INTRODUCTION / EINLEITUNG

ASPECTOS GEOGRÁFICOS
GEOGRAPHICAL ASPECTS / GEOGRAFISCHE GESICHTSPUNKTE

🇪🇸 La Palma está situada en el Noroeste del Archipiélago y tiene forma de triángulo isósceles invertido. En su accidentada orografía destacan: la Caldera de Taburiente, en cuyo borde se localizan las instalaciones astrofísicas del Roque de los Muchachos (2.423 m.s.m.); la Cumbre Vieja, donde se concentran los volcanes históricos; los Valles de Las Breñas y Aridane; y los profundos barrancos del Norte, como el de los Tiles, donde se ha colocado el puente más alto del Archipiélago.

Es una isla muy favorecida por la lluvia, lo que le permite albergar una densa masa vegetal, en la que están representados todos los pisos de vegetación canarios, lo que ha motivado que se la conozca como "Isla Verde". En 1983 la UNESCO declaró como Reserva de la Biosfera al Canal y Los Tiles, en San Andrés y Sauces, que en 2002 se extendió a toda la isla. Uno de sus principales atractivos es su gran variedad de paisajes y sus valores naturales, recogidos en 19 espacios naturales protegidos, entre los que destaca el Parque Nacional de la Caldera de Taburiente (declarado en 1954), con algunos arroyos y manantiales, así como los Parques Naturales de Las Nieves y Cumbre Vieja.

La economía de la isla está basada en el sector primario (plátanos, viñedos, tabaco,...) y, en las últimas décadas, el turismo costero (sobre todo en Los Cancajos y Puerto Naos), al que se suma una importante red de casas rurales repartidas por toda la isla.

La isla ofrece además al visitante una excelente gastronomía y la posibilidad de adquirir diversos productos de la tierra, especialmente en sus centros de artesanía y mercados, entre los que destacan bordados, cestería, cerámica, quesos, vinos, tabaco y repostería.

La población está repartida en 14 municipios y se concentra principalmente en el Valle de Aridane y en la capital, Santa Cruz de la Palma, así como en los municipios limítrofes.

🇬🇧 La Palma is located in the northwest of the Canary Islands and has the shape of an inverted isosceles triangle. The main features of the island are: the Caldera de Taburiente, on the edge of which are the astrophysical installations of the Roque de los Muchachos (2,423 metres above sea level); the Cumbre Vieja, where the historical volcanoes are concentrated; the Valleys of Las Breñas and Aridane; and the deep ravines in the north, such as that of Tiles, where the highest bridge in the Canary Islands has been built.

The island gets a great deal of rain and therefore has a dense mass of plant life in which all the layers of Canarian vegetation are to be found, which has led this to be called the "Isla Verde" or green island. In 1983, UNESCO declared the Canal y Los Tiles in San Andrés y Sauces a Biosphere Reserve, and this status was extended in 2002 to cover the whole of the island. One of the major attractions is the great variety of landscapes in a total of nineteen protected natural spaces, foremost among which are the Caldera de Taburiente National Park (declared in 1954), with a number of streams and springs, as well as the Natural Parks of Las Nieves and Cumbre Vieja.

The economy of the island is based on the primary sector (bananas, vines, tobacco,...) and, over the last few decades, tourism on the coast (above all at Los Cancajos and Puerto Naos), to which must now be added a significant network of rural houses spread around the island.

The island offers the visitor excellent cuisine and the possibility of acquiring a range of local products especially in the craftwork centres and markets, among which the most important are embroidery, baskets, pottery, ceramics, cheeses, wines, tobacco and cakes.

The population lives in fourteen boroughs and is to be found mainly in the Aridane Valley and in the capital, Santa Cruz de la Palma, as well as in neighbouring boroughs.

🇩🇪 La Palma liegt im Nordwesten des Archipels und besitzt die Form eines umgedrehten gleichschenkligen Dreiecks. Markante Punkte der abschüssigen Inselorografie sind: la Caldera de Taburiente, an deren Rand die Astrophysischen Anlagen von Roque de los Muchachos (2.423m ü.d.M.) stehen, la Cumbre Vieja, wo sich die historischen Vulkane befinden, los Valles de Las Breñas und Aridane, sowie die tiefen Schluchten im Norden, wie El Barranco de los Tiles, über den die höchste Brücke des Archipels gebaut wurde.

Die Insel ist von Niederschlägen begünstigt, daher ihr dichtes Pflanzenwachstum. Sie präsentiert alle vorkommenden kanarischen Vegetationsformen, was ihr den Beinamen „isla verde - Grüne Insel" eingebracht hat. 1983 wurde das Gebiet „el Canal y Los Tiles", in San Andres und Sauces von der UNESCO zum Biosphärenreservat erklärt, das sich dann 2002 über die gesamte Insel erstreckte. Einer ihrer grössten Reize ist ihre landschaftliche Vielfalt und reiche Natur, aufgeteilt in 19 Naturschutzgebiete, darunter der Nationalpark Caldera de Taburiente (seit 1954) mit einigen Wasserläufen und Quellen, sowie die Naturparks Las Nieves und Cumbre Vieja.

Die Inselwirtschaft basiert auf dem Primärsektor (Bananen, Wein, Tabak...) und seit einigen Jahrzehnten auch auf dem Küstentourismus (vor allem in Los Cancajos und Puerto Naos). Dazu kommt ein gutes Angebot an Ruralunterkünften, das sich über die gesamte Insel erstreckt.

Die Insel bietet dem Besucher außerdem ein exzellentes gastronomisches Angebot, sowie die Möglichkeit, Inselerzeugnisse zu erwerben, vor allem in den Handwerkskunstzentren und auf den Märkten. Zu diesen Produkten zählen Stickereien, Korbflechtereien, Keramiken, Käse, Wein, Tabak und Konditoreiwaren.

Die Bevölkerung teilt sich auf 14 Gemeinden auf und konzentriert sich dabei besonders in Valle de Aridane und in der Hauptstadt, Santa Cruz de La Palma, und benachbarten Gemeinden.

BREVE RESEÑA HISTÓRICA
A SHORT HISTORICAL SUMMARY / KURZER HISTORISCHER ÜBERBLICK

🇪🇸 La Palma era conocida por sus primeros habitantes, los "auaritas", con el nombre de Benahoare. El pastoreo era su principal actividad, aunque la agricultura y la recolección de frutos silvestres también tuvieron su importancia. Por toda la isla se reparten multitud de yacimientos arqueológicos y estaciones con bellos grabados rupestres (La Zarza, Belmaco, Tendal, etc.).

La conquista de la isla fue dirigida por Alonso Fernández de Lugo y se llevó a cabo entre 1492 y 1493, a pesar de la resistencia del bando de Aceró, cuyo jefe Tanausú fue traicionado por el conquistador y apresado, para posteriormente ser conducido con otros esclavos hacia tierras peninsulares, en cuyo trayecto prefirió dejarse morir de hambre antes que pasar el resto de su vida sin libertad.

Terminada la conquista se inició el proceso de colonización y, con el paso de los años, la isla alcanzó una notable prosperidad, debido al auge de dos cultivos de exportación, la caña de azúcar y el malvasía. Años más tarde, Felipe II concedió a la isla el Juzgado de Indias, con lo que el puerto de la capital llegó a ser el tercero del Imperio en despachar mercancías para América. Coincidiendo con ese periodo de la Historia Moderna, la isla fue atacada en numerosas ocasiones por piratas y corsarios, siendo uno de los asaltos más virulentos el que sufrió Santa Cruz de La Palma en 1553, cuando la ciudad fue incendiada y saqueada por François Le Clerc.

A fines del siglo XVIII el comercio entró en crisis, lo que produjo una fuerte emigración a América, que se volvió a repetir a lo largo del XIX y en la primera mitad del XX. Sin embargo, a mediados del siglo pasado se comenzó a desarrollar con gran éxito el sector agrícola platanero, hasta convertirse en el motor de la economía insular, lo que motivó el retorno de muchos emigrantes. En la actualidad esta actividad mantiene su importancia, aunque en las últimas décadas el turismo le ha ido quitando protagonismo.

🇬🇧 La Palma was known by its first inhabitants, the "auaritas", by the name of Benahoare. Livestock keeping was their main activity, although agriculture and gathering of wild fruit were also important. All over the island, there are many archaeological sites with beautiful rock markings (La Zarza, Belmaco, Tendal, etc.).

The conquest of the island was achieved by Alonso Fernández de Lugo and was carried out in 1492 and 1493, despite the resistance of the Aceró tribe, whose chief, Tanausú, was tricked by the conqueror and taken captive and was then taken with other prisoners as a slave to Spain. He preferred to die of hunger on the journey rather than spend the rest of his life without his liberty.

Once the Conquest was complete, the process of colonisation began and, over the years, the island achieved remarkable prosperity, due to the growth of the two export crops, sugar cane and malmsey wine. Years later, Felipe II gave the island the Juzgado de Indias, which made the port of the capital the third most important in the Spanish Empire for sending goods to America. Coinciding with this period of modern history, the island was attacked on numerous occasions by pirates and corsairs, with one of the most virulent attacks that which was suffered by Santa Cruz de La Palma in 1553, when the town was burnt and sacked by François Le Clerc.

At the end of the 18th Century, trade went into crisis, which led many people to emigrate to America, which was repeated again throughout the 19th Century and in the first half of the 20th. Nevertheless, halfway through the last century the banana growers began to be very successful, and this became the driving force of the island's economy, which led many emigrants to return. This sector is still very important although over the last few decades the tourist sector has been gaining in importance.

🇩🇪 La Palma hatte bei den Ureinwohnern, den „Auaritas", den Namen Benahoare. Der Weidegang war ihre Haupttätigkeit, wenngleich der Landwirtschaft und dem Sammeln von wildwachsenden Früchten ebenfalls eine gewisse Bedeutung zukam. Auf der gesamten Insel existieren archäologische Fundstätten und Orte mit schönen Felsgravuren (La Zarza, Belmaco, Tendal usw.)

Die Eroberung der Insel wurde von Alonso Fernández de Lugo geleitet und zwischen 1492 und 1493 zu Ende geführt, trotz des Widerstands des Volkes von Aceró, dessen Oberhaupt Tanausú vom Eroberer verraten und gefangen genommen und später zusammen mit anderen Sklaven zum spanischen Festland gebracht wurde. Doch auf der Überfahrt bevorzugte dieser den Hungertod zu sterben, als den Rest seines Lebens in Gefangenschaft zu verbringen.

Nach vollendeter Eroberung begann der Besiedlungsprozess und im Laufe der Jahre gelangte die Insel zu beträchtlichem Reichtum, aufgrund der beiden Exportanbauerzeugnisse, dem Rohrzucker und der Malvasía. Jahre später verlieh Felipe II. der Insel den Status „Juzgado de Indias", womit die Hauptstadt der drittwichtigste Ausfuhrort des Imperiums von Waren nach Amerika wurde. Nach heutigen geschichtlichen Erkenntnissen fällt diese Zeit mit den zahlreichen Piraten- und Korsarenangriffen zusammen. Der schlimmste ereignete sich 1553, als François Le Clero die Stadt Santa Cruz de La Palma in Brand steckte und plünderte.

Gegen Ende des 18. Jahrhunderts erlitt der Handel eine Krise, was zu einer starken Auswanderungswelle nach Amerika führte, ein Ereignis, das sich im Laufe des 19. bis Mitte 20. Jahrhundert wiederholte. Doch dann begann der grosse Erfolg der Landwirtschaft mit dem Bananenanbau, der zum Motor der Inselwirtschaft wurde, was zur Rückkehr vieler Emigranten führte. Auch heute noch ist dieser Sektor sehr bedeutend, wenngleich in den letzten Jahrzehnten der Tourismus die führende Rolle übernommen hat.

BARLOVENTO

- Más Información. www.barlovento.es
- Tel. Ayuntamiento de Barlovento. 922 186 002

	Superficie / Area / Fläche	Altitud / Height / Höhe ü.d.M.	Población / Population / Bevölkerung	Espacios Naturales Protegidos / Protected Natural Areas / Naturschutzgebiet	Distancia por carretera / Distance by car / Distanz auf Verkehrswegen
	43,55 km²	**548 m.**	**2.507 habitantes**	**246,52 hectáreas**	**32 km. a S/C de la Palma**

01 🇪🇸 Iglesia de Nuestra Señora del Rosario, construida a mediados del siglo XVI y ampliada en el XVII. Sus campanas proceden de un ingenio azucarero cubano.

🇬🇧 The Church of Nuestra Señora del Rosario, built in the mid-16th Century and extended in the 17th Century. The bells are from a Cuban sugar refinery.

🇩🇪 Die Pfarrkirche Nuestra Señora del Rosario wurde Mitte des 16. Jahrhunderts erbaut und im 17. Jahrhundert erweitert. Ihre Glocken stammen von einer kubanischen Zuckerfabrik.

02 🇪🇸 La Crucita, uno de los cuatro agrupamientos poblacionales de Gallegos.

🇬🇧 La Crucita, one of four groups of houses in Gallegos.

🇩🇪 La Crucita, eine der vier Siedlungen, aus denen sich Gallegos zusammensetzt.

03 🇪🇸 Faro de Punta Cumplida. Primer faro construido en la isla. Su obra fue aprobada en 1861 y entró en funcionamiento en 1867.

🇬🇧 Punta Cumplida Lighthouse. The first lighthouse on the island. The design was approved in 1861 and it began operating in 1867.

🇩🇪 Leuchtturm Punta Cumplida. Es ist der erste Leuchtturm der Insel. Sein Bau wurde 1861 beschlossen und 1867 wurde er erstmalig in Betrieb genommen.

04 🇪🇸 Cada dos o tres años y durante las fiestas en honor de Nuestra Señora del Rosario, a mediados de agosto, se representa la Batalla de Lepanto, tradición que se remonta a principios del siglo XX.

🇬🇧 Every two or three years and during the fiesta held in honour of Nuestra Señora del Rosario, in mid-August, a reconstruction of the Battle of Lepanto is fought. This tradition goes back to the beginning of the 20th Century.

🇩🇪 Alle drei Jahre wird Mitte August im Rahmen des Festes zu Ehren von Nuestra Señora del Rosario die Seeschlacht von Lepanto, die Batalla de Lepanto nachgespielt, eine Tradition, die auf Anfang des 20. Jahrhunderts zurückgeht.

05 🇪🇸 Piscinas de La Fajana, zona de baño recreativa, cerca del Faro de Punta Cumplida.

🇬🇧 The La Fajana swimming pools, near the Punta Cumplida lighthouse.

🇩🇪 Piscinas de La Fajana, Naturschwimmbecken in der Nähe des Leuchtturms von Punta Cumplida.

BREÑA ALTA

- Más Información. **www.balta.org**
- Tel. Ayuntamiento de Breña Alta. 922 437 009 / 429 056

Superficie / Area / Fläche	Altitud / Height / Höhe ü.d.M.	Población / Population / Bevölkerung	Espacios Naturales Protegidos / Protected Natural Areas / Naturschutzgebiet	Distancia por carretera / Distance by car / Distanz auf Verkehrswegen
30,82 km²	**350 m.**	**7.039 habitantes**	**615,91 hectáreas**	**9 km. a S/C de la Palma**

01 🇪🇸 Los Dragos Gemelos, recuerdan la leyenda de la disputa trágica de dos hermanos por el amor de una doncella. El Llanito.

🇬🇧 The Twin Dragon Trees. They remind us of the legend of a tragic dispute between two brothers for the love of a girl. El Llanito.

🇩🇪 Los Dragos Gemelos. Die "Zwillings-Drachenbäume" erinnern uns an die Legende eines tragischen Zwistes zweier Brüder um die Liebe eines jungen Mädchens. El Llanito.

02 🇪🇸 Iglesia de San Pedro Apóstol, construida en el siglo XVI, junto a la Plaza de La Lealtad.

🇬🇧 Church of Saint Peter the Apostle, built in the 16th Century next to the Plaza de La Lealtad.

🇩🇪 Pfarrkirche San Pedro Apóstol, im 16. Jahrhundert gebaut, an der Plaza de La Lealtad.

03 🇪🇸 Centro de Artesanía La Destiladera. Se elaboran y venden: artesanía, licores y puros palmeros. Tel. 922 429 392.

🇬🇧 The La Destiladera Craftwork Centre. Here craftwork, liqueurs and La Palma cigars are made and sold. Tel. 922 429 392.

🇩🇪 Kunsthandwerkszentrum La Destiladera. Hier wird traditionelle Handwerkskunst betrieben sowie Likör und La Palma-Zigarren hergestellt und verkauft. Tel. 922 429 392.

04 🇪🇸 Elaboración de tabacos de forma artesanal. Fábrica La Inmejorable. Tel. 922 437 067. San Pedro.

🇬🇧 Preparation of tobacco in the traditional way. Factory La Inmejorable. Tel. 922 437 067. San Pedro.

🇩🇪 Traditionelle Anfertigung der handgerollten Zigarren. Betrieb La Inmejorable. Tel. 922 437 067. San Pedro.

05 🇪🇸 El 3 de mayo los vecinos del municipio enraman las cruces, tradición que se remonta al siglo XVIII. Cruz de La Pasión, 2005.

🇬🇧 On 3rd May every year, the residents of the town adorn their crosses, a tradition which goes back to the 18th Century. Cruz de La Pasión, 2005.

🇩🇪 Jeden 3. Mai schmücken die Anwohner der Gemeinde die Kreuze, eine Tradition, die auf das 18. Jahrhundert zurückgeht. Cruz de La Pasión, 2005.

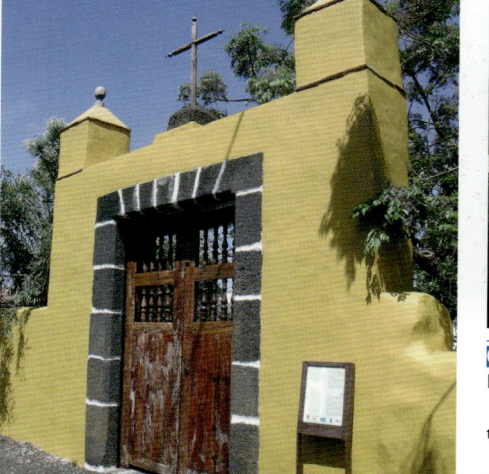

06 🇪🇸 Playa de Bajamar, en el límite con Santa Cruz de La Palma.
 🇬🇧 The beach of Bajamar, at the border with Santa Cruz de La Palma.
 🇩🇪 Strand von Bajamar an der Stadtgrenze zu Santa Cruz de La Palma.

07 🇪🇸 Casa de Los Lugo. Principios del siglo XVIII.
 🇬🇧 Casa de Los Lugo. Early 18th Century.
 🇩🇪 Casa de Los Lugo. Frühes 18. Jahrhundert.

08 🇪🇸 Rincón de San Pedro.
 🇬🇧 Rincón de San Pedro.
 🇩🇪 Rincón de San Pedro.

09 🇪🇸 Ermita de La Concepción del Risco, erigida en el siglo XVI. Buenavista.
 🇬🇧 Chapel of La Concepción del Risco, built in the 16th Century. Buenavista.
 🇩🇪 Die Kapelle La Concepción del Risco wurde im 16. Jahrhundert gebaut. Buenavista.

10 🇪🇸 Muchas casonas del municipio están precedidas por viejas y llamativas portadas almenadas.
 🇬🇧 Many mansions in the district have striking old crenellated gates.
 🇩🇪 Viele Bürgerhäuser der Gemeinde verfügen über alte und Aufsehen erregende, mit Mauerkrönung versehene Eingangstore.

11 🇪🇸 Baltavida. Centro deportivo de ocio y balneario.
 🇬🇧 Baltavida. Sports centre and Spa.
 🇩🇪 Baltavida. Sportanlage mit Spa-Center.

12 🇪🇸 Vista panorámica de Breña Alta desde el Mirador de La Concepción.
 🇬🇧 A panoramic view of Breña Alta from the La Concepción Viewing Point.
 🇩🇪 Panoramablick auf Breña Alta vom Mirador de la Concepción aus.

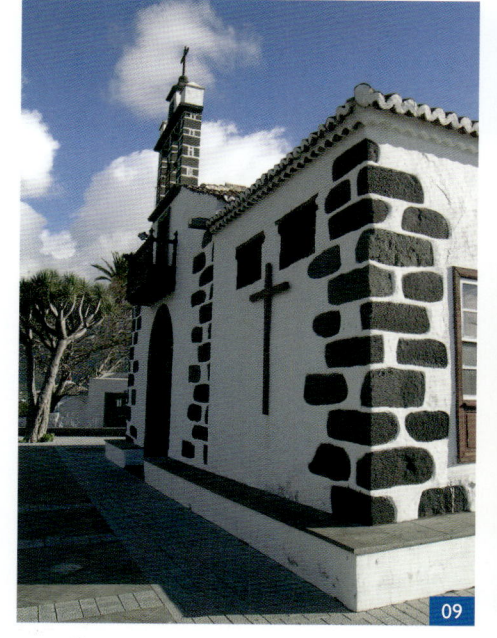

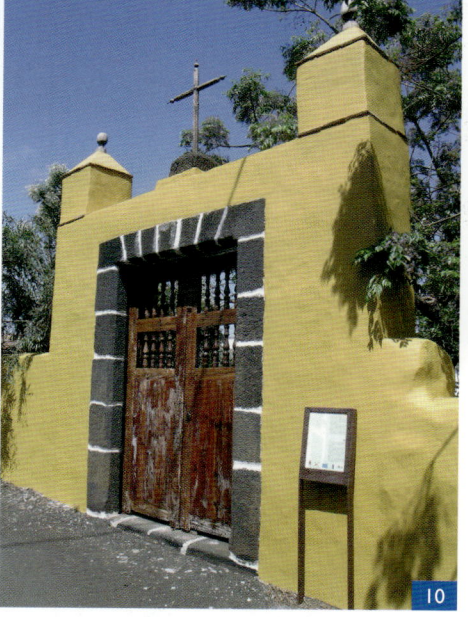

183

BREÑA BAJA

. Más Información. www.bbaja.es
. Tel. Ayuntamiento de Breña Baja. 922 435 955

Superficie / Area / Fläche	Altitud / Height / Höhe ü.d.M.	Población / Population / Bevölkerung	Espacios Naturales Protegidos / Protected Natural Areas / Naturschutzgebiet	Distancia por carretera / Distance by car / Distanz auf Verkehrswegen
14,20 km²	300 m.	4.355 habitantes	265,06 hectáreas	7 km. a S/C de la Palma

01 🇪🇸 Portada. Antiguas salinas del siglo XVIII, en Los Cancajos.
🇬🇧 Gate. An old 18th Century saltworks, at Los Cancajos.
🇩🇪 Eingangstor. Ehemalige Salinen aus dem 18. Jahrhundert in Los Cancajos.

02 🇪🇸 Escultura en el Mirador de Risco Alto. Al fondo, el aeropuerto de la isla.
🇬🇧 Sculpture at the Mirador de Risco Alto. In the background, the island's airport.
🇩🇪 Skulptur beim Aussichtspunkt Risco Alto. Dahinter liegt der Flughafen.

03 🇪🇸 Cruz del Milenio. Fue colocada al comenzar el siglo XXI y sustituye a la instalada al comenzar el siglo XX. Mirador de la Montaña de La Breña.
🇬🇧 Cruz del Milenio. It was set up at the beginning of the 21st Century and replaces the cross placed here at the beginning of the 20th Century. Mirador de la Montaña de La Breña.
🇩🇪 Cruz del Milenio. Das Kreuz wurde Anfang des 21. Jahrhunderts aufgestellt, als Ersatz für ein Kreuz von Anfang des 20. Jahrhunderts. Aussichtspunkt Montaña de La Breña.

04 🇪🇸 Playa del Varadero y Playa Nueva, en Los Cancajos.
🇬🇧 El Varadero beach and Playa Nueva at Los Cancajos.
🇩🇪 Playa del Varadero und Playa Nueva in Los Cancajos.

05 🇪🇸 Ermita de El Socorro, construida en 1615 en terrenos de Breña Alta. Destruida por un aluvión, fue reconstruida a principios del siglo XVIII en la zona de Breña Baja. Depende eclesiásticamente de Breña Alta.
🇬🇧 The Chapel of El Socorro, built in 1615 on lands belonging to Breña Alta. Destroyed by heavy rain, it was rebuilt in the early 18th Century in the district of Breña Baja. It belongs ecclesiastically to Breña Alta.
🇩🇪 Die Kapelle El Socorro wurde 1615 in Breña Alta gebaut. Nachdem die ursprüngliche Einsiedelei bei einer Überschwemmung völlig zerstört worden war, baute man sie Anfang des 18. Jahrhunderts in Breña Baja wieder auf. Sie untersteht kirchlich gesehen Breña Alta.

06 🇪🇸 Espadaña de la antigua iglesia de San José. La construcción actual es el resultado de ampliaciones realizadas sobre la primitiva ermita de 1637.

🇬🇧 Belfry of the old church of San José. The current building is the result of extensions added on to the old chapel of 1637.

🇩🇪 Glockenwand der ehemaligen Pfarrkirche San José. Das derzeitige Kirchgebäude ist das Ergebnis von Erweiterungsarbeiten, die über der ursprünglichen Einsiedelei von 1637 durchgeführt wurden.

07 🇪🇸 Jardines e instalaciones del Parador de Turismo, construido en El Zumacal.

🇬🇧 Gardens and installations of the "Parador de Turismo", built at El Zumacal.

🇩🇪 Garten und Gebäude des "Parador de Turismo". Das Hotel der staatlichen Hotelkette liegt in El Zumacal.

08 🇪🇸 La Montaña de La Breña. Desde su mirador se disfruta de una amplia panorámica de Las Breñas.

🇬🇧 The Montaña de La Breña. From the viewing point there is a broad panoramic view of Las Breñas.

🇩🇪 Der Berg Montaña de La Breña. Vom Aussichtspunkt bietet sich ein wunderbarer Blick über Las Breñas.

09 🇪🇸 Vista parcial de San Antonio.

🇬🇧 Partial view of San Antonio.

🇩🇪 Blick auf San Antonio.

10 🇪🇸 Casona Fierro-Torres y Santa Cruz, construida en el siglo XVII y declarada Bien de Interés Cultural.

🇬🇧 The Fierro-Torres y Santa Cruz Mansion, built in the 17th Century and declared a "Property of Cultural Interest".

🇩🇪 Das Anwesen Fierro-Torres y Santa Cruz wurde im 17. Jahrhundert gebaut und ist zum "Gemeingut von kulturellem Interesse" erklärt worden.

EL PASO

- Más Información. www.ayuntamientodeelpaso.org
- Tel. Ayuntamiento de El Paso. 922 485 130

Superficie / Area / Fläche	Altitud / Height / Höhe ü.d.M.	Población / Population / Bevölkerung	Espacios Naturales Protegidos / Protected Natural Areas / Naturschutzgebiet	Distancia por carretera / Distance by car / Distanz auf Verkehrswegen
135,92 km²	630 m.	7.404 habitantes	9.454,32 hectáreas	27 km. a S/C de la Palma

01 🇪🇸 El Roque Idafe en el interior de la Caldera de Taburiente fue adorado por los auaritas. Está declarado Monumento Natural.

🇬🇧 The Idafe Rock in the interior of the Caldera de Taburiente was worshipped by the Auaritas. It has been declared a Natural Monument.

🇩🇪 Der Roque Idafe im Inneren von La Caldera de Taburiente wurde von den Ureinwohnern der Insel verehrt. Er ist zum Naturmonument ernannt worden.

02 🇪🇸 Roque de Los Campanarios. Jedey.

🇬🇧 Rock of Los Campanarios. Jedey.

🇩🇪 Felsen von Los Campanarios. Jedey.

03 🇪🇸 Cascada de colores en el interior de La Caldera.

🇬🇧 The coloured waterfall in the interior of La Caldera.

🇩🇪 Farbiger Wasserfall im Inneren von La Caldera.

04 🇪🇸 Taller de seda artesanal Las Hilanderas. En el municipio se ha mantenido la producción artesanal de seda que tuvo su mayor auge entre los siglos XVI y XVIII. El edificio fue sede del Ayuntamiento.

🇬🇧 The Las Hilanderas traditional silk workshop. In this district, the traditional production of silk, which enjoyed its greatest success between the 16th and 18th Centuries, has been maintained. The building was once the Town Hall.

🇩🇪 Seiden-Werkstatt Las Hilanderas. In der Gemeinde wird viel dafür getan, das alte Handwerk der Seidenspinnerei zu bewahren, die im 16. und 18. Jahrhundert ihren Höhepunkt erlebte. Das Gebäude war ehemals Sitz des Rathauses.

05 🇪🇸 Lavas almohadilladas en el barranco de Las Angustias.

🇬🇧 Pillow lava in the interior of the Barranco de Las Angustias.

🇩🇪 Pillowlava in Barranco de Las Angustias.

06 🇪🇸 Ermita de la Virgen del Pino. 1930. Pino de la Virgen, donde según la tradición apareció la imagen de la Virgen en la época de los auaritas.

🇬🇧 Chapel of Our Lady of the Pine. 1930. The Pine of Our Lady, where the image of the Virgin Mary appeared, according to legend, in the times of the Auaritas.

🇩🇪 Kapelle Virgen del Pino (1930) und die Kiefer Pino de la Virgen, wo den Überlieferungen zufolge den Auaritas, den Ureinwohnern der Insel, das Bildnis der Heiligen Jungfrau erschien.

07 🇪🇸 Cueva Honda del Bejenado o Cueva de Eduardo y los Chicos. La cueva se encuentra dentro de los límites del PN de La Caldera de Taburiente. Se trata de un tubo volcánico relativamente antiguo.

🇬🇧 Cueva Honda del Bejenado o Cueva de Eduardo y los Chicos. The cave is inside the limits of the Caldera de Taburiente National Park. It is a relatively old volcanic tube.

🇩🇪 Cueva Honda del Bejenado oder Cueva de Eduardo y los Chicos. Die Höhle befindet sich am Rand des Nationalparks La Caldera de Taburiente. Es handelt sich um einen relativ alten Vulkantunnel.

08 🇪🇸 Arcos y alfombras en la festividad del Sagrado Corazón. Ésta y la Romería del Pino son las fiestas más importantes del municipio.

🇬🇧 Arches and carpets at the festivity of the Sagrado Corazón. This and the Romería del Pino are the most important fiestas in the district.

🇩🇪 Blumenbögen und -teppiche, die zum Fest Sagrado Corazón angefertigt werden. Dieses Fest gehört zusammen mit der Romería del Pino zu den wichtigsten der Gemeinde.

09 🇪🇸 Monumento a la Virgen de Fátima, realizado en 1960 sobre las coladas del Volcán de San Juan. San Nicolás.

🇬🇧 Monument to Our Lady of Fátima, erected in 1960 on the lava flows of the Volcano of San Juan. San Nicolás.

🇩🇪 Denkmal zu Ehren der Virgen de Fátima. Die "Miniaturkapelle" wurde 1960 auf erstarrter Lava des Vulkans San Juan errichtet. San Nicolás.

10 🇪🇸 Petroglifos del Lomo de La Fajana.

🇬🇧 Petroglyphs at Lomo de La Fajana.

🇩🇪 Felsbilder von Lomo de La Fajana.

11 🇪🇸 Casona del alférez Salvador Fernández, que junto con la ermita anexa de Nuestra Señora de Bonanza, forma un conjunto histórico artístico del siglo XVIII, con sus característicos esgrafiados. Fue sede del Ayuntamiento de El Paso.

🇬🇧 The mansion of the second lieutenant, Salvador Fernández, which, together with the chapel of Nuestra Señora de Bonanza next door, makes up a historical and artistic collocation from the 18th Century, with the characteristic external decorative reliefs. It was once the Town Hall of El Paso.

🇩🇪 Das Herrschaftshaus des Leutnants Salvador Fernández. Mit der daneben stehenden Kapelle Nuestra Señora de Bonanza und dem charakteristischen Sgraffito-Relief ist es Teil eines historisch-künstlerisch wertvollen Erbes aus dem 18. Jahrhundert. Es war einst der Sitz des Rathauses.

FUENCALIENTE

. Más Información. www.fuencalientedelapalma.es
. Tel. Ayuntamiento de Fuencaliente de La Palma. 922 444 003

Superficie / Area / Fläche	Altitud / Height / Höhe ü.d.M.	Población / Population / Bevölkerung	Espacios Naturales Protegidos / Protected Natural Areas / Naturschutzgebiet	Distancia por carretera / Distance by car / Distanz auf Verkehrswegen
56,42 km²	722 m.	1.913 habitantes	3.891,67 hectáreas	28 km. a S/C de la Palma

01 🇪🇸 La fauna y los fondos marinos de este municipio poseen un gran atractivo.
🇬🇧 The fauna and the underwater landscapes of this district are highly attractive.
🇩🇪 Die Fauna und die Meeresgründe der Gemeinde stellen eine große Attraktion dar.

02 🇪🇸 Secadero o "perchel" de altramuces o "chochos" en el puerto de La Caleta.
🇬🇧 Drying place or "perchel" for lupins or "chochos" at the port of La Caleta.
🇩🇪 Trocken- und Gerbeplatz von Lupinen, auch "Chochos" genannt, im Hafen von La Caleta.

03 🇪🇸 Por las cumbres del municipio discurre parte de la Ruta de los Volcanes.
🇬🇧 Part of the Route of the Volcanoes runs through the upper part of this district.
🇩🇪 Ein Teil der Vulkanroute verläuft durch die Höhenzonen der Gemeinde.

04 🇪🇸 Grieta de la Sima. Se trata de una fisura del terreno por donde la lava ascendió, para luego dejar hueco su interior por una disminución de la presión del magma. Consta de varios niveles, y se necesita usar técnicas de *Sólo Cuerda* para progresar por ella.
🇬🇧 Grieta de la Sima. This is a fissure in the ground through which lava came up, which then left the interior hollow as a result of a final decrease in the pressure of the magma. It consists of a range of levels and it is necessary to use "Rope Only" techniques to make progress.
🇩🇪 Grieta de la Sima. Es handelt sich um eine Erdspalte, aus der Lava heraus stieg; als der Magmadruck nachließ, blieb ein Hohlraum zurück. Er weist mehrere Ebenen auf, wobei man Abseiltechniken anwenden muss, um diese zu durchqueren.

05 🇪🇸 Volcán del Teneguía, última erupción volcánica ocurrida en Canarias, en 1971. Forma parte del Monumento Natural de los Volcanes de Teneguía.
🇬🇧 Teneguía Volcano, the site of the most recent volcanic eruption in the Canary Islands, in 1971. It is part of the Teneguía Volcanoes Natural Monument.
🇩🇪 Der Ausbruch des Teneguía-Vulkans 1971 war die bislang letzte Eruption auf den Kanaren. Er gehört zum Naturmonument Volcanes de Teneguía.

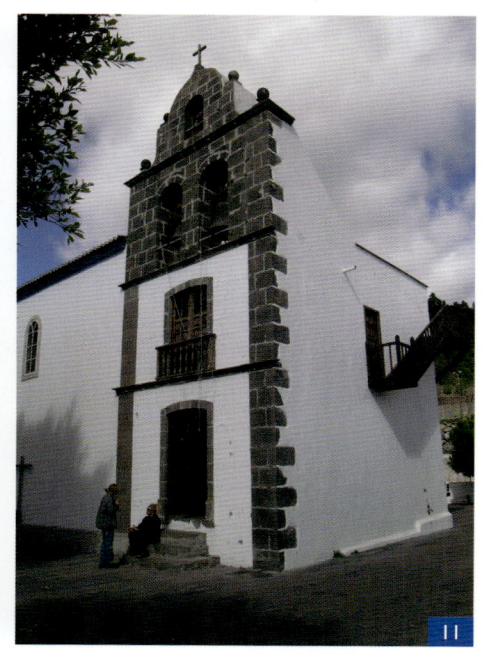

06 🇪🇸 Charcos en playa Echentive.
🇬🇧 Ponds at Echentive beach.
🇩🇪 Lagunen an der Playa Echentive.

07 🇪🇸 Pino de Santo Domingo, magnífico ejemplar de pino canario, en cuyo tronco se encuentra una imagen del santo que le da nombre.
🇬🇧 The Santo Domingo pine, a magnificent specimen of the Canarian pine, on whose trunk there is an image of the Saint whose name it bears.
🇩🇪 Die "Pino de Santo Domingo" ist ein wunderbares Beispiel für die Kanarenkiefer. In ihrem Stamm befindet sich ein Bildnis des Heiligen Domingo, nach dem sie benannt wurde.

08 🇪🇸 Panorámica de Las Indias desde su mirador, situado en la carretera general del Sur.
🇬🇧 Panoramic view of Las Indias from the Viewing Point, located on the main road to the South.
🇩🇪 Vom Aussichtspunkt an der Süd-Hauptstraße bietet sich ein unvergleichlicher Panoramablick über Las Indias.

09 🇪🇸 El cultivo de la vid ha cubierto la superficie del municipio. Lagar en la carretera general, a la entrada de Los Canarios.
🇬🇧 The cultivation of the vine has covered the land of the district. Wine press on the main road, at the entrance to Los Canarios.
🇩🇪 Ein Großteil der landwirtschaftlichen Nutzfläche der Gemeinde ist dem Weinbau gewidmet. Weinpresse an der Hauptstraße, bei der Abzweigung nach Los Canarios.

10 🇪🇸 Embarcadero, playa, salinas y faros en La Punta de Fuencaliente. El faro antiguo, de 1899, se habilitará como Museo del Mar.
🇬🇧 Landing-stage, beach, saltworks and lighthouse at Punta de Fuencaliente. The old lighthouse, from 1899, will be refurbished as the Museum of the Sea.
🇩🇪 Anlegeplatz, Strand, Salinen und der Leuchtturm von Punta de Fuencaliente. Der alte Leuchtturm wurde 1899 gebaut und wird derzeit zu einem Museum des Meeres umgebaut.

11 🇪🇸 Iglesia de San Antonio Abad, en Los Canarios, construida en el siglo XVI siguiendo el estilo mudéjar. Su espadaña es de 1866.
🇬🇧 Church of San Antonio Abad, at Los Canarios, built in the 16th Century in the Hispano-Arabic mudéjar style. The belfry is from the year 1866.
🇩🇪 Pfarrkirche San Antonio Abad in Los Canarios. Sie wurde im 16. Jahrhundert im Mudejarstil gebaut. Ihre Glockenwand stammt aus dem Jahr 1866.

LOS LLANOS DE ARIDANE

- Más Información. www.aridane.org
- Tel. Ayuntamiento de Los Llanos de Aridane. 922 460 111

Superficie / Area / Fläche	Altitud / Height / Höhe ü.d.M.	Población / Population / Bevölkerung	Espacios Naturales Protegidos / Protected Natural Areas / Naturschutzgebiet	Distancia por carretera / Distance by car / Distanz auf Verkehrswegen
35,79 km²	325 m.	19.878 habitantes	796,61 hectáreas	30 km. a S/C de la Palma

01 La Ciudad en el Museo. El Foro de Arte Contemporáneo (CEMFAC) es una exposición permanente de pintura contemporánea, con cuadros murales de Luis Mayo, Javier Mariscal, Javier de Juan, García Álvarez, Andrés Rábago, etc., colocados en el centro urbano de Los Llanos desde el año 1999.

The City in the Museum. The Forum of Contemporary Art (CEMFAC) is a permanent exhibition of contemporary painting with murals by Luis Mayo, Javier Mariscal, Javier de Juan, García Álvarez, Andrés Rábago, etc., located in Los Llanos since 1999.

"Die Stadt als Museum". Das Forum für zeitgenössische Kunst (CEMFAC) besteht aus einer ständigen Ausstellung zeitgenössischer Malerei, mit Wandbildern von Luis Mayo, Javier Mariscal, Javier de Juan, García Álvarez, Andrés Rábago usw. Die Bilder wurden 1999 geschaffen und sind im Stadtzentrum von Los Llanos zu bewundern.

02 Playa de Charco Verde, cerca de Puerto Naos.

Playa de Charco Verde, near to Puerto Naos.

Playa de Charco Verde, Strand in der Nähe von Puerto Naos.

03 Plaza de la Glorieta. Con la utilización de rocas volcánicas, cristales y trozos de cerámica, bajo la dirección de Luis Morera se creó esta plaza entre 1993-1996. Las Manchas de Abajo.

Plaza de la Glorieta. Using volcanic rocks, glass and pieces of pottery, under the direction of Luis Morera this square was created between 1993 and 1996. Las Manchas de Abajo.

Plaza de la Glorieta. Der Platz wurde zwi-schen 1993 und 1996 mit Hilfe von vulkanischem Gestein, Glas- und Keramikscherben unter der Anleitung von Luis Morera erschaffen. Las Manchas de Abajo.

04 Barranco de las Angustias, declarado Paisaje Protegido, es la desembocadura natural de La Caldera de Taburiente. Cuando se producen importantes precipitaciones el agua discurre en abundancia por su cauce.

Barranco de las Angustias, declared a Protected Landscape, it is the natural exit from the Caldera de Taburiente. When it rains heavily, the watercourse runs abundantly.

Die Angustias-Schlucht wurde zu "geschütztem Gebiet" erklärt und ist der natürliche Ausläufer der Caldera de Taburiente. Bei heftigen Niederschlägen fließt hier ein reißender Strom.

05 🇪🇸 Calle Real.
🇬🇧 Calle Real.
🇩🇪 Calle Real.

06 🇪🇸 Ermita de Nuestra Señora de Las Angustias. Construida a principios del siglo XVI.
🇬🇧 Chapel of Nuestra Señora de Las Angustias. Built in the early 16th Century.
🇩🇪 Wallfahrtskapelle Nuestra Señora de Las Angustias. Sie wurde Anfang des 16. Jahrhundert gebaut.

07 🇪🇸 Playa de Puerto Naos, núcleo turístico por excelencia del Valle de Aridane.
🇬🇧 Playa de Puerto Naos, the tourist resort par excellence in the Aridane Valley.
🇩🇪 Strand von Puerto Naos, der Touristikort par excellence im Aridane-Tal.

08 🇪🇸 Casa Massieu Vandale. Construida en el siglo XVII. Es en la actualidad un Punto de información turística y Centro de exposición y venta de artesanía del Cabildo Insular. Llano de Argual.
🇬🇧 Casa Massieu Vandale. Built in the 17th Century. It is now a Tourist Information Centre and a Craftwork Display and Sales Centre belonging to the Island Authority. Llano de Argual.
🇩🇪 Casa Massieu Vandale. Das Herrenhaus wurde im 17. Jahrhundert gebaut. Heutzutage beherbergt es ein touristisches Informationszentrum sowie das Kunsthandwerkszentrum der Inselregierung. Llano de Argual.

09 🇪🇸 Junto a la Plaza de España, con sus viejos laureles de Indias, se encuentra la Iglesia de Nuestra Señora de Los Remedios, del siglo XVI.
🇬🇧 Next to the Plaza de España, with its old Indian laurels, is the Church of Nuestra Señora de Los Remedios, from the 16th Century.
🇩🇪 Bei der Plaza de España mit ihren alten Indischen Lorbeerbäumen befindet sich die aus dem 16. Jahrhundert stammende Pfarrkirche Nuestra Señora de Los Remedios.

10 🇪🇸 Plaza Chica o de Elías Santos Abreu. Situada junto a la casa donde nació este médico, entomólogo y músico. El Aula de Cultura del Cabildo Insular de La Palma lleva su nombre.
🇬🇧 Plaza Chica or Plaza de Elías Santos Abreu. Located next to the house where this well-known doctor, entomologist and musician was born. The Culture Classroom of the La Palma Island Authority bears his name.
🇩🇪 Plaza Chica, auch Plaza Elías Santos Abreu genannt. Der Platz liegt beim Geburtshaus des bekannten Arztes, Entomologen und Musikers Santos Abreu. Der Kultursaal im Cabildo Insular, dem Sitz der Inselregierung, wurde ebenfalls nach ihm benannt.

11 🇪🇸 Arquitectura tradicional en la zona peatonal cercana a la Plaza Chica.

🏳️ Traditional architecture in the pedestrian area close to Plaza Chica.

🇩🇪 Traditionelle Architektur in der Fußgängerzone unmittelbar bei der Plaza Chica.

12 🇪🇸 Casa Museo del Vino en Las Manchas de Abajo. En su interior se puede apreciar tanto el proceso de elaboración de los vinos como las zonas vinícolas de la Isla. En su parte trasera se puede visitar un aljibe y una bodega con su lagar.

🏳️ Casa Museo del Vino in Las Manchas de Abajo. In the interior, you can appreciate both the process of wine preparation and the wine areas of the Island. At the back, you can visit a tank and a winery with its wine-press.

🇩🇪 Weinmuseum Casa Museo del Vino in Las Manchas de Abajo. Hier erfährt man nicht nur, wie die Inselweine hergestellt werden, sondern wird auch über die verschiedenen Weinbaugebiete informiert. Im hinteren Teil befinden sich ein alter Regenwasserbrunnen und eine Kellerei mit dazugehöriger Weinpresse.

13 🇪🇸 Homenaje a los Calabaceros. Argual.

🏳️ Tribute to the Calabaceros. Argual.

🇩🇪 Denkmal zu Ehren der Calabaceros. Argual.

14 🇪🇸 Acueducto de Argual. Construido en el siglo XVI para trasladar las aguas de los manantiales de La Caldera hasta las zonas de regadío del Valle de Aridane.

🏳️ The Argual aqueduct. Built in the 16th Century to transfer the waters from the springs in La Caldera to the irrigated areas in the Aridane Valley.

🇩🇪 Aquädukt von Argual. Es wurde im 16. Jahrhundert gebaut, um Wasser aus den Quellgebieten von La Caldera zur Bewässerung der landwirtschaftlich genutzten Gebiete ins Aridane-Tal zu leiten.

15 🇪🇸 Formas caprichosas de las coladas del Volcán de San Juan (1949), en Las Manchas.

🏳️ The unusual shapes arising from the lava flows of the San Juan volcano (1949) at Las Manchas.

🇩🇪 Bizarre Lava-Landschaft, die beim Ausbruch des San Juan Vulkans (1949) in Las Manchas entstanden ist.

PUNTAGORDA

- Más Información. **www.ayto.puntagorda-lapalma.com**
- Tel. Ayuntamiento de Puntagorda. 922 493 077

Superficie / Area / Fläche	Altitud / Height / Höhe ü.d.M.	Población / Population / Bevölkerung	Espacios Naturales Protegidos / Protected Natural Areas / Naturschutzgebiet	Distancia por carretera / Distance by car / Distanz auf Verkehrswegen
31,10 km²	**600 m.**	**1.795 habitantes**	**96,58 hectáreas**	**60 km. a S/C de la Palma**

01 🇪🇸 Hoyo del Reventón.
　🇬🇧 Hoyo del Reventón.
　🇩🇪 Hoyo del Reventón.

02 🇪🇸 Casas en el puerto de Puntagorda.
　🇬🇧 The bay of the port of Puntagorda.
　🇩🇪 Bucht des Hafens von Puntagorda.

03 🇪🇸 Molino de gofio de El Roque. Junto a él se encuentran un aljibe, una era y una casa canaria.
　🇬🇧 El Roque Gofio mill. Next to it are a water-tank, a threshing floor and a Canarian house.
　🇩🇪 Gofiomühle El Roque. Daneben befindet sich ein Regenwasser-Brunnen, eine Tenne und ein typisch kanarisches Haus.

04 🇪🇸 Pino del Calvario. Según Viera y Clavijo servía de guía a las embarcaciones que se dirigían a los puertos del municipio.
　🇬🇧 Pine tree of Calvary. According to Viera y Clavijo, it served as a landmark for boats that were coming to the ports in the district.
　🇩🇪 Pino del Calvario. Laut Viera y Clavijo diente diese Kiefer einst Schiffen als Orientierungshilfe, wenn sie die Häfen der Gemeinde ansteuerten.

05 🇪🇸 Antiguo templo de San Mauro. Fue construido a mediados del siglo XVI y rehabilitado en el año 2002. Se sitúa junto a la casa parroquial, antigua casa del Pósito municipal, y está declarado Bien de Interés Cultural.
　🇬🇧 The old Church of San Mauro. It was built in the mid-16th Century, and refurbished in 2002. Together with the manse, the old municipal granary, it has been declared a Property of Cultural Interest.
　🇩🇪 San Mauro-Kirche. Sie wurde Mitte des 16. Jahrhunderts errichtet und 2002 renoviert. Sowohl das Kirchengebäude als auch das Pfarrhaus, ehemals Getreidespeicher der Gemeinde, sind in der Kategorie Denkmäler zum "Gemeingut von kulturellem Interesse" erklärt worden.

06 🇪🇸 Mirador de los Dragos. El Roque.
　🇬🇧 The los Dragos Viewing Point. El Roque.
　🇩🇪 Aussichtspunkt Los Dragos. El Roque.

PUNTALLANA

Más Información. www.puntallana.org
Tel. Ayuntamiento de Puntallana. 922 430 000 / 001

Superficie / Area / Fläche	Altitud / Height / Höhe ü.d.M.	Población / Population / Bevölkerung	Espacios Naturales Protegidos / Protected Natural Areas / Naturschutzgebiet	Distancia por carretera / Distance by car / Distanz auf Verkehrswegen
35,10 km²	420 m.	2.424 habitantes	869,11 hectáreas	12 km. a S/C de la Palma

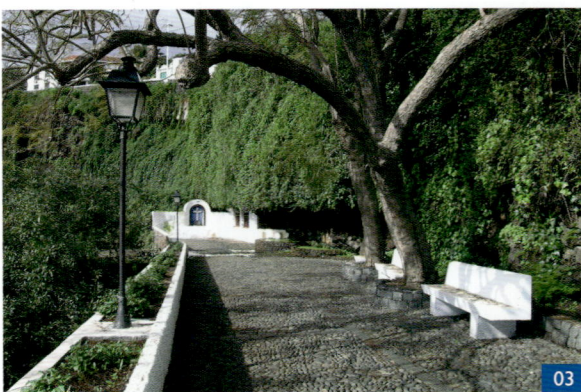

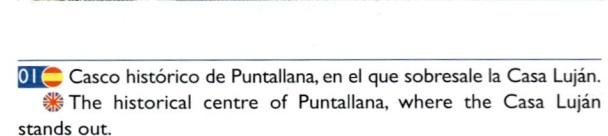

01 🇪🇸 Casco histórico de Puntallana, en el que sobresale la Casa Luján.
🇬🇧 The historical centre of Puntallana, where the Casa Luján stands out.
🇩🇪 Historischer Ortskern von Puntallana und etwas höher gelegen die Casa Luján.

02 🇪🇸 El Peñón, en la costa de Nogales.
🇬🇧 El Peñón, on the coast of Nogales.
🇩🇪 Felsen El Peñón an der Nogales-Küste.

03 🇪🇸 Fuente de San Juan. Un lugar de descanso sólo alterado por los sonidos del agua al gotear.
🇬🇧 The spring of San Juan. A place of relaxation, only disturbed by the sound of the water dripping.
🇩🇪 Quelle von San Juan. Ein Ort zum Erholen, wo die Ruhe nur vom leichten Plätschern des Brunnenwassers beeinträchtigt wird.

04 🇪🇸 Caserío disperso en La Galga. Al fondo, bajo las nubes, en el barranco de la Galga se aprecia el monteverde de El Cubo.
🇬🇧 A scattered village in La Galga. In the background, beneath the clouds, in the La Galga ravine, is the El Cubo "Monteverde" or laurel woodland.
🇩🇪 Die Häuser in La Galga sind weit zerstreut. Im Hintergrund, direkt unter den Wolken, im Barranco de la Galga liegt der immergrüne "Monteverde"-Wald von El Cubo.

05 🇪🇸 Casa Luján. Ejemplo de arquitectura tradicional canaria de mediados del siglo XIX. Fue Casa Consistorial y se utilizó también como escuela. Hoy es un Museo Etnográfico.
🇬🇧 Casa Luján. Example of traditional Canarian architecture from the mid-19th Century. This was the Town Hall and was also used as a school It is now an Ethnographic Museum.
🇩🇪 Casa Luján. Ein schönes Beispiel traditionel-ler kanarischer Architektur aus der Mitte des 19. Jahrhunderts. Es diente zeitweise als Rathaus und später als Schule. Heute ist hier das Ethnographische Museum untergebracht.

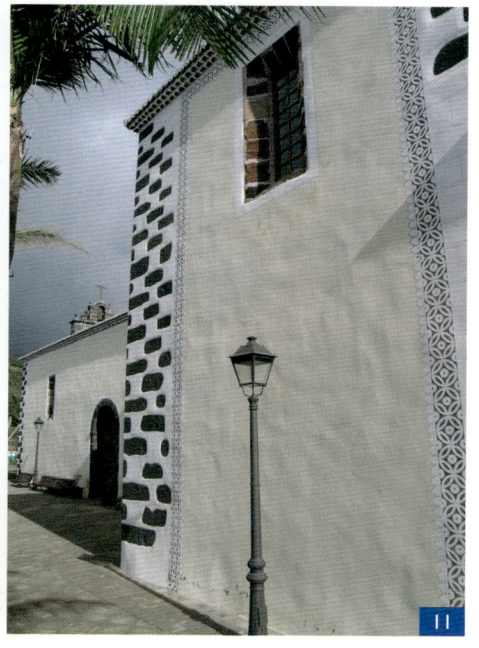

06 🇪🇸 Acantilados y playa de Nogales.
🇬🇧 Cliff and beach at Nogales.
🇩🇪 Steilküste und Strand bei Nogales.

07 🇪🇸 Ermita de Santa Lucía, de principios del siglo XVI. En su interior se encuentra la talla gótico flamenca de la santa titular, del siglo XVI.
🇬🇧 Chapel of Santa Lucía, from the early 16th Century. In the interior, is the 16th Century Gothic-Flemish carving of the Saint.
🇩🇪 Kapelle Santa Lucía, frühes 16. Jahrhundert. Im Inneren befindet sich eine gotisch-flämische Statue der Hl. Lucía aus dem 16. Jahrhundert.

08 🇪🇸 Ermita de San Bartolomé, de principios del siglo XVI. La Galga.
🇬🇧 The early sixteenth-Century Chapel of San Bartolomé. La Galga.
🇩🇪 Kapelle San Bartolomé, Anfang del 16. Jahrhunderts. La Galga.

09 🇪🇸 Lavaderos de La Fuentiña. Lugar visitado por las mujeres del casco para lavar las ropas.
🇬🇧 The laundry of La Fuentiña. A place visited by the women of the town to wash their clothes.
🇩🇪 Alter Waschplatz von La Fuentiña. Hier wuschen einst die Frauen der Gegend die Wächse.

10 🇪🇸 "Salto del Enamorado" (2004), obra del escultor Francisco Concepción, en el Mirador de San Bartolomé de La Galga. Inspirada en la leyenda de los amores de un pastor por una hermosa campesina.
🇬🇧 "Lovers' Leap" (2004), the work of Francisco Concepción, at the San Bartolomé Viewing Point in La Galga. Inspired by the legend of the love of a goatherd for a beautiful country girl.
🇩🇪 "Sprung des Verliebten" (2004), Skulptur von Francisco Concepción, am Aussichtspunkt San Bartolomé de La Galga. Die Skulptur ist von der Legende der Liebe eines Hirten zu einem wunderschönen Bauernmädchen inspiriert.

11 🇪🇸 Iglesia de San Juan Bautista, construida a principios del siglo XVI y reedificada en el siglo XVIII. Ejemplo del barroco y mudéjar en Canarias.
🇬🇧 Church of San Juan Bautista, built in the early 16th Century and rebuilt in the 18th Century. An example of Canarian baroque and of the Hispano Arabic mudejar style.
🇩🇪 Die Pfarrkirche San Juan Bautista wurde Anfang des 16. Jahrhunderts gebaut und im 18. Jahrhundert neu errichtet. Sie ist ein gutes Beispiel für den Barock- und Mudejarstil auf den Kanaren.

SAN ANDRÉS Y SAUCES

. Más Información. **www.sanandresysauces.es**
. Tel. Ayuntamiento de San Andrés y Sauces. 922 450 203

Superficie / Area / Fläche	Altitud / Height / Höhe ü.d.M.	Población / Population / Bevölkerung	Espacios Naturales Protegidos / Protected Natural Areas / Naturschutzgebiet	Distancia por carretera / Distance by car / Distanz auf Verkehrswegen
42,75 km²	**260 m.**	**5.086 habitantes**	**2.552,41 hectáreas**	**23 km. a S/C de la Palma**

01 🇪🇸 Calle de la Iglesia, San Andrés. Las calles empedradas y las casonas hablan de la importancia que tuvo la población en el pasado.
  🇬🇧 Calle de la Iglesia, San Andrés. The cobbled streets and the houses speak of the importance that this town once had.
  🇩🇪 Calle de la Iglesia, San Andrés. Die gepflasterten Straßen und Bürgerhäuser zeugen noch heute von der Bedeutung, die die Ortschaft einst hatte.

02 🇪🇸 Puente de Los Tilos, inaugurado en el año 2004, sobre el Barranco del Agua. Mide 353 metros de longitud y 250 metros de altura.
  🇬🇧 Los Tilos bridge, opened in 2004, over the Barranco del Agua. It measures 353 metres in length and 250 metres in height.
  🇩🇪 Die Los Tilos-Brücke über dem Barranco del Agua wurde 2004 eingeweiht. Sie ist 353 Meter lang und 250 Meter hoch.

03 🇪🇸 El Trapiche. Antonio J. Rodríguez Hernández, 2005.
  🇬🇧 El Trapiche. Antonio J. Rodríguez Hernández, 2005.
  🇩🇪 El Trapiche. Antonio J. Rodríguez Hernández, 2005.

04 🇪🇸 Horno de cal de El Charco Azul.
  🇬🇧 Lime kiln at El Charco Azul.
  🇩🇪 Kalkofen von El Charco Azul.

05 🇪🇸 Piscinas de El Charco Azul. Zona de ocio y esparcimiento entre San Andrés y Puerto Espíndola.
  🇬🇧 The swimming pools at El Charco Azul. The leisure and recreation area between San Andrés and Puerto Espindola.
  🇩🇪 Meeresschwimmbecken El Charco Azul. Freizeit- und Erholungsgebiet zwischen San Andrés und Puerto Espíndola.

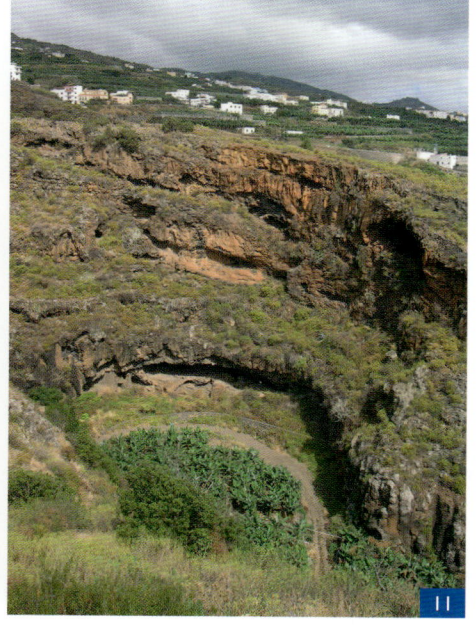

06 🇪🇸 Costa de San Andrés. Junto al Camino Real que comunicaba con Puerto Espíndola y Los Sauces, destacan el horno de cal y el embarcadero de La Cuevita.

🇬🇧 Coast of San Andrés. Next to the Camino Real, or Royal Bridleway, which used to join Puerto Espíndola and Los Sauces, the lime kiln and the landing stage of La Cuevita stand out.

🇩🇪 Küste von San Andrés. Neben dem Camino Real, der zwischen Puerto Espíndola und Los Sauces verläuft, sind der Kalkofen und die Anlegestelle La Cuevita besonders erwähnenswert.

07 🇪🇸 Naciente de Marcos. En la cabecera del Barranco del Agua se encuentran estos bellos manantiales, que junto a los de Cordero, son los más importantes de la isla.

🇬🇧 Marcos spring. At the head of the Barranco del Agua, these beautiful springs, which, together with that of Cordero, are among the most important on the island.

🇩🇪 Das Quellgebiet Marcos. Am Kopf des Barranco del Agua sind diese schönen Quellen zu finden, die zusammen mit denen von Corderos zu den wichtigsten der Insel gehören.

08 🇪🇸 Fuente en el Parque Antonio Herrera.

🇬🇧 Fountain in Antonio Herrera Park.

🇩🇪 Springbrunnen im Parque Antonio Herrera.

09 🇪🇸 La iglesia de San Andrés se construyó a finales del siglo XV-principios del XVI y está declarada Bien de Interés Cultural. La torre de planta cuadrada es de 1686.

🇬🇧 The Church of San Andrés was built in the late 15th Century and the early 16th Century and has been declared a Property of Cultural Interest. The tower, which is square in shape, is from 1686.

🇩🇪 Die Pfarrkirche San Andrés wurde Ende des 15., Anfang des 16. Jahrhunderts errichtet. Sie wurde zum "Gemeingut von kulturellem Interesse" erklärt. Der quadratische Kirchturm stammt aus dem Jahr 1686.

10 🇪🇸 Cascada de agua en Los Tilos. Las aguas de los Nacientes de Marcos y Corderos alimentan esta cascada que intenta recordar la que existía antes de que el agua fuera canalizada para la Central Hidroeléctrica del Salto del Mulato.

🇬🇧 A waterfall in Los Tilos. The waters of the Springs of Marcos and Cordero feed this waterfall, which reminds us of the one that existed here before the waters were channelled for the hydro-electric power station of Salto del Mulato.

🇩🇪 Wasserfall in Los Tilos. Das Wasser entspringt in den Quellgebieten Marcos und Corderos. Der angelegte Wasserfall soll an die Zeit erinnern, als die Wasserläufe der Gemeinde noch nicht über das Wasserkraftwerk Salto del Mulato kanalisiert waren.

11 🇪🇸 Complejo arqueológico de "Las Cuevas del Tendal", en el Barranco de San Juan.

🇬🇧 Archaeological complex of "Las Cuevas del Tendal", in the Barranco de San Juan.

🇩🇪 Archäologische Fundstelle "Las Cuevas del Tendal", im Barranco de San Juan.

SANTA CRUZ DE LA PALMA

. Más Información. www.santacruzdelapalma.es
. Tel. Ayuntamiento de Santa Cruz de La Palma. 922 426 500

	Superficie Area Fläche	Altitud Height Höhe ü.d.M.	Población Population Bevölkerung	Espacios Naturales Protegidos Protected Natural Areas Naturschutzgebiet
	43,38 km²	15 m.	17.788 habitantes	1.779,65 hectáreas

01 🇪🇸 Ex-convento de Santo Domingo. En su interior existe una importante muestra de pintura flamenca.

🇬🇧 The former monastery of Santo Domingo. Inside there are some important examples of Flemish painting.

🇩🇪 Ehemaliges Dominikanerkloster Santo Domingo. Im Inneren sind bedeutende Zeugnisse flämischer Malerei erhalten.

02 🇪🇸 Plaza de España y fachada renacentista del Ayuntamiento de Santa Cruz de La Palma, construido entre 1559 y 1563. Fue el primer Ayuntamiento de España en el que sus representantes fueron elegidos por el pueblo, en 1773.

🇬🇧 Plaza de España and Renaissance façade of the Town Hall of Santa Cruz de La Palma, built between 1559 and 1563. This was the first Town Hall in Spain where the representatives were elected by the people, in 1773.

🇩🇪 Plaza de España und Renaissancefassade des Rathauses von Santa Cruz de La Palma, das zwischen 1559 und 1563 gebaut wurde. Hier tagte der erste Stadtrat Spaniens, dessen Vertreter 1773 von der Bevölkerung gewählt wurden.

03 🇪🇸 El Real Santuario de Nuestra Señora de las Nieves alberga la imagen, en terracota gótica del siglo XIV, de la Patrona de la Isla.

🇬🇧 The Royal Sanctuary of Our Lady of the Snows houses the 14th-Century image, in Gothic terracotta, of the Patron Saint of the Island.

🇩🇪 Die Wallfahrtskirche Real Santuario de Nuestra Señora de las Nieves beherbergt die gotische Terrakottastatue der "Jungfrau vom Schnee" aus dem 14. Jahrhundert. Sie ist die Schutzheilige der Insel.

04 🇪🇸 Molino El Remanente. Este molino aprovechaba la fuerza del agua canalizada para mover la maquinaria y moler los cereales. En el mismo Barranco del Río se construyeron los de Las Tierritas y los de Bellido.

🇬🇧 El Remanente mills. These mills made use of the strength of channelled water to move the machinery and grind the cereals. In the Barranco del Río, those of Las Tierritas and Bellido among others were built.

🇩🇪 Wassermühlen von El Remanente Die Mühlen wurden mit kanalisiertem Wasser angetrieben, um Getreide zu mahlen. Im Barranco del Río wurden die Mühlen Las Tierritas, Bellido gebaut.

05 🇪🇸 El origen del puerto de Santa Cruz de La Palma es un malecón construido en 1502. Su primer muelle se finalizó en 1594. A mediados del siglo XIX comenzaron las obras que han ido configurando el puerto actual.

🇬🇧 The origin of the port of Santa Cruz de La Palma is a jetty built in 1502. The first dock was finished in 1594. In the mid-19th Century, the work began which has created the current port.

🇩🇪 Der Ursprung des Hafens von Santa Cruz de La Palma ist ein Damm, der 1502 gebaut wurde. Die erste Hafenmole wurde 1594 fertig gestellt. Mitte des 19. Jahrhunderts beginnen die Arbeiten an dem Bau des Hafens, wie er heute noch besteht.

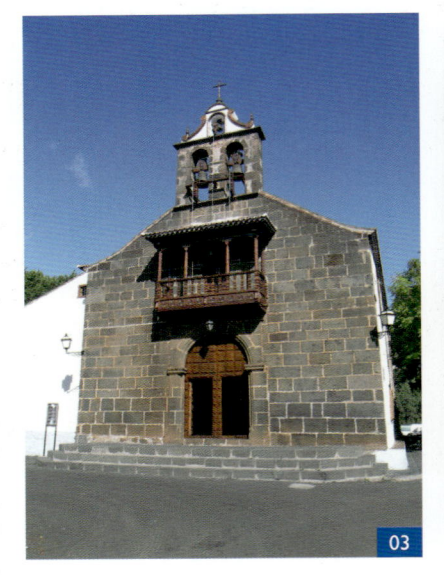

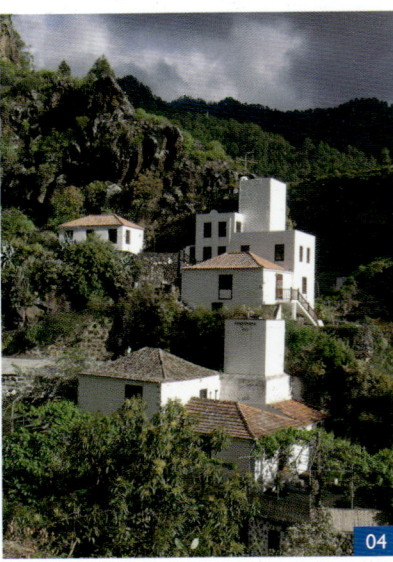

06 🇪🇸 El Lunes de Carnaval se celebra la "Llegada de los Indianos", un acto festivo original del carnaval de Santa Cruz de La Palma.

🇬🇧 On the Monday of Carnival, the "Arrival of the Indians" is celebrated. This is a festive event which is unique to the Carnival of Santa Cruz de La Palma.

🇩🇪 Am Rosenmontag wird die "Llegada de los Indianos", gefeiert, ein Festakt, der nur im Karneval von Santa Cruz de La Palma zu erleben ist.

07 🇪🇸 Actos principales de las Fiestas Lustrales de La Bajada de la Virgen son: el Minué, la Danza de los Enanos, el Carro Alegórico y Triunfal y el Diálogo entre el Castillo y La Nave.

🇬🇧 The main events of the Five-Yearly Festival of the Descent of the Virgin Mary: the Minuet, the Dance of the Dwarves, the Allegorical and Triumphal Cart and the Dialogue between the Castle and the Ship.

🇩🇪 Höhepunkt des alle fünf Jahre stattfindenden Festes der Bajada de la Virgen sind: das "Menuett", der Maskentanz der Zwerge, der "Carro Alegórico y Triunfal" (Theater zu Ehren der Jungfrau), und der "Dialog" zwischen dem Castillo und der nachgebildeten Karavelle.

08 🇪🇸 Artesonado mudéjar policromado de la iglesia de El Salvador.

🇬🇧 Polychrome mudejar coffered ceiling in the church of El Salvador.

🇩🇪 Im Mudejarstil gehaltene, mehrfarbige Kassettendecke der El Salvador-Kirche.

09 🇪🇸 El Museo Insular y la Biblioteca José Pérez Vidal ocupan el antiguo convento franciscano, que fue erigido en el siglo XVI. A su lado, la iglesia de San Francisco.

🇬🇧 The Island Museum and the José Pérez Vidal Library occupy the old Franciscan Friary, which was built in the 16th Century. Beside it is the Church of San Francisco.

🇩🇪 Das Museo Insular und die Bibliothek José Pérez Vidal sind in dem ehemaligen Franziskanerkloster untergebracht, das im 16. Jahrhundert errichtet wurde. Daneben steht die Pfarrkirche San Francisco.

10 🇪🇸 Panorámica de Santa Cruz de La Palma desde el Mirador de La Concepción, en Breña Alta.

🇬🇧 Panoramic view of Santa Cruz de La Palma from the La Concepción Viewing Point, in Breña Alta.

🇩🇪 Vom Aussichtspunkt La Concepción in Breña Alta aus bietet sich ein wunderbarer Ausblick über Santa Cruz de La Palma.

11 🇪🇸 Torre fortaleza de la Iglesia de El Salvador y escultura en honor del beneficiado D. Manuel Díaz, primer monumento civil erigido en Canarias, en 1897.

🇬🇧 Tower of the fortress of the Church of El Salvador and a sculpture in honour of the beneficiary, Mr. Manuel Díaz, the first civil monument put up in the Canary Islands in 1897.

🇩🇪 Festungsturm der Erlöserkirche El Salvador und das Denkmal zu Ehren des Humanisten Manuel Hernández Díaz. Die 1897 errichtete Skulptur ist das erste Bürgerdenkmal der Kanaren.

12 🇪🇸 Murallas del castillo de Santa Catalina, diseñado por Leonardo Torriani. Siglo XVI. Junto a ellas se levanta la escultura "Alisios" de Martín Chirino.

🇬🇧 Walls of the Castle of Santa Catalina, designed by Leonardo Torriani. 16th Century. Next to the walls stands the sculpture, "Alisios", by Martín Chirino.

🇩🇪 Steinmauern des Castillo de Santa Catalina. Die Feste wurde von Leonardo Torriani im 16. Jahrhundert entworfen. Daneben erhebt sich die Skulptur "Alisios" von Martín Chirino.

13 🇪🇸 Pozo de la Nieve (siglo XVII). Fuente Olén.

🇬🇧 Pozo de la Nieve (17th Century). Fuente Olén.

🇩🇪 Pozo de la Nieve (17.Jahrhundert). Fuente Olén.

14 🇪🇸 Portada de "La Quinta Verde". Fue lugar de importantes reuniones culturales en el siglo XIX. En ella vivió la poetisa Leocricia Pestano Fierro. Al fondo los molinos de Bellido.

🇬🇧 Gate of "La Quinta Verde". This was a place for important cultural meetings in the 19th Century. This is where the poetess Leocricia Pestano Fierro lived. In the background, the mills of Bellido.

🇩🇪 Tor zu "La Quinta Verde". Das Anwesen war im 19. Jahrhundert ein Ort, an dem bedeutende kulturelle Treffen stattfanden. Hier lebte auch die Dichterin Leocricia Pestano Fierro. Im Hintergrund liegen die Mühlen von Bellido.

15 🇪🇸 Palmeral de Las Nieves.

🇬🇧 Palmeral de Las Nieves.

🇩🇪 Palmeral de Las Nieves.

16 🇪🇸 El Dornajo, rincón típico de San Sebastián.

🇬🇧 El Dornajo, a typical sight in San Sebastián.

🇩🇪 El Dornajo, eine für San Sebastián typische Ansicht.

TAZACORTE

- Más Información. **www.ayuntamientodetazacorte.org**
- Tel. Ayuntamiento de Tazacorte. 922 480 803

Superficie / Area / Fläche	Altitud / Height / Höhe ü.d.M.	Población / Population / Bevölkerung	Espacios Naturales Protegidos / Protected Natural Areas / Naturschutzgebiet	Distancia por carretera / Distance by car / Distanz auf Verkehrswegen
11,37 km²	60 m.	5.835 habitantes	118,98 hectáreas	35 km. a S/C de la Palma

01 🇪🇸 Ayuntamiento. El 16 de diciembre de 1925, por decreto de Alfonso XIII, Tazacorte pasa a ser el municipio más joven de Canarias, al segregarse de Los Llanos de Aridane. En primer término el monumento al trabajador.

🏳 Town Hall. On 16th December, 1925, by decree of Alfonso XIII, Tazacorte became the youngest municipal district in the Canary Islands, when it was separated from Los Llanos de Aridane. Monument to Workers.

🇩🇪 Rathaus. Am 16. Dezember 1925 wird Tazacorte per Dekret durch Alfons XIII. von Los Llanos de Aridane abgesondert und zur jüngsten Gemeinde der Kanaren ernannt. Denkmal zu Ehren der Arbeitern.

02 🇪🇸 El Puerto de Tazacorte.
🏳 The Port of Tazacorte.
🇩🇪 Der Hafen von Tazacorte.

03 🇪🇸 El puerto nuevo de Tazacorte.
🏳 The new port in Tazacorte.
🇩🇪 Der neue Hafen von Tazacorte.

04 🇪🇸 Vista panorámica del municipio desde La Punta.
🏳 Panoramic view of the district from La Punta.
🇩🇪 Panoramablick über die Gemeinde von La Punta aus.

05 🇪🇸 Vista parcial de El Barrio de El Charco.
🏳 Partial view of the Barrio de El Charco.
🇩🇪 Teilansicht auf El Barrio de El Charco.

06 🇪🇸 Portada de la Casa Massieu Van Dalle-Monteverde Ponte. Construida en el siglo XVII. Hoy es utilizada por el Cabildo Insular y el Ayuntamiento de Tazacorte para actividades culturales.

🇬🇧 The Gate of the Casa Massieu Van Dalle-Monteverde Ponte. Built in the 17th Century. It is now used by the Island Authority and the Tazacorte Local Authority for cultural activities.

🇩🇪 Eingangstor zur Casa Massieu Van Dalle-Monteverde Ponte. Das Herrenhaus stammt aus dem 17. Jahrhundert. Es wird heute von der Inselregierung und dem Rathaus von Tazacorte für kulturelle Aktivitäten genutzt.

07 🇪🇸 Casa Monteverde. Construida en el siglo XVI. Según la tradición se hospedaron en ella los Mártires de Tazacorte.

🇬🇧 Casa Monteverde. Built in the 16th Century. According to tradition, the Martyrs of Tazacorte stayed here.

🇩🇪 Casa Monteverde. Das Bürgerhaus stammt aus dem 16. Jahrhundert. Überlieferungen zufolge fanden hier einst die "Märtyrer von Tazacorte" Unterkunft.

08 🇪🇸 Museo del Plátano. Situado en El Charco, Camino de San Antonio, da una visión del cultivo del plátano y su historia en la Isla.

🇬🇧 Museum of the Banana. Located at El Charco, on the Camino de San Antonio, it gives a view of the cultivation of the banana and its history on the Island.

🇩🇪 Museo del Plátano. Das Bananen-Museum in El Charco, Camino de San Antonio, bietet einen Einblick in den Bananenanbau und seine Geschichte auf der Insel.

09 🇪🇸 La fauna y los fondos marinos de este municipio poseen un gran atractivo.

🇬🇧 The fauna and the underwater landscapes of this district are highly attractive.

🇩🇪 Die Fauna und die Meeresgründe der Gemeinde stellen eine große Attraktion dar.

10 🇪🇸 Iglesia de San Miguel (siglo XV). Fue la primera ermita que se construyó en la Isla. Reformada en los tres últimos siglos.

🇬🇧 The Church of San Miguel (15th Century). This was the first chapel to be built on the Island. Refurbished over the last three centuries.

🇩🇪 Pfarrkirche San Miguel (15. Jahrhundert). Es war die erste Einsiedelei, die auf der Insel errichtet wurde. Während der letzten drei Jahrhunderte wurde sie mehrfach umgebaut.

11 🇪🇸 Los Caballos Fufos recorren las calles de Tazacorte la víspera del 29 de septiembre, bailando al son de la canción "Vuela, vuela, Palomita".

🇬🇧 The Caballos Fufos run through the streets of Tazacorte on the eve of 29th September, dancing to the sound of the song "Vuela, vuela, Palomita".

🇩🇪 Am Vorabend des 29. September tanzen die Caballos Fufos, als bunte Pferde kostümierte Einwohner, zu den Klängen des Liedes "Vuela, vuela, Palomita" durch die Straßen von Tazacorte.

TIJARAFE

- Más Información. www.tijarafe.com
- Tel. Ayuntamiento de Tijarafe. 922 490 003

Superficie / Area / Fläche	Altitud / Height / Höhe ü.d.M.	Población / Population / Bevölkerung	Espacios Naturales Protegidos / Protected Natural Areas / Naturschutzgebiet	Distancia por carretera / Distance by car / Distanz auf Verkehrswegen
53,76 km²	640 m.	2.713 habitantes	375,94 hectáreas	51 km. a S/C de la Palma

01 🇪🇸 Escultura en honor a "los verseadores de Tijarafe". A ritmo de punto cubano crean e improvisan décimas en las que narran sus vivencias.

🇬🇧 Sculpture in honour of the "Poets of Tijarafe". To the rhythm of the Cuban Punto, they create and improvise ten-line stanzas, or décimas, in which they tell of their experiences.

🇩🇪 Skulptur zu Ehren der "Dichter von Tijarafe". Begleitet vom Rhythmus des kubanischen Punto schaffen und improvisieren sie Dezime, in welchen sie ihre Erlebnisse schildern.

02 🇪🇸 El Diablo de Tijarafe. En la madrugada del 8 de septiembre se celebra la verbena más famosa de la isla, la del "Diablo de Tijarafe".

🇬🇧 The Devil of Tijarafe. In the early morning of 8th September, the most famous night on the island is held, that of the "Devil of Tijarafe".

🇩🇪 Der "Teufel von Tijarafe". In den frühen Morgenstunden des 8. September findet das berühmteste Volksfest der Insel statt, das Teufelsfest.

03 🇪🇸 Vista parcial de la Cueva y Proís de Candelaria.

🇬🇧 Partial view of the Candelaria cave and landing-stage.

🇩🇪 Blick auf die Candelaria-Höhle und Anlegestelle.

04 🇪🇸 Espadaña de la iglesia de Nuestra Señora de Candelaria, realizada en el último cuarto del siglo XVII por el cantero Domingo Álvarez. Su silueta es logotipo del municipio.

🇬🇧 Belfry of the Church of Nuestra Señora de Candelaria, built in the final quarter of the 17th Century by the stonemason, Domingo Álvarez. The silhouette is the logo of the district.

🇩🇪 Die Glockenwand der Pfarrkirche Nuestra Señora de Candelaria wurde im späten 17. Jahrhundert von dem Steinmetzen Domingo Álvarez gebaut. Ihre Silhouette ist das Logo der Gemeinde.

05 🇪🇸 Monumento Natural del Barranco de El Jurado.

🇬🇧 Natural Monument of the Barranco de El Jurado.

🇩🇪 Naturmonument Barranco de El Jurado.

06 🇪🇸 Retablo mayor barroco de la iglesia de Nuestra Señora de Candelaria, realizado en la primera mitad del siglo XVII por Antonio de Orbarán.

🇬🇧 Baroque altarpiece of the Church of Nuestra Señora de Candelaria, created in the first half of the 17th Century by Antonio de Orbarán.

🇩🇪 Der Barockaltar der Pfarrkirche Nuestra Señora de Candelaria stammt aus der ersten Hälfte des 17. Jahrhunderts und ist ein Werk von Antonio de Orbarán.

VILLA DE GARAFÍA

. Más Información. www.garafia.org
. Tel. Ayuntamiento de Garafía. 922 400 029

	Superficie / Area / Fläche	Altitud / Height / Höhe ü.d.M.	Población / Population / Bevölkerung	Espacios Naturales Protegidos / Protected Natural Areas / Naturschutzgebiet	Distancia por carretera / Distance by car / Distanz auf Verkehrswegen
	103 km²	**400 m.**	**1.924 habitantes**	**2.224,75 hectáreas**	**73 km. a S/C de la Palma**

01 🇪🇸 Drago ubicado en Santo Domingo.
　🇬🇧 Dragon tree, located at Santo Domingo.
　🇩🇪 Drachenbaum in Santo Domingo.

02 🇪🇸 Las cumbres del municipio han sido elegidas para instalar el Observatorio Astrofísico más importante del Hemisferio Norte.
　🇬🇧 The highlands of the municipal district have been chosen for the installation of the most important Astrophysical Observatory in the northern hemisphere.
　🇩🇪 Im Gipfelgebiet der Gemeinde liegt das Astrophysische Observatorium, die bedeutendste Sternwarte der nördlichen Hemisphäre.

03 🇪🇸 Cabezas de ganado caprino palmero. El municipio es el mayor productor de queso de cabra de la isla.
　🇬🇧 A herd of La Palma goats. The district is the largest producer of goat's cheese on the island.
　🇩🇪 La Palma-Ziegen. In der Gemeinde wird der meiste Ziegenkäse der Insel hergestellt.

04 🇪🇸 Molino de Llano Negro.
　🇬🇧 Llano Negro Mill.
　🇩🇪 Mühle Llano Negro.

05 🇪🇸 Casas con tejado de madera en Franceses.
　🇬🇧 Houses with wooden roofs in Franceses.
　🇩🇪 Mit Holzdach versehene Häuser in Franceses.

06 🇪🇸 Los yacimientos rupestres de La Zarza y La Zarcita, conocidos desde 1941, cuentan con un Centro de Interpretación Arqueológico y senderos didácticos.
　🇬🇧 The rock-marking sites of La Zarza and La Zarcita, which were discovered in 1941, have an Archaeological Interpretation Centre and educational walks.
　🇩🇪 Die Fundstätten La Zarza und La Zarcita sind seit 1941 bekannt und verfügen über einen Archäologischen Kulturpark und didaktisch ausgeschilderte Wanderwege.

07 🇪🇸 Roque de Las Tabaibas y Roque del Guincho, en la costa de Santo Domingo.

🇬🇧 Roque de Las Tabaibas and Roque del Guincho, on the coast of Santo Domingo.

🇩🇪 Roque de Las Tabaibas und Roque del Guincho an der Küste von Santo Domingo.

08 🇪🇸 Cueva de Los Lomitos, donde han aparecido restos de cerámica aborigen.

🇬🇧 Cueva de Los Lomitos where remains of native pottery have been discovered.

🇩🇪 Cueva de Los Lomitos; hier wurden Keramikreste der Ureinwohner gefunden.

09 🇪🇸 Ermita de San Antonio del Monte y Casa de Romeros (siglo XVI). El poblamiento del municipio por colonos portugueses dio lugar a que San Antonio de Padua fuera nombrado patrón de Garafía. Cada 12-13 de junio se celebra una importante feria insular de ganado.

🇬🇧 The Chapel of San Antonio del Monte y Casa de Romeros. 16th Century. The population of the district by Portuguese colonists gave rise to the fact that San Antonio de Padua was named the patron saint of Garafía. Every 12th and 13th June, a significant island livestock fair is held.

🇩🇪 Die Kapelle San Antonio del Monte und die Casa de Romeros. 16. Jahrhundert. Die postkoloniale Niederlassung portugiesischer Siedler führte dazu, dass San Antonio de Padua zum Schutzheiligen Garafías ernannt wurde. Jeden 12.-13. Juni findet hier ein bedeutender Viehmarkt.

10 🇪🇸 Terraza de La Fajana de Franceses.

🇬🇧 The terrace-like Fajana de Franceses.

🇩🇪 Der terrassenförmige Landvorsprung bei La Fajana de Franceses entstand einst durch heftige Erdrutsche.

VILLA DE MAZO

- Más Información. **www.villademazo.org**
- Tel. Ayuntamiento de Mazo. 922 440 003

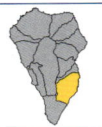

Superficie / Area / Fläche	Altitud / Height / Höhe ü.d.M.	Población / Population / Bevölkerung	Espacios Naturales Protegidos / Protected Natural Areas / Naturschutzgebiet	Distancia por carretera / Distance by car / Distanz auf Verkehrswegen
71,17 km²	**500 m.**	**4.591 habitantes**	**1.577,40 hectáreas**	**12 km. a S/C de la Palma**

01 🇪🇸 En la fiesta de Corpus Christi, declarada de Interés Turístico Nacional, se puede disfrutar de la belleza de los arcos confeccionados por los distintos barrios del municipio. Detalle del Arco de San Simón y Arco de La Rosa (2006).

🏴󠁧󠁢󠁥󠁮󠁧󠁿 At the Corpus Christi festival, declared to be of National Interest for Tourism, you can enjoy the beauty of the arches made by the different areas of the district. Detailed view of the Arco de San Simón and Arco de La Rosa (2006).

🇩🇪 Auf dem Corpus Christi Fest, das zum Interés Turísti Nacional erklärt wurde, kann man herrliche Bögen bewundern, die von den verschiedenen Ortsteilen des Gemeindebezirks hergestellt wurden. Teilansicht vom Arco de San Simón und Arco de La Rosa (2006).

02 🇪🇸 "Homenaje al emigrante" de Medín Martín. La emigración, especialmente a Cuba y Venezuela, ha estado presente en la historia del municipio entre los siglos XIX y XX.

🏴󠁧󠁢󠁥󠁮󠁧󠁿 "Tribute to the Emigrant", by Medín Martín. Emigration, especially to Cuba and Venezuela, was very much a part of the history of the district in the 19th and 20th Centuries.

🇩🇪 "Homenaje al emigrante", Skulptur zum Gedenken der Emigranten von Medín Martín. Auswanderung, vor allem nach Kuba und Venezuela, ist ein fester Bestandteil der Geschichte der Gemeinde im 19. und 20. Jahrhundert.

03 🇪🇸 Cráter del Duraznero. 1949.
🏴󠁧󠁢󠁥󠁮󠁧󠁿 The Duraznero.Crater. 1949.
🇩🇪 Der Duraznero cráter. 1949.

04 🇪🇸 Cueva de Amílcar. Muchas cavidades de Canarias se encuentran debajo de nuestras propias viviendas sin que muchas veces lleguemos a saberlo. Este es el caso de este tubo volcánico, aparecido en la Villa de Mazo. Grupo de Espeleología Tebexcorade - La Palma. Apdo. de Correos 591, 38700 S/C de La Palma. E mail. tebexcorade@canarias.org.

🏴󠁧󠁢󠁥󠁮󠁧󠁿 Cueva de Amílcar. Many caves in the Canary Islands run underneath our own homes without our knowing. This is the case of this volcanic tube, which has appeared in the Villa de Mazo. Grupo de Espeleología Tebexcorade - La Palma. Apdo. de Correos 591, 38700 S/C de La Palma. E mail. tebexcorade@canarias.org.

🇩🇪 Cueva de Amílcar. Viele Höhlen der Kanaren befinden sich unter Häusern, ohne dass man oftmals Kenntnis davon besitzt. Dieser Vulkantunnel wurde in la Villa de Mazo entdeckt. Grupo de Espeleología Tebexcorade - La Palma. Apdo. de Correos 591, 38700 S/C de La Palma. E mail. tebexcorade@canarias.org.

05 🇪🇸 Torre de la Iglesia de San Blas y Casa Parroquial.
🏴󠁧󠁢󠁥󠁮󠁧󠁿 Tower and Manse of the Church of San Blas.
🇩🇪 Turm und Pfarrhaus der San Blas Kirche.

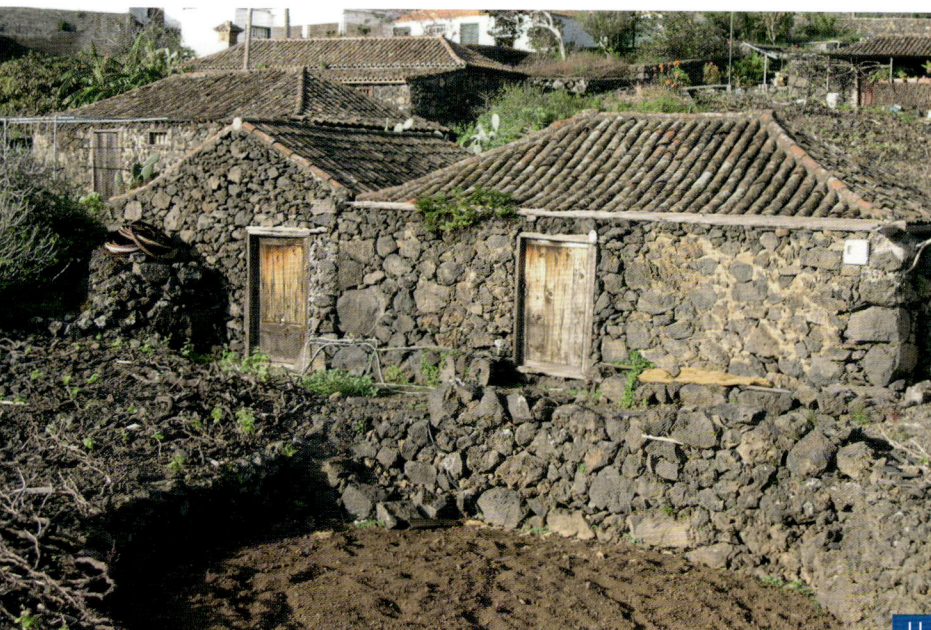

06 🇪🇸 Petroglifos del Parque Arqueológico de Belmaco.
🔆 Rock-markings in the Belmaco Archaeological Park.
🇩🇪 Felsbilder im Archäologiepark von Belmaco.

07 🇪🇸 Pirámide de piedras en Monte de Breña.
🔆 Pyramid of stones in Monte de Breña.
🇩🇪 Steinpyramide in Monte de Breña.

08 🇪🇸 Museo y Taller de cerámica El Molino. Utilizando las técnicas de los auaritas, se reproducen a mano piezas de cerámica aborigen, con sus formas y dibujos originales. Monte Pueblo.
🔆 The El Molino Museum and Pottery Workshop. Using the techniques of the Auaritas, pieces of native pottery are reproduced by hand, with their original shapes and designs. Monte Pueblo.
🇩🇪 Die Töpferei El Molino ist Werkstatt und Museum zugleich. Getreu der Technik der Ureinwohner wird prähistorische Töpferware reproduziert, mit Originalform und -verzierung. Monte Pueblo.

09 🇪🇸 Casa con esgrafiados en el caserío abandonado de Tigalate Hondo.
🔆 House with decorative relief in the abandoned hamlet of Tigalate Hondo.
🇩🇪 Mit Sgraffito dekoriertes Haus in dem verlassenen Weiler Tigalate Hondo.

10 🇪🇸 Escuela Insular de Artesanía. En ella se fomentan las labores artesanales: cerámica, cestería y bordado, que se pueden adquirir en las instalaciones.
🔆 La Palma School of Craftwork. Here crafts are taught: pottery, basket-making and embroidery, examples of all of which can be bought.
🇩🇪 Schule für Kunsthandwerk. Hier wird das traditionelle Kunsthandwerk gefördert: Töpferei, Korbflechterei und Stickerei. Die angefertigten Werke werden hier auch verkauft.

11 🇪🇸 Concentración de bodegas y lagares en la zona del Hoyo de Mazo. El cultivo de la vid ocupa un espacio agrario importante en el municipio.
🔆 Concentration of wineries and wine-presses in the area of Hoyo de Mazo. The cultivation of the vine occupies a significant part of the agricultural land in the district.
🇩🇪 Verschiedene Weinkellereien und -presse in Hoyo de Mazo. Der Weinbau nimmt ein großes landwirtschaftliches Nutzgebiet in der Gemeinde ein.

RED DE ESPACIOS NATURALES PROTEGIDOS
NETWORK OF PROTECTED NATURAL SPACES / DAS NETZ DER NATURSCHUTZGEBIETE

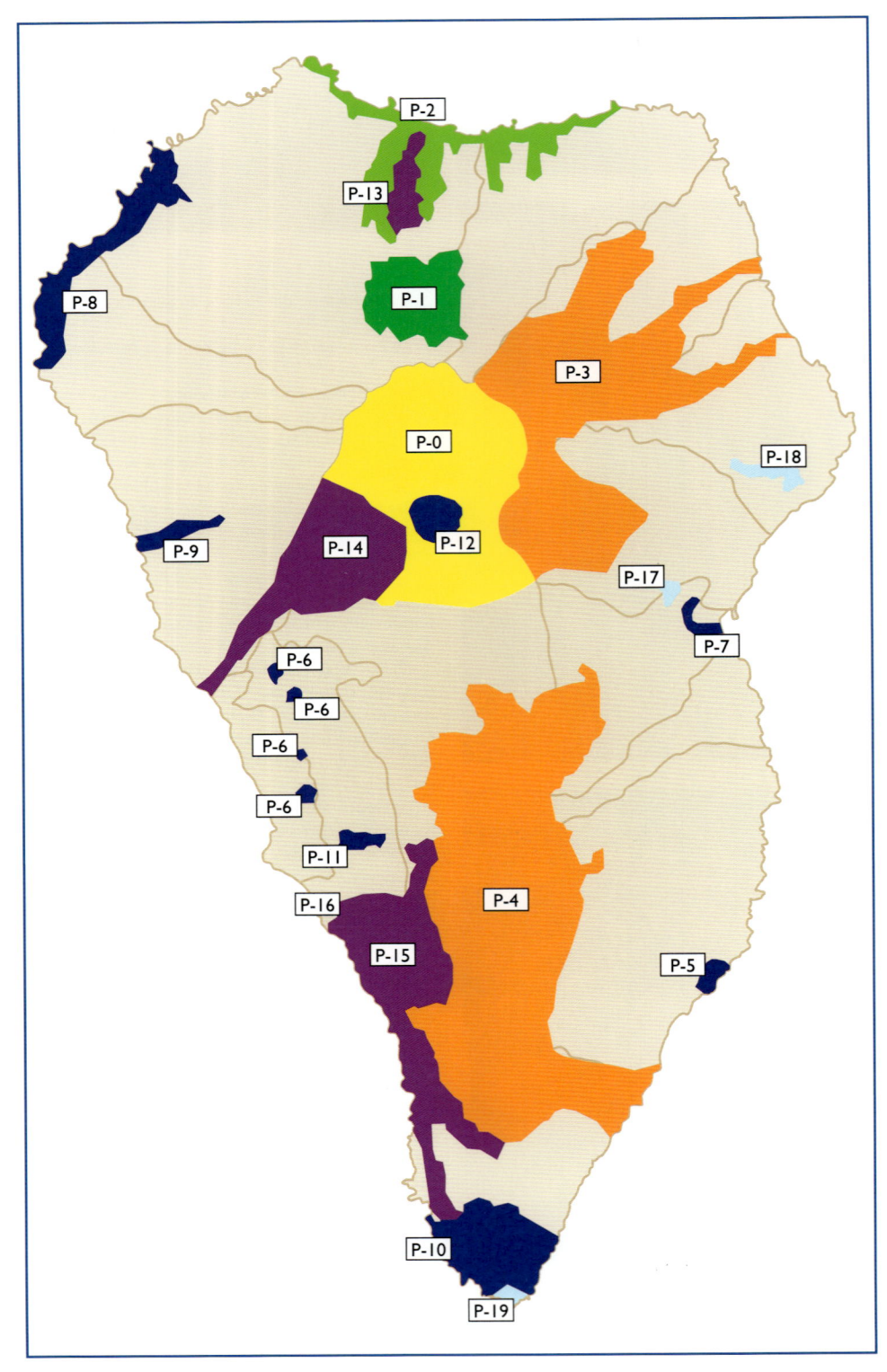

PARQUE NACIONAL
P-0 Parque Nacional de La Caldera de Taburiente

RESERVA NATURAL INTEGRAL
P-1 Reserva Natural Integral del Pinar de Garafía

RESERVA NATURAL ESPECIAL
P-2 Reserva Natural Especial de Guelguén

PARQUE NATURAL
P-3 Parque Natural de Las Nieves
P-4 Parque Natural de Cumbre Vieja

MONUMENTO NATURAL
P-5 Monumento Natural de Montaña de Azufre
P-6 Monumento Natural de Los Volcanes de Aridane
P-7 Monumento Natural del Risco de La Concepción
P-8 Monumento Natural de La Costa de Hiscaguán
P-9 Monumento Natural del Barranco del Jorado
P-10 Monumento Natural de Los Volcanes de Teneguía
P-11 Monumento Natural del Tubo Volcánico de Todoque
P-12 Monumento Natural de Idafe

PAISAJE PROTEGIDO
P-13 Paisaje Protegido de El Tablado
P-14 Paisaje Protegido del Barranco de Las Angustias
P-15 Paisaje Protegido de Tamanca
P-16 Paisaje Protegido del Remo

SITIO DE INTERÉS CIENTÍFICO
P-17 Sitio de Interés Científico de Juan Mayor
P-18 Sitio de Interés Científico del Barranco del Agua
P-19 Sitio de Interés Científico de Las Salinas de Fuencaliente

B.IC.* Y OTROS LUGARES DE INTERÉS HISTÓRICO
B.I.C. AND OTHER LOCATIONS OF HISTORICAL INTEREST / B.I.C. UND ANDERE HISTORISCH INTERESSANTE ORTE

BARLOVENTO
- Iglesia de Nuestra Señora del Rosario (M)
  Declarada iglesia bautismal en 1571. Ampliada en siglo XVII.
  Virgen del Rosario (flamenca), siglo XVII.
  Retablo barroco, siglo XVIII.
- Puerto de Talavera. Siglo XVI.
- Fuentes y lavaderos municipales. La Gallega, El Llano, Pizarro, La Cadena…
- Faro de Punta Cumplida. 1867.

BREÑA ALTA
- Barranco del Llanito.
- Barrio de San Miguel.
- Cruces: El Lomo, Cruz Chica, La Pavona, La Pasión,…
- Cuevas habitación aborígenes en la costa del municipio y petroglifos (Barranco del Humo).
- Dragos Gemelos. El Llanito.
- Ermita de la Concepción. Siglo XVI.
- Ermita de San Miguel. 1705.
- Fuente de Aduares.
- Iglesia de San Pedro. Sobre ermita del siglo XVI. Imagen de Nuestra Señora del Rosario (Aurelio Carmona López).
  Pila bautismal de cerámica vidriada sevillana. Siglo XVI
  Retablo altar mayor barroco.
- Monasterio Cisterciense de la Santísima Trinidad. 1946.
- Portadas de casonas: Lugo Rguez., Camino del Llanito, Aciego de Mendoza, Blas Bravo Pérez,…

BREÑA BAJA
- Antigua Iglesia de San José. Siglo XVII. Cerrada al culto (M).
  Sobre ermita de mediados del siglo XVI.
  Imágenes de San Miguel (flamenca de principios del siglo XVI); San Sebastián (1589); Santa Ana (flamenca, primer cuarto del siglo XVII);…
  Retablo mayor barroco, pintado y dorado por Bernardo Manuel de Silva, de principios del siglo XVII.
- Casona de Fierro-Torres y Santa Cruz. Siglo XVII. (M)
- Casa De La Cruz Fernández. Finales XVIII, principios del XIX. La Polvacera.
- Casa Frías Van de Walle. Siglo XVII. Portada almenada. El Socorro.
- Casa Sotomayor. Siglo XVIII. El Zumacal.
- Cruces: Monte, Barranco Amargavinos, Descanso de los Difuntos, del Socorro…
- Cruz del Milenio. Montaña de La Breña. 2001.
- Ermita del Socorro. Principio del siglo XVII y reconstruida a principios del siglo XVIII. Portada y atrio almenados.
- Horno de cal. Cuesta de La Pata.
- Iglesia de San Antonio. Sobre ermita del siglo XVII.
- Salinas de Los Cancajos. Siglo XVIII.

EL PASO
- Ermita de Nuestra Señora de Bonanza. Siglo XVIII (M).
  Artesonado octogonal en la capilla mayor, mudéjar-barroco.
  Exterior con esgrafiados (decoración en relieve).
- Ermita de San Nicolás de Bari. Las Manchas. Siglo XVII (M).
- Antigua Fábrica Capote.
- Casa del Alma de Tacande (Leyenda). Siglo XVI-XVII.
- Casona Alférez Salvador Fernández. Siglo XVIII.
- Cuevas-habitación benahoritas. El Hoyo-Peña del Diablo.
- Ermita Virgen del Pino. 1930.
  Pino canario anterior a la Conquista.
- Grabados rupestres: Caldera de Taburiente, La Fajana, Pico Bejenado, Tamarahoya…
- Taller de seda Las Hilanderas.

FUENCALIENTE
- Iglesia de San Antonio Abad. Siglo XVI. (M)
  Estilo Mudéjar. Espadaña. 1866.
- Roque Teneguía. (ZA)
- Cooperativa vinícola (actual Cooperativa Llanovid, S.L.), 1948.
- Embarcadero de Fuencaliente.
- Faro de Fuencaliente. 1899.
- Fuente Santa. Galería en Playa Echentive. Se conocen datos anteriores al siglo XVII.
- Puertito de La Caleta.
- Salinas. Punta de Fuencaliente.
- Volcanes de San Antonio (1677-1678) y Teneguía (1971).

LOS LLANOS DE ARIDANE
- Ermita de Las Angustias. Principios siglo XVI. (M)
  Imágenes: Nuestra Señora de las Angustias, gótica-flamenca (primer tercio del siglo XVI); San Miguel, flamenca (siglo XVI).
- Acueducto de Argual. Siglo XVI.
- Casas en Argual: Massieu Van Dalle (1748-1749); Poggio (1732); Sotomayor (Siglo XVII); Vélez de Ontanilla (Siglo XVII).
- Casco Antiguo de Los Llanos de Aridane.
- Ermita de San Pedro, Argual. Principios del siglo XVII. Estilo mudéjar.
- Fuente-Chorro. Bauhaus. 1934.
- Iglesia de Nuestra Señora de Los Remedios. Siglo XVI. Estilo mudéjar.
  Imágenes flamencas de Nuestra Señora de Los Remedios y de Santa Ana (siglo XVI); Cristo de la Salud (siglo XVI, en pasta de maíz con la técnica de los indios mexicanos).
  Retablos barrocos.
  Museo de Arte Sacro.
- Lavaderos. Argual.
- Plaza Elías Santos Abreu. Plaza Chica.
  Pila de agua de 1870. Los Llanos.
- Plaza de España.

PUNTAGORDA
- Iglesia de San Mauro Abad y Casa parroquial. Antigua casa del Pósito Municipal. Mediados siglo XVI. (M)
  Imagen de San Mauro, último tercio del siglo XVI.
  Artesonado mudéjar (siglo XVI) y arco toral gótico.
  Pila bautismal, 1669.
- Antiguo camino de Puntagorda a Santa Cruz de La Palma, del siglo XVII, señalizado por pinos de marcas.
- Cueva de Camariño. Cueva del Rey Gaspar. Cueva y Cruz de la Reina.
- Grabados aborígenes (Barranco de Aguadulce, montaña de Bravo…)
- Gutiérrez.
- Hornos de brea y teja.
- Molinos de El Roque y Relvalarga.
- Poblados aborígenes (Barranco El Roque, Cruz de la Reina…)
- Puerto de Puntagorda.

*Declarados o con expediente en trámite por Organismos Oficiales. / Declared or under consideration by Official Bodies. / Von offiziellen Behörden bereits dazu erklärt oder behördlicher Weg zur Erklärung bereits beantragt.

PUNTALLANA
- Iglesia de San Juan Bautista. Declarada parroquia bautismal en 1515. Reedificada en 1719. (M)
  Barroco y Mudéjar canario.
  Imágenes: San Pedro, San Pablo, Nuestra Señora de Candelaria (siglo XVI); San Miguel Arcángel y San Antonio de Padua (Benito de Hita y Castillo), (siglo XVIII).
  Retablo mayor (siglo XVIII).
- Casa de Los Lugo, antes de Massieu. Santa Lucía.
- Casa Luján. Museo Etnográfico.
  Casa solariega de arquitectura tradicional canaria. Antigua sede del Ayuntamiento. Mediados del siglo XIX.
- Ermita de San Bartolomé o de La Piedad. Construida en 1515.
  Imágenes de Nuestra Señora de La Piedad (gótica) y San Bartolomé (siglos XVI-XVII).
- Ermita de Santa Lucía. Primer dato de 1530. Restaurada.
  Imagen de Santa Lucía, gótico-flamenca de principios del siglo XVI.
- Fuentes de Benamas (Tenagua) y San Juan.
- Fuente y lavaderos La Fuentita.
- Molino de viento y casa venta de Santa Lucía.
- Porís de Martín Luis, Puerto Trigo y Puerto Paja.

SAN ANDRÉS Y SAUCES
- Iglesia Parroquial de San Andrés. Finales del siglo XV, principios del XVI. (M)
  Retablos barrocos. Portada septentrional renacentista. Nacimiento costumbrista del siglo XIX.
- Casco antiguo de San Andrés. (CH).
  Calles empedradas. Casas: Álvarez de Silva, Pinto (siglo XVI); Marqués de Guisla (Siglo XVII-XVIII) Buenamuerte (siglo XVIII).
- Complejo Arqueológico El Tendal. Los Galguitos.
- Puerto Espíndola. Destilería de ron.
- Ermita de San Juan. Primera mitad del siglo XVI. Reformada. Los Galguitos.
- Ermita de San Pedro Apóstol anterior a 1525. Restaurada en el siglo XX. Las Lomadas.
- Ermita de San Sebastián. Primeras noticias de 1530. Remodelada en 1930. San Andrés.
- Hornos de cal. San Andrés y Charco Azul.
- Iglesia de Nuestra Señora de Montserrat. Los Sauces. Construida en el siglo XX sobre antiguo templo del siglo XVI.
  Imágenes del siglo XVI de Nuestra Señora de La Piedad (flamenca) y Nuestra Señora de Montserrat.
- Molino hidráulico "El Regente". 1873. Museo del Gofio. Los Sauces.
- Embarcadero de la Cuevita y Guindaste (San Andrés) y El Poyo (Los Galguitos).

SANTA CRUZ DE LA PALMA
- Casa de Salazar. Siglo XVII. (M)
- Castillo de Santa Catalina. Finales siglo XVII. (M)
- Iglesia de San Francisco. Fundación en 1508. Trabajos y dotaciones entre 1515-1530. (M)
- La Quinta Verde. Segunda mitad del siglo XVII. (M)
- Santa Cruz de La Palma. (CH)
- Teatro Circo de Marte. 1864. (M)
- Teatro Chico. 1866. (M)
- Ayuntamiento. Estilo renacentista. 1560-1563.
- Calle Real (C/ O'Daly). Conjunto de arquitectura de diferentes estilos.
- Casas: Escobar Pereira (siglo XVI); Arce y Rojas (Finales XVI-principios XVII); Massieu Tello de Eslava, Vélez de Ontanilla (siglo XVIII); Fierro, García Carballo, Massieu Sotomayor, Pinto (siglo XIX).
- Cruz de Terceros.
- Cueva de Carías. Primera sede del Cabildo Insular.
- Ermita de La Encarnación. Finales siglo XV.
- Ermita de Nuestra Señora de Candelaria. Mirca. 1626.
- Ermita de San José. Principios siglo XVII.
- Ermita de San Sebastián. Siglo XVI.
- Ermita de San Telmo. Siglo XVI y reconstruida en el siglo XVII.
- Ermita de San Vicente Ferrer. Velhoco. 1722.
- Ermita del Carmen. Primer tercio del siglo XVIII.
- Ermita del Santo Cristo del Planto. Siglo XVII.
- Fuente de Olén. Neveros.
- Hospital de Dolores. Antiguo convento de Santa Clara. Siglo XVII.
- Parroquia matriz de El Salvador. Principios siglo XVI. Posteriores ampliaciones.
  Artesonado mudéjar policromado. Pórtico estilo renacentista, Juan Ezquerra, 1580-1585. Sacristía: bóveda crucería gótica.
  Pintura altar mayor. La Transfiguración, Antonio María Esquivel, 1837.
  Retablos neoclásicos. Torre tipo fortaleza de piedra volcánica. 1568.

TAZACORTE
- Barrio del Charco. Casco Antiguo. Museo del Plátano.
- Casas: Monteverde o de Los Mártires de Tazacorte (siglo XVI); Díaz Pimienta, Massieu Van Dalle Monteverde Ponte (siglo XVII).
- Casa Museo Doctor Morales.
- Iglesia de San Miguel. Sobre primera ermita de la isla (finales del siglo XV), reformada en los siglos XVIII, XIX y XX.
  Imagen flamenca de San Miguel, siglo XVI.
- Lavaderos del Barrio del Charco.

TIJARAFE
- Barranco de Los Gomeros. (ZA/SE)
- Danza del Diablo. (CA/AL)
- Ermita del Buen Jesús. 1584. (M)
  Artesonado mudéjar.
- Iglesia de Nuestra Señora de Candelaria. (M)
  Sobre ermita del siglo XVI (C. 1515; en 1571 ya era bautismal). Mudéjar.
  Virgen de Candelaria, flamenca (inventariada en 1567). Retablo barroco-manierista, obra de Antonio de Orbarán (siglo XVII). Espadaña (1686).
- Casa del Maestro. Museo Etnográfico.
- Cueva de La Virgen. Finales siglo XV. Antigua cueva habitación aborigen.
- Mirador Piedra del Guanche y Pico Palmero. Grabados rupestres.
- Proís de Candelaria.
- Restos prehispánicos en Barranco de La Baranda y Cueva de La Palmera.

VILLA DE GARAFÍA
- Templo Parroquial Nuestra Señora de La Luz. Santo Domingo. 1552. (M)
  Reedificada a mediados del siglo XVII.
  Artesonado mudéjar.
  Retablos manieristas y neoclásicos, siglos XVII y XIX.
- La Zarza, La Zarcita (Se dan a conocer en 1941.), Llano de la Zarza, Fuente de las Palomas y Fajaneta del Jarito. (ZA)
- Casa de Los Quintos. Hoya Grande.
- Ermita de San Antonio del Monte. Siglo XVI. Reconstruida.
- Molinos de viento (Las Tricias, Llano Negro, Santo Domingo).
- Petroglifos por todo el municipio.
- Proís de Don Pedro, Lomada Grande, La Manga, Santo Domingo, La Fajana.

VILLA DE MAZO
- Cueva o Caboco de Belmaco. (ZA)
- Grabados Rupestres de Tigalate Hondo. (ZA)
- Casa de Alonso Pérez Díaz. Siglo XIX.
- Casa parroquial. Segunda mitad del siglo XVIII.
- Casa Roja. 1911.
- Ermita de Nuestra Señora de Los Dolores. 1759. Reconstruida en 1865. Lodero.
- Ermita de San Juan Bautista de Belmaco. 1705.
- Ermita de Santa Rosalía. 1794. Monte Breña.
- Iglesia de San Blas. Construida sobre ermita de finales del siglo XV.
- Molina de Tirimaga, Molino de Monte Pueblo. Siglo XIX.
- Necrópolis aborigen. Cueva de La Cucaracha. Montaña de Las Tabaibas.

EL HIERRO

- Más Información. **www.elhierro.es**
- Tel. Cabildo de El Hierro. 922 553 400

Superficie / Area / Fläche	268,71 km²
Altitud / Height / Höhe ü.d.M.	Malpaso 1501 m.
Población / Population / Bevölkerung	10.477 habitantes
Espacios Naturales Protegidos / Protected Natural Areas / Naturschutzgebiet	15.604,4 hectáreas

EL HIERRO

Fuente / Source / Quelle: Instituto Geográfico Nacional. Centro Nacional de Información Geográfica.
Escala 1:350.000. Ampliado un 50%.

INTRODUCCIÓN
INTRODUCTION / EINLEITUNG

ASPECTOS GEOGRÁFICOS
GEOGRAPHICAL ASPECTS / GEOGRAFISCHE GESICHTSPUNKTE

🇪🇸 El Hierro está situado en el extremo suroccidental del Archipiélago Canario, siendo la isla más pequeña en extensión y número de habitantes. No obstante, ofrece una gran diversidad paisajística, destacando el Valle del Golfo en el Noroeste, Las Playas en el Este, El Julan en la zona meridional, con Orchilla y La Restinga en sus extremos, y la meseta de Nisdafe en el centro, con sus campos y praderas.

El clima es suave y uniforme pero con escasas precipitaciones, siendo las medianías del Norte y la zona de cumbres las más húmedas. En su vegetación destaca el tabaibal-cardonal, el sabinar (en La Dehesa y El Julan), el monteverde (en El Golfo) y el bosque de pinos (en El Pinar). De su fauna destaca el lagarto gigante de El Hierro (*Gallotia simonyi*), una especie endémica que fue abundante en épocas pasadas y ahora se cría con éxito en cautividad, lo que ha permitido su reintroducción en el medio natural.

El entorno natural y los paisajes de la isla mantienen un alto grado de conservación, hasta el punto de que más del 58% de la superficie insular está protegida, lo que despierta un gran interés entre los científicos y naturalistas. Esta circunstancia, junto a la importancia de su flora y fauna, hizo que la UNESCO la declarara Reserva de la Biosfera en el año 2000.

La agricultura, especialmente en El Golfo, con plataneras, piña tropical, mangos y viñedos (de los que se obtienen famosos vinos), la pesca y la ganadería, orientada a la producción y exportación de quesos, son sectores que tienen cierta relevancia en la economía. Sin embargo, la actividad turística, especialmente la relacionada con el turismo rural, está comenzando a acelerar el motor de la economía isleña.

En la actualidad, la isla está dividida en dos municipios, Valverde (donde está la capital) y La Frontera, aunque se ha iniciado un expediente para segregar de este último un tercer municipio, con capital en El Pinar.

🇬🇧 El Hierro is located at the south-western end of the Canary Islands, and is the smallest of the islands in terms of area and number of inhabitants. Nevertheless, it offers great diversity of landscapes, including the Valley of El Golfo in the northwest, Las Playas in the east, El Julan in the south, with Orchilla and La Restinga at its two ends, and the Nisdafe plateau in the centre, with its fields and meadows.

The climate is moderate and uniform but with scarce rainfall, with the inland areas in the north and the area of the highlands being the most moist. Among the vegetation, the most important is the tabaibal-cardonal (balsam spurge-candelabra spurge), the junipers (in La Dehesa and El Julan), the monteverde (in El Golfo) and the pine woodland (at El Pinar). Among the fauna the most important is the giant lizard of El Hierro (*Gallotia simonyi*), an endemic species which was abundant in past times and is now raised in captivity, which has enabled it to be reintroduced into the wild.

The natural environment and the landscapes of the island are very well conserved, to the extent that over 58% of the island's area is protected, which has created great interest among scientists and naturalists. This fact, together with the importance of the flora and fauna, led UNESCO to declare the island a Biosphere Reserve in the year 2000.

Agriculture, especially at El Golfo, with banana plantations, pineapples, mangoes and vines (from which the famous wines are made), fishing and livestock, oriented to the production and export of cheeses, are sectors with a certain importance to the economy. Nevertheless, tourist activity, especially that related to rural tourism, is beginning to accelerate the motor of the island economy.

The island is currently divided into two municipal districts, Valverde (which includes the capital) and La Frontera, although the first steps have been taken to separate from the latter a third municipal district, based on El Pinar.

🇩🇪 El Hierro liegt im Südwesten des Kanarischen Archipels und ist die kleinste seiner Inseln, mit der kleinsten Einwohnerzahl. Dessen ungeachtet bietet sie eine große landschaftliche Vielfalt, darunter vor allem Valle del Golfo im Nordwesten, die Strände im Osten, El Julan im Süden, mit Orchilla und La Restinga am äußersten Ende und der Hochebene Nisdafe im Zentrum, mit Feldern und großen Wiesen.

Das Klima ist mild und gleichförmig, mit nur geringen Niederschlägen, und prägt die mittleren Höhenlagen des Nordens sowie die feuchteren Gipfelzonen. Unter der Vegetation stechen der Tabaibal-Cardonal hervor, der Sabinar (in La Dehesa und El Julan), der Monteverde (in El Golfo) und der Kiefernwald (in El Pinar). Typischer Repräsentant der Fauna ist die Rieseneidechse von El Hierro (*Gallotia simonyi*), eine endemische Spezies, die einst zahlreich vertreten war und heute mit Erfolg wieder herangezüchtet wurde, so dass es nun möglich ist, sie wieder in ihren natürlichen Lebensraum zurückzuführen.

Der ursprüngliche Zustand der Natur und der Insellandschaften ist noch immer sehr gut erhalten; so steht 58% des Inselbodens unter Naturschutz, was besonders das Interesse von Wissenschaftlern und Naturliebhabern erregt hat. Dieser Umstand, sowie die bedeutende Flora und Fauna, veranlassten die UNESCO dazu, die Insel im Jahre 2000 zum Biosphärenreservat zu erklären.

Die Landwirtschaft, besonders in El Golfo, mit Bananenplantagen, tropischer Ananas, Mangos und Weinbergen (der Wein von El Hierro ist berühmt!), der Fischfang und die Viehzucht, die auf die Produktion und den Export von Käse ausgerichtet ist, spielen eine ausschlaggebende Rolle in der Inselwirtschaft.

Derzeit ist die Insel in zwei Gemeindebezirke unterteilt, Valverde (wo sich die Hauptstadt befindet) und La Frontera; allerdings ist kürzlich ein Antrag gestellt worden, dass vom letzteren ein weiterer Bezirk abgetrennt wird, dessen Bezirkshauptstadt El Pinar sein soll.

BREVE RESEÑA HISTÓRICA
A SHORT HISTORICAL SUMMARY / KURZER HISTORISCHER ÜBERBLICK

🇪🇸 Antiguamente la isla de El Hierro fue conocida como Eseró o Hero. En el siglo XVI aparece en los mapas con el nombre de El Hierro. Sus antiguos pobladores fueron conocidos como "bimbaches" y tuvieron como principal actividad la ganadería y la agricultura, aprovisionándose de agua en los depósitos construidos al pie del legendario Garoé, un til que fue destruido por un temporal en 1610. Los diferentes estudios arqueológicos han localizado numerosos yacimientos y estaciones de grabados rupestres, como los de El Julan, que figuran entre los más importantes de Canarias.

La isla fue conquistada por Juan de Bethencourt a principios del siglo XV, sin encontrar apenas resistencia, ya que prometió respetar la libertad del pueblo y la de su jefe Armiche. No obstante, incumplió su palabra y apresó a numerosos aborígenes, vendiéndolos como esclavos.

Existe en esta isla una fuerte devoción por la imagen de la Virgen de Los Reyes. Desde 1741, cada cuatro años se celebra su Bajada desde su Santuario en La Dehesa hasta Valverde, con una multitud de fieles que la siguen con devoción.

La historia de la isla está muy vinculada con los movimientos migratorios, especialmente hacia otras islas y América, sobre todo coincidiendo con crisis económicas, sequías o incluso conflictos bélicos, como la Guerra Civil Española.

El Hierro es también conocida como "isla del Meridiano", ya que hasta el año 1883 el Meridiano Cero pasaba por la Punta de Orchilla, siendo sustituido en esa fecha por el de Greenwich.

🇬🇧 In ancient times, the island of El Hierro was known as Esero or Hero. In the 16th Century, it appeared on maps with the name of El Hierro. The ancient inhabitants were known as "Bimbaches" and their main activity was livestock and agriculture, they took their water from the tanks that were built at the foot of the legendary Garoé, a "laurel" that was destroyed by a storm in 1610. Different archaeological studies have located numerous sites and locations with rock markings, such as those at El Julan, which are among the most important in the Canary Islands.

The island was conquered by Juan de Bethencourt at the beginning of the 15th Century, when he met with little resistance, as he promised to respect the freedom of the people and that of their head, Armiche. Nevertheless, he broke his word and captured many natives, selling them as slaves.

There is great devotion on this island to the image of the Virgen de Los Reyes. Since 1741, every four years the descent from her sanctuary at La Dehesa to Valverde is celebrated, with a multitude of the faithful following behind in devotion.

The history of the island is very closely linked with migratory movements, especially to the other islands and to America, above all coinciding with the economic crises, droughts and warlike conflict such as the Spanish Civil War.

El Hierro is also known as the "Island of the Meridian" as, until 1833, when it was removed to Greenwich, the Zero Meridian passed through the Point of Orchilla.

🇩🇪 Damals war die Insel El Hierro unter den Namen Esero oder Hero bekannt. Im 16.Jahrhundert taucht sie mit dem Namen El Hierro auf den Karten auf. Die ehemaligen Einwohner wurden „Bimbachen" genannt und ihre Wirtschaft basierte auf der Viehzucht, wobei die Tiere mit dem Wasser aus dem Speicher zu Füßen des legendären Garoes versorgt wurden, ein Baum, der 1610 von einem Sturm zerstört wurde. Verschiedene archäologische Studien haben zur Entdeckung zahlreicher Fundstätten und Felsgravuren geführt, wie die von El Julan, die zu den bedeutendsten der Kanaren zählen.

Im 15.Jahrhundert wurde die Insel von Juan de Bethencourt erobert, der kaum auf Widerstand stieß, als er ihrem Volk und dessen Oberhaupt Armiche ein freies Leben versprach. Allerdings brach er sein Versprechen, nahm zahlreiche Einwohner in Gefangenschaft und verkaufte sie als Sklaven.

Auf der Insel besteht eine starke Verehrung für die Heilige Virgen de los Reyes. Seit 1741 wird alle vier Jahre die „Bajada" von ihrem Standort in La Dehesa nach Valverde gefeiert, ein Ereignis, an dem viele Menschen mit großer Frömmigkeit teilnehmen.

Die Geschichte der Insel ist stark mit den Ein- und Auswanderungsbewegungen verknüpft, besonders zu anderen Inseln und nach Amerika, und vor allem in Zeiten wirtschaftlicher Krisen, Trockenheiten oder auch kriegerischen Auseinandersetzungen, wie z.B. während des spanischen Bürgerkriegs.

El Hierro ist auch unter dem Namen „Meridianinsel" bekannt, denn bis 1883 verlief der Nullmeridian durch la Punta de Orchilla, doch dann wurde dieser Punkt durch Greenwich ersetzt.

LA FRONTERA

- Más Información. www.aytofrontera.org
- Tel. Ayuntamiento de Frontera. 922 555 999

Superficie Area Fläche	Altitud Height Höhe ü.d.M.	Población Population Bevölkerung	Espacios Naturales Protegidos Protected Natural Areas Naturschutzgebiet	Distancia por carretera Distance by car Distanz auf Verkehrswegen
165,07 km²	**300 m.**	**5.570 habitantes**	**13.213,95 hectáreas**	**32 km. a Valverde**

01 🇪🇸 Hotel Balneario Pozo de la Salud. Sabinosa. Tel. 922 559 561.
🇬🇧 Hotel Balneario Pozo de la Salud. Sabinosa. Phone. 922 559 561.
🇩🇪 Hotel Balneario Pozo de la Salud. Sabinosa. Tel. 922 559 561.

02 🇪🇸 Poblado de Guinea. Situado al pie del Risco de Tibataje. En el recorrido por el ecomuseo podemos observar los tipos de viviendas y enseres de los antiguos habitantes de la isla. Tel. 922 555 056.
🇬🇧 Village of Guinea. Located at the foot of the Risco de Tibataje. On your trip round the Eco-museum you can see the types of dwelling and the implements of the ancient inhabitants of the island. Phone. 922 555 056.
🇩🇪 Die Ortschaft Guinea liegt am Fuße des Risco de Tibataje. Bei einem Besuch des Ökomuseums sieht man verschiedene Wohnungsarten und Haushaltsgegenstände der alten Ureinwohner der Insel. Tel. 922 555 056.

03 🇪🇸 "Pozo de la Salud" (Sabinosa). Sus aguas están consideradas como minero-medicinales y declaradas de Utilidad Pública. Están recomendadas para afecciones reumáticas, cutáneas, digestivas, circulatorias y lucha antiestrés. Próximo al Pozo de la Salud se encuentra el Hotel Balneario. Tel. 922 559 561 / 465. Fax. 922 559 801. www.el-meridiano.com/balneario.
🇬🇧 "Pozo de la Salud" (Well of Health) (Sabinosa). The waters are considered to be medicinal and have been declared of Public Usefulness. They are especially recommended for rheumatic, skin, digestive and circulatory conditions, as well as for combating stress. Near to the Pozo de la Salud there is the Spa Hotel. Phone. 922 559 561 / 465. Fax. 922 559 801. www.el-meridiano.com/balneario.
🇩🇪 „Pozo de la Salud" (Sabinosa). Das Mineralwasser gilt als heilwirkend und ist zum öffentlichen Gut erklärt worden. Sehr empfehlenswert bei Rheuma, Gicht, Verdauungs- und Kreislaufbeschwerden und gegen Stress. In der Nähe vom Pozo de la Salud (Gesundheitsbrunnen) befindet sich das Hotel Balneario. Tel. 922 559 561 / 465. Fax. 922 559 801. www.el-meridiano.com/balneario.

04 🇪🇸 Vista panorámica de Los Roques de Salmor y zona costera de La Punta.
   🇬🇧 Panoramic view of Los Roques de Salmor and the coastal area of La Punta.
   🇩🇪 Panoramablick auf Los Roques de Salmor und die Küste von La Punta.

05 🇪🇸 Salinas de La Punta.
   🇬🇧 La Punta saltworks.
   🇩🇪 Salinen von La Punta.

06 🇪🇸 Faro de la Orchilla. Por esta isla pasaba desde Ptolomeo (en el siglo segundo de nuestra era) el "Meridiano Cero". A finales del siglo XIX fue desplazado por el que pasa por Greenwich (Gran Bretaña).
   🇬🇧 Orchilla Lighthouse. The zero meridian ran through this island from the times of Ptolemy (in the second century A.D.). At the end of the 19th Century it was replaced by the meridian running through Greenwich (Great Britain).
   🇩🇪 Faro de la Orchilla. Durch die Insel lief nach Ptolomäus (im zweiten Jahrhundert unseres Zeitalters) der Nullmeridian. Gegen Ende ds 19. Jahrhunderts wurde er nach Greenwich (Großbritannien) verlegt.

07 🇪🇸 Cueva del Faro.
   🇬🇧 Cave of the Lighthouse.
   🇩🇪 Cueva del Faro.

08 🇪🇸 Charcos naturales (Punta Grande).
   🇬🇧 Natural pools (Punta Grande).
   🇩🇪 Naturlagunen (Punta Grande).

09 🇪🇸 Diferentes formas de coladas lávicas y tubos volcánicos. Se pueden observar cerca del Faro de Orchilla.

🇬🇧 Different forms of lava flows and volcanic tubes. They can be observed close to the Orchilla Lighthouse.

🇩🇪 Unterschiedliche Formen von Lavaströmen und Vulkantunneln.

10 🇪🇸 Iglesia de la Consolación.

🇬🇧 Church of la Consolación.

🇩🇪 Iglesia de la Consolación.

11 🇪🇸 En el municipio de Frontera abundan las plantaciones de piña tropical.

🇬🇧 There are many pineapple plantations in the district of Frontera.

🇩🇪 In der Gemeinde Frontera befinden sich zahlreiche Tropische Ananasplantagen.

12 🇪🇸 Las sabinas herreñas (Juniperus turbinata Subs. canariensis) son árboles que llegan alcanzar 12 metros de altura y suelen tener forma inclinada debido a la acción de los vientos alisios. Se encuentran en las laderas del extremo oeste de la Isla, cerca del Verodal y el Faro de Orchilla.

🇬🇧 The junipers of El Hierro (Juniperus turbinata Subs. canariensis) are trees which grow to a height of twelve metres and which often take on an inclined shape due to the action of the trade winds. They are to be found on the sides of the western end of the Island, close to el Verodal and the Orchilla Lighthouse.

🇩🇪 Die herrenischen Sadebäume (Juniperus turbinata Subs. canariensis) erreichen eine Höhe von 12 Metern und wachsen oftmals schief, wegen des starken Passatwindes. Sie befinden sich an den Hängen der Westseite der Insel, in der Nähe von Verodal und el Faro de Orchilla.

13 🇪🇸 Hotelito de Punta Grande. Figura en el Guiness como el más pequeño del Mundo.

🇬🇧 Hotelito de Punta Grande. It features in the Guinness Book of Records as the smallest in the World.

🇩🇪 Hotelito de Punta Grande. Es ist im Guinessbuch der Rekorde als kleinstes Hotel der Welt eingetragen.

14 🇪🇸 Iglesia de La Candelaria (construida en 1614 y reconstruida en 1818) y plazoleta anexa.
🇬🇧 Church of La Candelaria (built in 1614 and rebuilt in 1818) and attached square.
🇩🇪 Iglesia de La Candelaria (1614 errichtet und 1818 wieder aufgebaut) mit anliegender Plazoleta.

15 🇪🇸 La Laja del Faro.
🇬🇧 La Laja del Faro.
🇩🇪 La Laja del Faro.

16 🇪🇸 Costa de Sabinosa, próxima al "Pozo de La Salud".
🇬🇧 The coast of Sabinosa, close to the "Pozo de La Salud".
🇩🇪 Küste von Sabinosa, in der Nähe vom „Pozo de la Salud".

17 🇪🇸 Vista panorámica de El Golfo, desde el "Mirador de Bascos".
🇬🇧 Panoramic view of El Golfo, from the "Mirador de Bascos" (Viewing Point).
🇩🇪 Panoramablick auf El Golfo vom Mirador de Bascos.

18 🇪🇸 Vista panorámica de Sabinosa.
🇬🇧 Panoramic view of Sabinosa.
🇩🇪 Panoramablick auf Sabinosa

19 🇪🇸 Centro de recuperación del Lagarto Gigante de El Hierro. Está destinado a la cría en cautividad del lagarto gigante *(Gallotia simonyi)*. Se ubica en el ecomuseo de Guinea. Tel. 922 555 056.
 🇯🇵 Centre for the recovery of the El Hierro Giant Lizard. This facility is for breeding the giant lizard in captivity *(Gallotia simonyi)*. It is located in the ecomuseum in Guinea. Phone. 922 555 056.
 🇩🇪 Zentrum zur Arterhaltung der Rieseneidechse *(Gallotia simonyi)* von El Hierro. Es befindet sich im Ökomuseum von Guinea. Tel. 922 555 056.

20 🇪🇸 Plantación de viñas (Sabinosa).
 🇯🇵 Vineyard (Sabinosa).
 🇩🇪 Weinberge (Sabinosa).

21 🇪🇸 Piscinas naturales (La Maceta).
 🇯🇵 Natural swimming pools (La Maceta).
 🇩🇪 Natürliche Schwimmbecken (La Maceta).

22 🇪🇸 Hornos de cal (Las Puntas).
 🇯🇵 Lime kilns (Las Puntas).
 🇩🇪 Kalköfen (Las Puntas).

23 🇪🇸 Playa de Arenas Blancas.
 🇯🇵 Beach of Arenas Blancas.
 🇩🇪 Der Strand Arenas Blancas.

EL PINAR

01 🇪🇸 Vista panorámica de El Pinar.
   🇬🇧 Panoramic view of El Pinar.
   🇩🇪 Panoramablick auf El Pinar.
02 🇪🇸 Hoya de Tanajara.
   🇬🇧 Hoya de Tanajara.
   🇩🇪 Hoya de Tanajara.
03 🇪🇸 Iglesia de El Pinar (siglo XVIII).
   🇬🇧 Church of El Pinar (18th Century).
   🇩🇪 Iglesia de El Pinar (18. Jahrhundert).
04 🇪🇸 Cueva de Don Justo.
   🇬🇧 Cave of Don Justo.
   🇩🇪 Cueva de Don Justo.

05 🇪🇸 Los fondos marinos de El Hierro poseen un gran atractivo. Centro de Buceo Meridiano Cero. C/ La Orchilla, 19. La Restinga. Tel. 922 557 076 / 620 948 533. Fax. 922 557 159. email: meridianocero@terra.es. Centro de Buceo El Hierro. Avd. Marítima, 16. La Restinga. Tel.-Fax. 922 557 023 / 609 261 838. www.centrodebuceoelhierro.com. email: info@centrodebuceoelhierro.com

🇬🇧 The underwater landscape of El Hierro is extremely attractive. Meridiano Cero Diving Centre. C/ La Orchilla, 19. La Restinga. Phone. 922 557 076 / 620 948 533. Fax. 922 557 159. email: meridianocero@terra.es. El Hierro Diving Centre. Avd. Marítima, 16. La Restinga. Phone-Fax 922 557 023 / 609 261 838. www.centrodebuceoelhierro.com. email: info@centrodebuceoelhierro.com

🇩🇪 Die Meeresgründe von El Hierro sind überaus reizvoll. Meridiano Cero Diving Centre. C/ La Orchilla, 19. La Restinga. Tel. 922 557 076 / 620 948 533. Fax. 922 557 159. email: meridianocero@terra.es. El Hierro Diving Centre. Avd. Marítima, 16. La Restinga. Tel.-Fax. 922 557 023 / 609 261 838. www.centrodebuceoelhierro.com. email: info@centrodebuceoelhierro.com.

06 🇪🇸 Bosque de pinos canarios (El Pinar).
🇬🇧 Woodland of Canarian pine (El Pinar).
🇩🇪 Kanarischer Kiefernwald (El Pinar).

07 🇪🇸 Puerto de La Restinga.
🇬🇧 Port of La Restinga.
🇩🇪 Hafen von La Restinga.

221

08 En Los Lajiares (próximo a La Restinga) podemos observar curiosos tipos de coladas de lava y tubos volcánicos.

✺ At Los Lajiares (near to La Restinga) you can observe unusual types of lava flows and volcanic tubes.

⬤ In Los Lajiares (in der Nähe von La Restinga) sind erkaltete Lavaströme und vulkanische Tunnel zu sehen.

09 Algunas de las calles de El Pinar.

✺ Some of the streets in El Pinar.

⬤ Strassen in El Pinar.

10 Los letreros del Julan están situados entre La Restinga y el Faro de Orchilla. Estos petroglifos representan la escritura de los antiguos habitantes de la isla, "Los Bimbaches".

✺ The "letreros del Julan" are located between La Restinga and the Orchilla Lighthouse. These petroglyphs or rock markings represent the writing of the old inhabitants of the island. "Los Bimbaches".

⬤ Los Letreros von el Julan befinden sich zwischen La Restinga und el Faro de Orchilla. Diese steinernen Zeugnisse repräsentieren die Schrift der „Bimbaches", die ehemaligen Ureinwohnern der Insel.

11 En la comarca de El Pinar se elaboran los prestigiosos vinos "Tanajara".

✺ One of the prestigious "Tanajara" wines is made in El Pinar.

⬤ Im Einzugsgebiet von El Pinar wird der beliebte „Tanajara" Wein hergestellt.

12 Mirador de Tanajara.

✺ Tanajara Viewing Point.

⬤ Mirador de Tanajara.

LA DEHESA. ZONA COMUNAL

01 🇪🇸 Las tradiciones ganaderas se mantienen vivas entre la población herreña.
🏳️ The livestock traditions are kept alive among the population of El Hierro.
🇩🇪 Die Traditionen der Viehzüchter sind immer noch lebendig.

02 🇪🇸 Ermita de la Virgen de Los Reyes, donde se venera la patrona de la isla de El Hierro. Su Bajada se celebra cada cuatro años.
🏳️ Chapel of the Virgen de Los Reyes, where the patron saint of the island of El Hierro is worshipped. The Descent of the Virgin is celebrated every four years.
🇩🇪 In der Ermita de la Virgen de los Reyes wird die Schutzpatronin von El Hierro verehrt. Alle vier Jahre wird die „Bajada" gefeiert.

03 🇪🇸 Campesinos y ganaderos herreños preparando una comida típica.
🏳️ Peasants and livestock keepers preparing a typical dish.
🇩🇪 Bauern und Viehzüchter von El Hierro bereiten ein typisches Mahl zu.

04 🇪🇸 Ganado vacuno y ovino pastando en la zona comunal.
🏳️ Cattle and sheep grazing in the communal area of La Dehesa.
🇩🇪 Kühe und Schafe weiden in der Gemeinschaftszone von La Dehesa.

05 🇪🇸 Montaña de Tembárgena.
🏳️ Montaña de Tembárgena.
🇩🇪 Montaña de Tembárgena.

VALVERDE

. Tel. Ayuntamiento de Valverde. 922 550 025

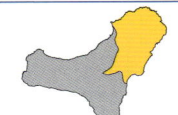

Superficie / Area / Fläche	Altitud / Height / Höhe ü.d.M.	Población / Population / Bevölkerung	Espacios Naturales Protegidos / Protected Natural Areas / Naturschutzgebiet
103,65 km²	571 m.	4.907 habitantes	2.588,03 hectáreas

01 🇪🇸 Ermita de Santiago. Fue construida en el siglo XV y reconstruida en diferentes ocasiones posteriores.

🇬🇧 Chapel of Santiago. It was built in the 15th Century and rebuilt on a number of occasions thereafter.

🇩🇪 Ermita de Santiago. Die Kapelle wurde im 15. Jahrhundert gebaut und später mehrmals rekonstruiert.

02 🇪🇸 Cueva de Los Guaclos o del Jameo (San Andrés-Valverde). Grupo de Espeleología de Tenerife Benisahare. Tel. 609 451 706. E mail. alfrelainez@hotmail.com.

🇬🇧 Cave of Los Guaclos or the Jameo (San Andrés-Valverde). Grupo de Espeleología de Tenerife Benisahare. Tel. 609 451 706. E mail. alfrelainez@hotmail.com.

🇩🇪 Cueva de Los Guaclos odel Jameo (San Andrés-Valverde). Grupo de Espeleología de Tenerife Benisahare. Tel. 609 451 706. E mail. alfrelainez@hotmail.com.

03 🇪🇸 Fábrica de quesadillas "Adrián Gutiérrez e Hijos". Aquí se elabora ese dulce típico de la isla de El Hierro. C/ 22 de Febrero, 2. Valverde. Tel. 922 550 227.

🇬🇧 Quesadilla factory of "Adrián Gutiérrez e Hijos". This is where the typical sweet of El Hierro is made. C/ 22 de Febrero, 2. Valverde. Phone. 922 550 227.

🇩🇪 „Quesadilla"-Fabrik „Adrián Gutiérrez e Hijos". Hier wird die typische Süßspeise von der Insel El Hierro hergestellt. C/ 22 de Febrero, 2. Valverde. Tel. 922 550 227.

04 🇪🇸 Drago situado en Guarazoca. Uno de los escasos ejemplares de gran porte existentes en la isla.

🇬🇧 Dragon tree located at Guarazoca. One of the rare specimens of large size on the island.

🇩🇪 Drachenbaum in Guarazoca. Eins der wirklich großen Exemplare auf der Insel.

05 🇪🇸 Exterior e interior de la Iglesia de La Concepción.
🇬🇧 Exterior and interior of the Church of La Concepción.
🇩🇪 Außen- und Innenansicht der Iglesia de La Concepción.

06 🇪🇸 Iglesia de San Pedro de El Mocanal.
🇬🇧 Church of San Pedro de El Mocanal.
🇩🇪 Iglesia de San Pedro de El Mocanal.

07 🇪🇸 Vista panorámica de El Golfo desde el Mirador de La Peña.
🇬🇧 Panoramic view of El Golfo from the La Peña Viewing Point.
🇩🇪 Panoramablick auf El Golfo vom Mirador de La Peña.

08 🇪🇸 Fachada exterior del Ayuntamiento de Valverde y calle anexa.
🇬🇧 Façade of Valverde Town Hall and nearby street.
🇩🇪 Außenfassade des Rathauses von Valverde und Nebenstrasse.

09 🇪🇸 El Garoé, también denominado "Árbol Santo". Fue destruido por un huracán en 1610 y en el mismo lugar se plantó un nuevo ejemplar de til en 1949. Se ha convertido en uno de los símbolos más destacados de la isla.
🇬🇧 El Garoé, also known as the "Holy Tree". It was destroyed by a hurricane in 1610 and in the same place a new specimen of laurel was planted in 1949. It has become one of the most outstanding symbols of the island.
🇩🇪 El Garoé, auch „Arbol Santo" genannt. 1610 wurde er von einem Orkan zerstört, doch 1949 pflanzte man hier ein Exemplar eines Til. Er stellt eins der Inselsymbole dar.

10 🇪🇸 Roque de Bonanza.
🇬🇧 Roque de Bonanza.
🇩🇪 Roque de Bonanza.

11 🇪🇸 Museo etnográfico casa de "Las Quinteras". Posee varias salas destinadas a la artesanía textil, de madera y barro, así como un taller de herrería y telar. Tel. 922 552 026.

🏴󠁧󠁢󠁥󠁮󠁧󠁿 Ethnographic museum of the casa de "Las Quinteras". It has a number of rooms devoted to craftwork in textiles, wood and clay, as well as a workshop for smiths and a loom. Phone. 922 552 026.

🇩🇪 Ethnografisches Museum Casa de Las Quinteras. In mehreren Sälen sind Handarbeitskunstwerke aus Textilien, Holz und Ton zu sehen, sowie eine Schmiede und eine Weberei. Tel. 922 552 026.

12 🇪🇸 Mirador de La Peña. Obra del artista César Manrique. En sus instalaciones podemos disfrutar de una excelente gastronomía, tanto autóctona como internacional. Ctra. General Guarazoca, 40. Tel. 922 550 300.

🏴󠁧󠁢󠁥󠁮󠁧󠁿 La Peña Panoramic Viewing Point. The work of the artist, César Manrique. You can enjoy excellent cuisine, either local or international, in its facilities. Ctra. General Guarazoca, 40. Phone. 922 550 300.

🇩🇪 Mirador de La Peña. Werk des Künstlers César Manrique. Das Lokal bietet exzellente Küche mit sowohl insularen als auch internationalen Gerichten. Ctra. General Guarazoca, 40. Valverde. Tel. 922 550 300.

13 🇪🇸 Vista panorámica de Valverde.
🏴󠁧󠁢󠁥󠁮󠁧󠁿 Panoramic view of Valverde.
🇩🇪 Panoramablick auf Valverde.

14 🇪🇸 Vista panorámica de "La Caleta".
🏴󠁧󠁢󠁥󠁮󠁧󠁿 Panoramic view of "La Caleta".
🇩🇪 Panoramablick auf „La Caleta".

15 🇪🇸 El Tamaduste. Una de las mejores zonas costeras de Valverde para disfrutar del baño y el ocio.

🇬🇧 El Tamaduste. One of the best coastal areas in Valverde to enjoy a swim and relax.

🇩🇪 El Tamaduste. Eine der besten Bade- und Freizeitzonen an der Küste von Valverde.

16 🇪🇸 Vista panorámica de la Meseta de Nisdafe (Isora-Valverde).

🇬🇧 Panoramic view of the Nisdafe Plateau (Isora-Valverde).

🇩🇪 Panoramablick auf Meseta de Nisdafe (Isora-Valverde).

17 🇪🇸 Iglesia de San Andrés (siglo XVI).

🇬🇧 Church of San Andrés (16th Century).

🇩🇪 Iglesia de San Andrés (16.Jahrhundert).

18 🇪🇸 El centro más comercial de Valverde gira en torno a la calle Doctor Quintero y las más próximas.

🇬🇧 The shopping centre of Valverde is calle Doctor Quintero and nearby streets.

🇩🇪 Das Einkaufszentrum von Valverde liegt in der Umgebung der Calle Doctor Quintero.

19 🇪🇸 Erese. Un lugar con excelentes vistas.

🇬🇧 Erese. A place with excellent views.

🇩🇪 Erese. Ein Ort mit ausgezeichneten Aussichten.

20 🇪🇸 El túnel que une Valverde con Frontera, es la obra que más ha facilitado la comunicación en la isla.

🇬🇧 The tunnel that joins Valverde and Frontera is the piece of work which has most facilitated communications on the island.

🇩🇪 Der Tunnel zwischen Valverde und Frontera hat die Verkehrsverbindungen der Insel erheblich verbessert.

RED DE ESPACIOS NATURALES PROTEGIDOS
NETWORK OF PROTECTED NATURAL SPACES / DAS NETZ DER NATURSCHUTZGEBIETE

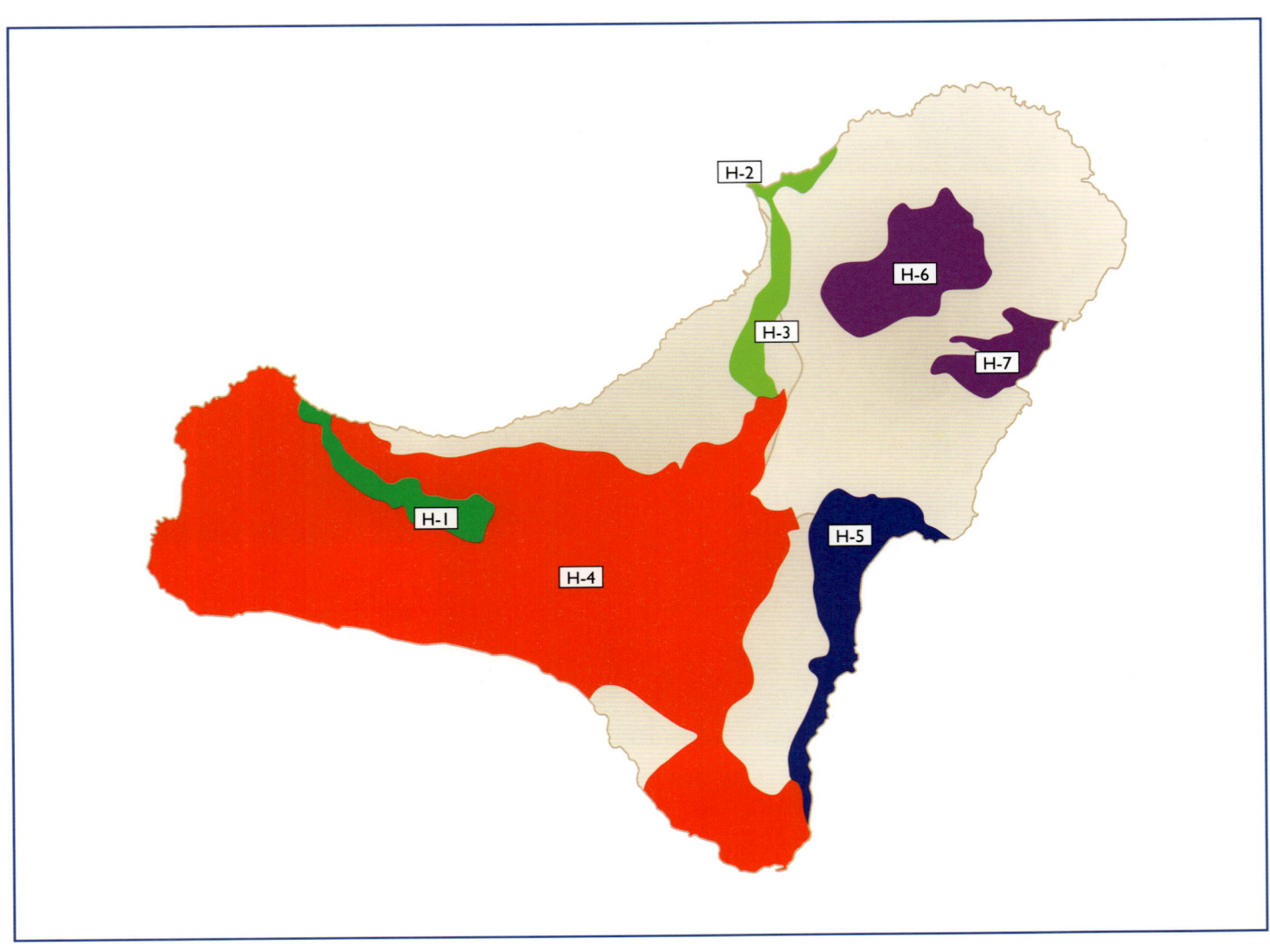

RESERVA NATURAL INTEGRAL
H-1 Reserva Natural Integral de Mencáfete
H-2 Reserva Natural Integral de Roques de Salmor

RESERVA NATURAL ESPECIAL
H-3 Reserva Natural Especial de Tibataje

PARQUE RURAL
H-4 Parque Rural de Frontera

MONUMENTO NATURAL
H-5 Monumento Natural de Las Playas

PAISAJE PROTEGIDO
H-6 Paisaje Protegido de Ventejís
H-7 Paisaje Protegido de Timijiraque

B.IC.* Y OTROS LUGARES DE INTERÉS HISTÓRICO
B.I.C. AND OTHER LOCATIONS OF HISTORICAL INTEREST / B.I.C. UND ANDERE HISTORISCH INTERESSANTE ORTE

FRONTERA
- El Julán. (ZA)
- Grabados rupestres de La Restinga. (ZA)
- Poblado de Guinea. (ZA)
- Faro de la Orchilla.
- Salinas de La Punta.
- Pozo de La Salud y Balneario.
- Ermita de Nuestra Señora de Los Reyes y Montaña del Caracol, en la Dehesa.
- Iglesia de Nuestra Señora de La Candelaria.
- Iglesia de San Simón y Nuestra Señora de la Concepción (Sabinosa).

- Garoé, conocido como Árbol Santo.
- La Albarrada, antiguo caserío en la actualidad abandonado.
- Cueva de La Pólvora.
- Iglesia de San Andrés
- Pozo de las Calcosas

EL PINAR
- Iglesia de San Antonio Abad.

VALVERDE
- Mirador de La Peña. Años 80 del S. XX. (M)
- Iglesia de Nuestra Señora de La Concepción, con los bienes muebles vinculados a la misma. (Inmaculada Concepción, Cristo atado a la Columna (genovés) y Señor de los Grillos, todos del S. XVIII). (M)

*Declarados o con expediente en trámite por Organismos Oficiales. / Declared or under consideration by Official Bodies. / Von offiziellen Behörden bereits dazu erklärt oder behördlicher Weg zur Erklärung bereits beantragt.

CANARIAS RURAL
RURAL CANARY ISLANDS / CANARIAS RURAL

🇪🇸 LA FEDERACIÓN CANARIA DE DESARROLLO RURAL es una entidad que tiene entre otras las siguientes líneas de trabajo:
- Promoción y valoración de los productos locales.
- Promoción y asesoramiento de PYMES y empresas artesanales.
- Promoción y desarrollo del Turismo Rural como actividad complementaria del medio rural.
- Participación en redes comunitarias de Desarrollo.

A través de esta Federación los ciudadanos de cada isla pueden pedir información sobre cualquier aspecto relacionado con el turismo rural. Tel. 922 567 142.

🇬🇧 THE CANARIAN FEDERATION FOR RURAL DEVELOPMENT is an organisation which has, among other things, the following lines of work:
- Promotion and evaluation of local produce.
- Promotion and advice to SMEs and craftwork companies.
- Promotion and development of Rural Tourism as a complementary activity in the country.
- Participation in community development networks.

Through this Federation, citizens of each island can ask for information on anything to do with rural tourism. Phone. 922 567 142.

🇩🇪 Die FEDERACIÓN CANARIA DE DESARROLLO RURAL ist eine Organisation, die sich unter anderem der Erfüllung folgender Aufgaben widmet:
- Promotion und Bewertung von lokalen Produkten.
- Promotion und Beratung von von Klein- und Mittelbetrieben, sowie von Kunsthandwerksbetrieben.
- Promotion und Förderung des Ruraltourismus als ergänzende Aktivität in ländlichen Gebieten.
- Teilnahme an gemeinschaftlichen Entwicklungssystemen.

Die Bewohner der Kanarischen Inseln können beim Verband Informationen zum Thema Ruraltourismus einholen. Tel. 922 567 142.

ASOCIACIONES PARA EL DESARROLLO RURAL
RURAL DEVELOPMENT ASSOCIATIONS / VERBAND FÜR DIE RURALENTWICKLUNG

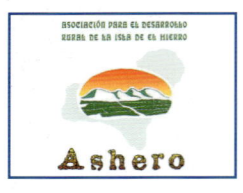

. Asociación para el Desarrollo Rural de Lanzarote: ADERLAN
C/ Dr. Ruperto González Negrín, 10 - 2º C
35500 Arrecife. Lanzarote
Tel. 928 800 553. Fax. 928 803 081
E mail. aderlan@arrakis.es
aderlan@lanzarotenatural.org

. Asociación para el Desarrollo Rural de Fuerteventura: ADER-Fuerteventura
C/ Lucha Canaria, Edificio Agricultura, s/n
35600 Puerto del Rosario. Fuerteventura
Tel. 928 531 184. Fax. 928 861 091
E mail. ader@cabildofuer.es

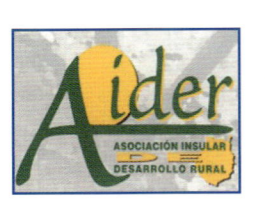

. Asociación para el Desarrollo Rural de Gran Canaria: AIDER Gran Canaria
C/ Del Agua, s/n. 35320 Vega de San Mateo.
Gran Canaria
Tel. 928 660 738. Fax. 928 660 708
E mail. aidergc@idecnet.com
www.aidergc.com

. Asociación para el Desarrollo Rural de Tenerife: FEDERTE
C/ Amanecer, 45. 38206 San Lázaro. La Laguna.
Tenerife
Tel. 922 254 642. Fax. 922 631 139
E mail. federte@yahoo.es

. Asociación para el Desarrollo Rural de La Gomera: AIDER-La Gomera
C/ Los Rosales, s/n. 38840 Vallehermoso.
La Gomera
Tel. 922 800 500. Fax. 922 800 827
E mail. aidergomera@inicia.es
          aider@aidergomera.com
www.aidergomera.com

. Asociación para el Desarrollo Rural de La Palma: ADER-La Palma
C/ Trasera Doctor Morera Bravo, s/n
38730 Villa de Mazo. La Palma
Tel. 922 428 252 / 922 428 465. Fax. 922 428 476
E mail. ader@aderlapalma.org
www.aderlapalma.org

. Asociación para el Desarrollo Rural de El Hierro: ASHERO
C/ Simón Acosta, 2 - 2ª. 38900 Valverde.
El Hierro
Tel. 922 552 077. Fax:. 922 552 370
E mail. administración@ashero.org /
gerencia@ashero.org

MÁS INFORMACIÓN SOBRE TURISMO RURAL
ADDITIONAL INFORMATION ON RURAL TOURISM / WEITERE INFORMATIONEN ZU RURALTOURISMUS

www.ecoturismocanarias.com

. ACANTUR (Asociación Canaria de Turismo Rural)
Plaza de la Constitución, 1
38840 Vallehermoso. La Gomera.
Tel. 902 225 580. Fax. 928 418 262

ISLA DE FUERTEVENTURA

. **Fuerteventura Rural**
C/Francisco Fuentes, s/n
35640 La Oliva. Fuerteventura.
Tel. 902 362 502. Fax. 928 390 170

ISLA DE GRAN CANARIA

. **Grantural**
C/ Perojo, 36 bajo izquierda
35003 Las Palmas. Gran Canaria.
Tel. 902 157 281 / 928 390 169. Fax. 928 390 170

ISLA DE TENERIFE

. **ATTUR (Asociación Tinerfeña de Turismo Rural)**
Calle Castillo 41, oficina 231
38002 Santa Cruz de Tenerife
Tel / Fax. 902 215 582. Fax. 922 531 034

ISLA DE LA GOMERA

. **Cit Rural de La Gomera - Ecotural Gomera**
Carretera General, 207
38820 Hermigua. La Gomera.
Tel. 922 144 101. Fax. 922 881 038

ISLA DE LA PALMA

. **Asociación de Turismo Rural Isla Bonita**
Casa Luján. C/ El Pósito, 3
38715 Puntallana. La Palma.
Tel / Fax. 902 430 625

ISLA DE EL HIERRO

. **Asociación de Turismo Rural Meridiano Cero**
C/ Barlovento, 89
38916 Valverde. El Hierro.
Tel. 922 551 824. Fax. 922 550 575

ACTIVIDADES DE LA NATURALEZA: TURISMO DE AVENTURA
ACTIVITIES IN NATURE: ADVENTURE HOLIDAYS / AKTIVITÄTEN IN DER NATUR: ABENTEUERTOURISMUS

. **Federación Canaria de Montañismo**
Hero, 53.
38008 Santa Cruz de Tenerife
Tel. / Fax. 922 220268. Móvil. 689 161049
www.fedcam.es

. **Federación Canaria de Espeleología**
Puerta Canseco, 49 2ª planta, puerta 2 (Edf. Jamaica)
38003 Santa Cruz de Tenerife
Tel. / Fax. 922 231 743

. **Federación Canaria de Actividades Subacuáticas**
Puerta Canseco, 49 2ª planta, puerta 2 (Edf. Jamaica).
38003 Santa Cruz de Tenerife
Tel. / Fax. 922 240 041

ALBERGUES
HOSTELS / HERBERGEN

. **Albergue de Tejeda**
Tejeda. Gran Canaria.
Información y reservas
Tel. 902 455 550 / 928 666 488
E mail. info@alberguetejeda.com

. **Albergue de Bolico**
Parque Rural de Teno. Tenerife.
IDECO, S.A. (reservas)
Tel. 922 822 056. Fax. 922 310 193
E mail. info@idecogestion.net

Albergue de Bólico (información)
Tel. 922 127 334
E mail. tenoparque@cabtfe.es
Sólo para grupos organizdos. Previa reserva.
Consultar precio según grupo.

. **Albergue Montes de Anaga**
Parque Rural de Anaga. Tenerife
Información y reservas
Tel. 922 822 056 / 922 823 235
E mail. info@idecogestion.net / lamat@idecogestion.net
www.alberguestenerife.net

INFORMACIÓN TURÍSTICA. ASOCIACIONES EMPRESARIALES HOTELERAS
TOURIST INFORMATION. HOTEL ASSOCIATIONS / TOURISTIKINFORMATION. HOTELGESELLSCHAFTSVERBÄNDE

. ASOLAN (Asociación Insular de Empresarios de Hoteles y Apartamentos de Lanzarote)
C/ Burgao, 5
35510 Puerto del Carmen. Tías. Lanzarote.
Tel. 928 516 025. Fax. 928 513 646
www.asolan.com

. AEHTF (Asociación de Empresarios de Hostelería y Turismo de Fuerteventura)
C/ Primero de Mayo 33, Bajo
35600 Puerto del Rosario. Fuerteventura
Tel. 928 532 418. Fax. 928 531 033
www.aehtf.com

. FEHT (Federación de Empresarios de Hostelería y Turismo de Las Palmas)
C/ Arena, 1 Planta 3ª
35002 Las Palmas de Gran Canaria
Tel. 928 432 480. Fax. 928 370 900
www.feht.es

. ASHOTEL (Asociación Empresarial Hotelera y Extrahotelera de Tenerife, La Palma, La Gomera y El Hierro)
C/ Rambla General Franco, 147 1º
38001 S/C de Tenerife
Tel. 922 243 988. Fax. 922 244 310
www.ashotel.es

ORGANISMOS E INSTITUCIONES
ORGANISATIONS AND INSTITUTIONS / KÖRPERSCHAFTEN UND INSTITUTIONEN

. Consejería de Turismo del Gobierno de Canarias
www.gobiernodecanarias.org/turismo
www.canarias-turismo.com
Santa Cruz de Tenerife
C/ La Marina, 57
38001 Santa Cruz de Tenerife
Tel. 922 473 500. Fax. 922 473 486

Las Palmas de Gran Canaria
Plaza de los Derechos Humanos, s/n. Edf de Servicios Múltiples I, 6ª planta
35003 Las Palmas de Gran Canaria
Tel. 928 306 000. Fax. 928 306 768

. Centro de Iniciativas y Turismo de Gran Canaria
Pueblo Canario, Local 3
35005 Las Palmas de Gran Canaria
Tel. 928 243 593. Fax. 928 296 241
E mail. cit@citgrancanaria.es

. FECITEN (Federación de Centros de Iniciativas y Turismo de la Provincia de Santa Cruz de Tenerife)
C/. Elías Serra Rafols, 2 (antiguo Fielato)
Vuelta de los Pájaros
38009 Santa Cruz de Tenerife
Tel. 922 645 755
E mail. cit-turismo@telefonica.net
www.feciten.com

PATRONATOS DE TURISMO
TOURIST BOARDS / KÖRPERSCHAFTEN UND INSTITUTIONEN

. Lanzarote
www.turismolanzarote.com
Tel. 928 811 762

. Fuerteventura
www.fuerteventuraturismo.com
Tel. 928 851 609 / 928 852 016

. Gran Canaria
www.grancanaria.com
Tel. 928 219 600

. Tenerife
Turismo de Tenerife
www.webtenerife.com
Tel. 922 237 870

. La Gomera
www.gomera-island.com
Tel. 922 141 512

. La Palma
www.lapalmaturismo.com
Tel. 922 423 340 / 341

. El Hierro
www.elhierro.es
Tel. 922 550 302

ALGUNOS ASPECTOS DE LA GASTRONOMÍA CANARIA
SOME ASPECTS OF CANARIAN CUISINE / EINIGE GESICHTSPUNKTE ZUR KANARISCHEN GASTRONOMIE

🇪🇸 En los distintos pueblos de las Islas Canarias, la gastronomía ha tenido siempre una gran importancia, por ello, debido a su diversidad y dependiendo de las distintas zonas insulares, hoy contamos en el Archipiélago con un variado patrimonio gastronómico, que mantiene algunos aspectos comunes, como el mojo picón, el gofio, las papas arrugadas, los quesos, etc.

El *mojo* (salsa) es muy característico y se acompaña en numerosos platos con papas, carne o pescado. El más nombrado es el mojo picón rojo elaborado con pimienta, pero los hay también de pimienta verde, cilantro, perejil, etc.

El *gofio* está presente en la mayoría de nuestros platos. Es una harina de color tostado que se extrae del millo (maíz), trigo y diversos cereales.

Las *papas* en sus distintas variedades. Se preparan especialmente guisadas sin piel, arrugadas (guisadas con abundante sal y sin pelar), asadas, etc y suelen acompañarse con las diferentes variedades de mojo.

En las islas también son tradicionales los pucheros y potajes de berros, coles, rancho de garbanzos, la ropa vieja, etc. También podemos degustar platos muy específicos de algunas islas como "el caldo de millo" en la isla de Lanzarote, o los mejillones y el cabrito (o baifo), al ajillo de Fuerteventura, etc.

En las zonas costeras encontramos gran variedad de pescados y mariscos en los distintos restaurantes: la vieja en cazuela, o asada con mojo verde de cilantro, el cherne encebollado, las lapas a la plancha con mojo, el mojo pulpo (pulpo en salsa), los tollos con mojo, el sancocho y el pescado jareado, más característico de las islas orientales. Todos estos platos suelen ir acompañados de papas arrugadas con mojo.

En las zonas de medianías podrán disfrutar de nuestras carnes: el conejo en salmorejo, carne de cabra en salsa, carne en fiesta de cerdo, costillas con papas y millo. La mayoría de estas carnes van acompañadas también de papas arrugadas con mojo rojo o verde.

Todos estos platos se pueden deleitar con nuestros excelentes vinos y quesos.

Lo más dulce de nuestro Archipiélago son los postres, aunque cada isla tiene su singularidad. Así por ejemplo, en La Palma podemos saborear variedad de almendrados, el bienmesabe, etc; en El Hierro, la quesadilla además de los clásicos dulces y rosquetes; en Tenerife y Gran Canaria destacamos su gran riqueza repostera, aunque los dulces más originales los podemos conseguir en poblaciones alejadas de las grandes ciudades como Tejeda y Moya (Gran Canaria) y Vilaflor, Guía de Isora, etc (Tenerife). En La Gomera además de su exquisita miel de palma, existen gran variedad de dulces de almendras, los rosquetes, la tarta gomera, etc. En Fuerteventura existen variedad de tortas, rosquetes y truchas, y en la isla de Lanzarote rosquetes variados, torrijas e incluso en ciertas épocas del año, como las navidades, algo muy especial, la trucha de garbanzos.

En determinadas épocas del año como carnavales, navidades, se elaboran además postres característicos, acompañados en muchos casos por variedad de licores caseros.

🇬🇧 In the different villages of the Canary Islands, gastronomy has always been of great importance and it is for this reason, due to the diversity and depending on the different areas of the islands that we now have a varied culinary heritage with a number of common points such as mojo picón, gofio, papas arrugadas, cheeses, etc.

Mojo sauce is very characteristic of the Canary Islands and accompanies many dishes with potatoes, meat or fish. The best-known is red mojo picón made with pepper but there are also mojos made with green pepper, coriander, parsley, etc.

Gofio is present in most of our dishes. It is a toasted flour made from maize, wheat and a number of other cereals.

Potatoes in their different varieties. They are prepared particularly boiled without skin, boiled with plenty of salt and in their jackets (arrugadas), baked, etc. and they are generally accompanied by the different kinds of mojo sauce.

In the Canary Islands, pucheros and potajes are also popular made with watercress, cabbage, rancho of garbanzos (chickpeas), ropa vieja, etc. There are also dishes that are specific to one island, such as "el caldo de millo" on the island of Lanzarote, or mussels and cabrito (kid goat), also known as baifo, with garlic from Fuerteventura.

In the coastal areas, you can find a large variety of fish and seafood in the different restaurants; vieja en cazuela (parrotfish casserole), or done on the hotplate with green coriander mojo sauce, cherne encebollado (wreckfish in onions), grilled limpets with mojo sauce, mojo pulpo (octopus in sauce), tollos (dogfish) with mojo, sancocho and dried fish, which are most characteristic of the eastern islands. All of these dishes are generally accompanied by the typical Canarian potatoes, papas arrugadas, with mojo sauce.

In the inland areas, you can enjoy our meat dishes: conejo (rabbit) en salmorejo, goat's meat in sauce, pork de fiesta, ribs with potatoes and maize. Most of these meats are also accompanied by papas arrugadas with red or green mojo. All these dishes can be enjoyed with our excellent wines and cheeses.

The sweetest thing in our Islands are of course the desserts, although each island has its special ones. Thus for example on La Palma you can taste a variety of almond-based puddings, like Bienmesabe, on El Hierro, quesadilla apart from the classical sweets and rosquetas, on Tenerife and Gran Canaria, the great wealth of puddings stands out, although the most original sweets can be found in towns that are furthest away from the large cities such as Tejeda and Moya on Gran Canaria and Vilaflor and Guía de Isora on Tenerife.

On La Gomera, apart from the exquisite palm honey, or miel de palma, there are a great variety of almond sweets, rosquetes, Gomeran cake, and such like. On Fuerteventura, there are a variety of cakes, rosquetes and truchas, and on the island of Lanzarote there are a variety of rosquetes, torrijas and even, at certain times of year, such as Christmas, something very special such as the trucha de garbanzos.

At certain moments of the year such as the carnival or Christmas, characteristic desserts are also made, accompanied in many cases by a range of home-made liqueurs.

🇩🇪 In den verschiedenen Orten der Kanarischen Inseln hat die Gastronomie schon immer eine große Rolle gespielt, deswegen und wegen ihrer Vielseitigkeit durch die Existenz der unterschiedlichen Inselgebiete, verfügen wir heute auf dem Archipel über ein umfangreiches gastronomisches Erbe, das einige Gemeinsamkeiten aufweist, wie der „mojo picón", der „gofio", die „papas arrugadas", der Käse usw.

El mojo (Soße) ist sehr charakteristisch und stets in Begleitung zahlreicher Gerichte, wie bei Kartoffeln, Fleisch oder Fisch. Am meisten verwendet man den „mojo picón rojo" (roter Mojo), der aus Paprika gemacht wird; doch auch der Grüne Mojo aus Koreander und Petersilie ist häufig zu finden.

El gofio ist bei fast allen unseren Gerichten mit dabei. Es handelt sich um ein farbiges geröstetes Mehl, das aus Mais, Weizen und anderen Getreidesorten gewonnen wird.

Las papas - Kartoffeln gibt es in verschiedenen Sorten. Sie werden ohne Schale gekocht, „arrugadas" (mit viel Salz und Schale gekocht), gebraten usw. und werden gewöhnlich mit den verschiedenen „mojos" serviert.

Ebenfalls traditionell auf den Inseln sind die „pucheros" und „potajes" (Eintöpfe) aus Kresse, Kohl, „rancho de garbanzos" (Kicherbsen), „la ropa vieja" (Papageifisch) etc. Wir kommen auch in den Genuss sehr spezieller Gerichte einiger Inseln, wie „el caldo de millo"(Maissuppe) auf der Insel Lanzarote oder Miesmuscheln und Ziegenbraten (auch „baifo") in Knoblauch auf Fuerteventura etc.

In den Küstengebieten finden wir eine Vielzahl an Fisch und Meeresfrüchten in den verschiedenen Restaurants: Papageifische aus der Kasserolle oder gebraten mit grünem Koreander-Mojo, mit viel Zwiebeln in Öl gebratener Cherne, in der Pfanne gebratene Napfschnecken mit Mojo, „el mojo pulpo" (Tintenfisch in Soße), „tollos" mit Mojo, „sancocho" (gesalzener Fisch mit Kartoffeln) und „pescado jareado", der eher typisch für die östlicheren Inseln ist. Alle diese Gerichte haben gewöhnlich „papas arrugadas" mit „mojo" als Beilage.

In den mittleren Höhenlagen können Sie unsere Fleischgerichte genießen: „conejo en salmorejo" (Hase in einer pikanten Soße aus Essig, Öl, Salz, Pfeffer und Wasser), Ziegenfleisch in Soße, „carne en fiesta de cerdo" (Gericht mit Schweinefleisch), Rippchen mit Kartoffeln und Mais. Die meisten dieser Fleischgerichte werden ebenfalls mit „papas arrugadas" und „mojo rojo" oder „verde" begleitet.

Zu allen diesen Gerichten passen unser exzellenter Wein und Käse.

Von der süßen Seite zeigt sich unserer Archipel bei den Nachspeisen, wobei jede Insel ihre eigenen Spezialitäten besitzt. So findet man beispielsweise auf La Palma unterschiedliche „almendrados" (Süßspeise aus Mandeln), el „bienmesabe" (Nachtisch aus Eiweiß und Zucker) usw.; auf El Hierro neben der „quesadilla" (Käsekuchen) die klassischen Süßigkeiten und „rosquetes"; auf Teneriffa und Gran Canaria finden wir ein reiches Angebot an Desserts, wobei die ursprünglicheren vor allem in den von den Großstädten entlegenen Ortschaften zu finden sind, wie Tejeda und Moya (Gran Canaria) und Vilaflor, Guía de Isora usw. (Teneriffa). Auf La Gomera bekommt man neben dem exquisiten Palmenhonig zahlreiche Süßspeisen aus Mandeln, die „rosquetas", „la tarta gomera" (Kuchen) usw. Auf Fuerteventura diversen Kuchen, „rosquetes" und „truchas", und auf der Insel Lanzarote verschiedene „rosquetes", „torrijas" und sogar je nach Saison, wie beispielsweise zu Weihnachten etwas sehr Spezielles, wie die „trucha de garbanzos" (Zutat: Kichererbsen).

Zu bestimmten Jahreszeiten, wie beim Karneval oder Weihnachten, werden gerne auch charakteristische Nachspeisen zubereitet, die oftmals von diversen hausgemachten Likören begleitet werden.

RECOMENDACIONES DEL CHEF
THE CHEF RECOMMENDS / DER KÜCHENCHEF EMPFIEHLT

. Esteban Gómez
Campeón del "1er campeonato de cocina Canaria 2003".
Premio Diario de Avisos al Mejor jefe de cocina 2003.
Finalista del campeonato de Europa de cocina 2003.
Miembro de comunidad europea de cocineros Eurotoques.
Tel. 636 182 619

. Conejo adobado frito en manteca de cochino negro
Fried pickled rabbit in black pork lard
Mariniertes gebratenes Kaninchen in Schweineschmalz vom "cochino negro"

. Chicharrones de cochino
Pork crackling
Schweinegrieben

. Puchero canario con caldo suave de tuétano
Canarian puchero with soft marrow broth
„Puchero Canario" (Kanarischer Eintopf) mit milder Knochenmarkbrühe

. Helado de queso majorero con mojo dulce
Ice cream of Fuerteventura cheese with sweet mojo sauce
Eis aus Käse aus Fuerteventura mit süßer Mojosoße

. Durazno y pomelo sobre meloso de coco y canoas de filo
Peach and grapefruit on sweet coconut and canoes of filo
Pfirsich und Pomelo auf Kokosnuss und Kanuschnittchen

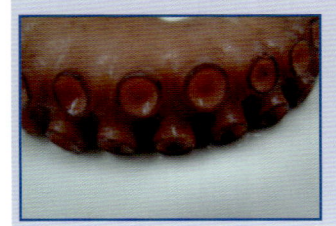

. Pulpo cocido con batatas y aceite de pimienta palmera
Octopus boiled with sweet potatoes and oil with Palmeran pepper
Gekochter Tintenfisch mit Bataten und Paprikaöl aus La Palma

. Tarta gomera con almendras y cremoso de chocolate blanco
Gomeran tart with almonds and creamy white chocolate
Kuchen aus La Gomera mit Mandeln und weisser Schokocreme

VINOS Y QUESOS DESTACADOS DE CANARIAS
OUTSTANDING WINES AND CHEESES IN THE CANARY ISLANDS / BESTER WEIN UND KÄSE DER KANAREN

🇪🇸 Los vinos de Canarias poseen una gran diversidad y en la actualidad gozan de una calidad garantizada y reconocida con numerosos premios en concursos nacionales e internacionales. Ello es consecuencia de los tipos de vid seleccionados, así como de su cultivo en climas muy favorables y en excelentes suelos.

Su fama se remonta al siglo XVI, aunque adquirieron un mayor prestigio internacional en los siglos XVII y XVIII. Los principales mercados internacionales fueron los puertos ingleses, así como las colonias españolas y portuguesas de América y África. Destacaron sobre todo los vinos "malvasías", cuyo prestigio llegó a la mayoría de las cortes europeas, donde fueron conocidos en aquella época con el nombre genérico de "Canary".

🇬🇧 The wines of the Canary Islands are very diverse and they now have a quality which is guaranteed and acknowledged with numerous prizes from Spanish and international competitions. This s a consequence of the types of vine selected as well as their cultivation in highly-favourable climates and on excellent soils.

Their fame goes back to the 16th Century although they acquired their greatest international prestige in the 17th and 18th Centuries. The main international markets were the ports of England as well as the Spanish and Portuguese colonies in America and Africa. The most important were the "Malmsey" wines, which were renowned at most of the courts of Europe, where they were known at that time as "Canary wines".

🇩🇪 Der kanarische Wein besitzt eine große Vielfalt, für seine Qualität wird heute garantiert und er gewinnt regelmäßig Preise bei nationalen und internationalen Wettbewerben. Das ist zum einen die Folge der sorgfältigen Auslese der Weinreben, zum anderen genießt er für den Anbau äußerst günstige klimatische Bedingungen und einen exzellenten Boden.

Sein Ruhm reicht bis auf das 16. Jahrhundert zurück, und im 17. und 18. Jahrhundert wuchs sein internationales Prestige. Zu den wichtigsten internationalen Märkten gehörten die englischen Häfen, aber auch die spanischen und portugiesischen Kolonien in Amerika und Afrika. Besonders beliebt waren die „Malvasía" Weine, vor allem an den europäischen Königshöfen, wo sie zu jener Epoche unter der Bezeichnung „Canary" bekannt waren.

Bodega Vega Grande de Guadalupe, S.L

CONSEJOS REGULARES
REGULATORY COUNCILS / KONTROLLRÄTE

. Denominación de origen "Lanzarote"
Denomination of Origin "Lanzarote"
Herkunftsgarantiezeichen "Lanzarote"
Casa Ajei. 35550 San Bartolomé. Lanzarote
Tel. 928 521 048. Fax. 928 521 049
E mail. consejoregulador@denominacionorigenlanzarote.com
www.denominacionorigenlanzarote.com

. Denominación de Origen "Gran Canaria"
Denomination of Origin "Gran Canaria"
Herkunftsgarantiezeichen "Gran Canaria"
Calle Calvo Sotelo, 26. 35300 Santa Brígida
Tel. / Fax. 928 640 462
E mail. crdogc@yahoo.es

. Denominación de Origen "La Gomera"
Denomination of Origin "La Gomera"
Herkunftsgarantiezeichen "La Gomera"
Avenida Guillermo Ascanio, 16 1º dcha. 38840 Vallehermoso. La Gomera
Tel. 922 800 801. Fax. 922 801 146
E mail. crdolagomera@mixmail.com

. Denominación de Origen "La Palma"
Denomination of Origin "La Palma"
Herkunftsgarantiezeichen "La Palma"
C/ Dr. Acosta Gómez, 5. 38740 Fuencaliente. La Palma
Tel. / Fax. 922 444 404
E mail. cr.vinoslapalma@terra.es
www.malvasiadelapalma.com

. Denominación de Origen "El Hierro"
Denomination of Origin "El Hierro"
Herkunftsgarantiezeichen "El Hierro"
Las Lajas, s/n. 38911 Frontera. El Hierro
Tel. 922 556 064. Fax. 922 559 691
www.elhierro.tv/crdo

ALGUNAS BODEGAS Y VINOS DESTACADOS
A FEW OUTSTANDING WINERIES AND WINES / EINIGE HERVORSTEHENDE KELTEREIEN UND WEINE

. Museo del Vino "EL GRIFO"
Ctra. LZ 30 (Teguise-Uga) Km. 11
Lanzarote.
Tel. 928 524 036. Fax. 928 832 634
www.elgrifo.com

. Bodega La Geria SL.
Ctra. La Geria, Km. 19. Yaiza.
Lanzarote.
Tel. 928 173 178. Fax. 928 173 784

. Bodegas Mondalón - Picachos S.L.
Cuesta Mondalón, 10. 35017 Tafira Alta.
Gran Canaria
Tel. 928 356 066

. **Bodega Vega Grande de Guadalupe, S.L.**
Juan Grande. San Bartolomé de Tirajana.
Gran Canaria.
Tel. 928 336 706 / 928 336 279

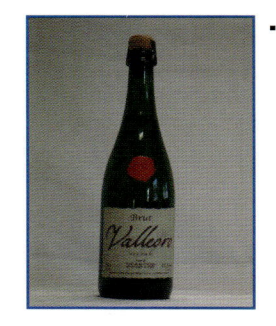

. **Bodega Valleoro**
Ctra. Gral. La Orotava-Los Realejos, Km 4,5.
38315 La Orotava. Tenerife.
Tel. 922 308 031 / 922 308 600. Fax. 922 308 233
www.bodegavalleoro.com

. **Bodegas Insulares Tenerife S.A.**
Vereda del Medio, 48. Tacoronte.
Tenerife.
Tel. 922 570 617 / Fax. 922 570 043

Camino Cueva del Rey, 1. Icod de los Vinos.
Tenerife.
Tel. 922 122 395
www.bodegasinsularestenerife.es

. **"Viña Cencellada".**
Las Dehesas. Güímar.
Tenerife.
Tel. / Fax. 922 511 592

. **Bodegas Bilma, S.A.**
Ctra. Chío - Teide, km. 1. 38689 Chío.
Tenerife.
Tel. 922 850 641 / 637 407 306
www.bodegasbilma.com

. **Viña Melozar**
Camino Hoya Martín. Chogo. Güímar.
Tenerife
Tel. 922 512 544. Fax. 922 514 651

. **S.A.T. Viticultores Comarca de Güímar**
Bodega Comarcal Valle de Güímar
Ctra. Subida Los Loros, km. 4. 38550 Arafo.
Tenerife.
Tel. 922 510 437 / 922 513 055. Fax. 922 510 437
www.bodegacomarcalguimar.com

. **Bodega Insular de La Gomera.**
Avda. Pedro García Cabrera, 7. Vallehermoso.
La Gomera
Tel. 922 140 178

. **S. Coop. Cumbres de Abona**
Camino del Viso, s/n. Teguedite. 38580 Arico.
Tenerife
Tel. 922 768 604. Fax. 922 768 234
www.cumbresabona.com

. **Llanovid Sociedad Coop. Ltda.**
C/ Antonio Francisco Hernández Santos, 8.
Los Canarios. 38740 Fuencaliente
La Palma
Tel. 922 512 544. Fax. 922 514 651

. **Bodegas y Restaurante Tagoror**
Camino Salto del Gato, 61. El Sauzal.
Tenerife.
Tel. 922 573 450 / 606 424 796
www.bodegastagoror.com

. **Coop. Del Campo Frontera.**
El Matorral, 55. 38911 Frontera.
El Hierro
Tel. 922 556 016. Fax. 922 556 042
www.cooperativafrontera.com

LOS QUESOS CANARIOS
THE CANARIAN CHEESES / DER KANARISCHE KÄSE

🇪🇸 Los quesos canarios han gozado de una merecida fama desde el siglo XVI, pues ya figuran en innumerables referencias documentales de la época, en las que se cita la exportación de importantes partidas de quesos para América como otros lugares.

En la actualidad existe gran variedad de sabores, pudiendo degustarse tiernos, curados, semicurados, ahumados, etc. El prestigio de nuestros quesos ha sobrepasado fronteras y actualmente, Canarias cuenta con el primer queso de cabra con denominación de origen de todo el estado español, el "Queso Majorero".

En todas las islas podemos adquirir excelentes quesos elaborados de forma artesanal o industrial, pero siempre con las máximas garantías de calidad, gusto y tradición, característicos de cada una de las islas.

🇬🇧 The cheeses of the Canary Islands have enjoyed well-deserved fame since the 16th Century, as they were already mentioned in many documents of the time, in which the export of significant amounts of cheese to America and elsewhere is recorded.

There are now a large number of different tastes, including fresh and mature cheeses as well as smoked. The prestige of our cheeses has crossed the frontiers of Spain and now the Canary Islands have the only goat's cheese with protected denomination of origin anywhere in Spain, "Queso Majorero".

You can buy excellent cheeses on any of the islands which are made in either the traditional or a more modern way, however always with the maximum guarantee of quality, taste and tradition, which are characteristic of each of the islands.

🇩🇪 Der kanarische Käse genießt bereits seit dem 16. Jahrhundert seinen wohlverdienten Ruhm, denn in unzähligen Überlieferungen aus dieser Zeit wird der Export von beträchtlichen Käsemengen sowohl nach Amerika als auch anderenorts erwähnt.

Heute gibt es die verschiedensten Geschmacksrichtungen, darunter junger, reifer, halbreifer und geräucherter Käse. Das Prestige unseres Käses hat Grenzen überschritten und heute besitzen die Kanaren den ersten Ziegenkäse in ganz Spanien, der die Herkunftsgarantie „Denominación de Origen" trägt, den „Queso Majorero".

Auf allen Kanarischen Inseln kann man exzellenten Käse kaufen, ob von Hand oder industriell hergestellt, aber garantiert immer von maximaler Qualität, Geschmack, Tradition und Charakteristik der jeweiligen Insel.

DENOMINACIONES DE ORIGEN
DENOMINATION OF ORIGIN / HERKUNFTSBEZEICHNUNG

. **Consejo Regulador Denominación de origen "Queso Majorero"**
Denomination of Origin "Queso Majorero"
Herkunftsgarantiezeichen "Queso Majorero"
Calle Lucha Canaria, 112. 35600 Puerto del Rosario. Fuerteventura
Tel. 928 532 593
E mail. quesomajorero@terra.es

. **Consejo Regulador Denominación de origen "Queso Palmero"**
Denomination of Origin "Queso Palmero"
Herkunftsgarantiezeichen "Queso Palmero"
Calle Europa, 6. Breña Alta. La Palma
Tel. / Fax. 922 417 060
www.quesopalmero.es

ALGUNOS QUESOS DESTACADOS
SOME OUTSTANDING CHEESES / BESONDERS GUTE KÄSESORTEN

. **Quesería El Faro**
Ctra. de Teguise a Mozaga km. 4,200.
Lanzarote.
Tel. 928 521 408. Fax. 928 521 320
www.queseriaelfaro.com

. **S.A.T. Ganaderos de Fuerteventura**
Urbanización Risco Prieto. Calle C
35600 Puerto del Rosario. Fuerteventura.
Tel. 928 531 563
www.maxorata.es

. **Asociación de Productores de Quesos Artesanal del Norte (PROQUENOR) (Queso de Flor de Guía)**
Calle Trasera de la Iglesia, 3. 35457 Montaña Alta. Santa María de Guía. Gran Canaria.
Tel. 928 558 332
E mail. proquenor@hotmail.com

. **Granja "Flor de Güímar"**
Crta. Güímar Arafo, s/n. Apdo Correos 46
38500 Güímar. Tenerife.
Tel. / Fax. 922 514 171. Móvil. 609 153 619

Medalla de Oro
Londres 2003 - World Cheese Awards.

. **Quesería de Arico. Sociedad Cooperativa**
Carretera Porís de Abona. Arico Viejo, s/n.
Tenerife.
Tel. 922 164 099. Fax. 922 706 026

. **Quesería Benijos "Teisol"**
C/ La Iglesia, 7. Benijos. La Orotava.
Tenerife.
Tel. 922 334 610. Tel/Fax. 922 333 405

. **Padrón Padilla**
San Sebastián.
La Gomera.
Tel. 922 871 227 / 659 925 960

. **Variedad de quesos de La Palma**
Consulta: 922 417 060
www.quesopalmero.es

. **SCL Ganaderos de El Hierro**
C/ El Majano, s/n. Isora. 38915
El Hierro
Tel. 922 550 327. Fax. 922 551 410

ORGANISMOS E INSTITUCIONES
ORGANISATIONS AND INSTITUTIONS / KÖRPERSCHAFTEN UND INSTITUTIONEN

. Consejería de Agricultura, Ganadería, Pesca y Alimentación
Regional Ministry of Agriculture, Livestock, Fishing and Foodstuffs
Amt für Landwirtschaft, Viehzucht, Fischfang und Ernährung

Avda. José Manuel Guimerá, 8
Edf. Servicios Múltiples II, Planta 4ª
38071 Santa Cruz de Tenerife
Tel. 922 476 500. Fax. 922 476 738

Plz. de los Derechos Humanos, 22
Edf. Servicios Múltiples I, Planta 3ª
35071 Las Palmas de Gran Canaria
Tel. 928 306 000 / 001. Fax. 928 306 775

E mail. consejero.agriculturaypesca@gobiernodecanarias.org
www.gobcan.es/agricultura/

GLOSARIO DE TÉRMINOS Y ABREVIATURAS
GLOSSARY OF TERMS AND ABBREVIATIONS / GLOSSAR UND ABKÜRZUNGEN

- **Barranco**
  Ravine.
  Schlucht.
- **Camino histórico**
  Historical pathway.
  Historischer Weg.
- **Capilla**
  Chapel.
  Kapelle.
- **Casa**
  House.
  Haus.
- **Casco histórico**
  Historical district.
  Historische Altstadt.
- **Caserío**
  Hamlet.
  Weiler.
- **Castillo**
  Castle.
  Burg.
- **Centro de visitantes**
  Visitors' Centre.
  Besucherzentrum.
- **Cementerio**
  Cemetery.
  Friedhof.
- **Conjunto histórico**
  A historical group of buildings.
  Historischer Komplex.
- **Cueva**
  Cave.
  Höhle.
- **Delimitación**
  Delimitation.
  Begrenzung.
- **Ermita**
  Chapel.
  Kapelle.
- **Ex convento**
  Former monastery / convent.
  Ehemaliges Kloster.
- **Fuente**
  Fountain / spring.
  Quelle.

- **Fiestas**
  Fiestas.
  Feste.
- **Grabados Rupestres**
  Rock markings.
  Felsgravuren.
- **Hornos**
  Ovens / Kilns.
  Öfen.
- **Iglesia**
  Church.
  Kirche.
- **Inmueble**
  Building.
  Grundbesitz.
- **Imágenes**
  Images.
  Bilder.
- **Lomo**
  Hill.
  Bergrücken.
- **Mirador**
  Panoramic Viewing Point.
  Aussichtspunkt.
- **Molino**
  Mill.
  Mühle.
- **Montaña**
  Mountain.
  Berg.
- **Museo**
  Museum.
  Museum.
- **Necrópolis**
  Necropolis.
  Nekropole.
- **Palacio**
  Palace.
  Palast.
- **Parroquia**
  Parish.
  Pfarrkirche.
- **Poblado**
  Village.
  Dorf.

- **Pozo**
  Well.
  Brunnen.
- **Puerto**
  Port.
  Hafen.
- **Retablo**
  Altarpiece.
  Retabel.
- **Roque**
  Rock.
  Felsen.
- **Ruinas**
  Ruins.
  Ruinen.
- **Sitio etnográfico**
  Ethnographic site.
  Ethnografischer Ort.
- **Sitio histórico**
  Historical site.
  Historischer Ort.
- **Salinas**
  Saltworks.
  Salinen.

- **Santuario**
  Sanctuary.
  Sanktuarium.
- **Techumbre**
  Roof.
  Dach.
- **Torre**
  Tower.
  Turm.
- **Virgen**
  Virgin.
  Jungfrau.
- **Yacimiento**
  Site.
  Fundstätte.
- **Zona Arqueológica**
  Archaeological area.
  Archäologisches Gebiet.
- **Zona Comunal**
  Communal area.
  Gemeinschaftszone.
- **Zona Paleontológica**
  Paleontological area.
  Paläontologisches Gebiet.

ABREVIATURAS RELACIONADAS CON EL APARTADO DE B.I.C.
ABBREVIATIONS RELATED TO THE ASSETS OF B.I.C. / ABKÜRZUNGEN FÜR DEN ABSCHNITT B.I.C.

- **(AL) Ámbito Local**
  Local Scope
  Umkreis
- **(BM) Bien Mueble**
  Movible Item
  Mobiliar
- **(CA) Conocimiento y Actividades**
  Knowledge and Activities
  Wissen und Aktivitäten
- **(CH) Conjunto Histórico**
  Historical Monuments
  Historische Gebäude
- **(JH) Jardín Histórico**
  Historical Garden
  Historischer Garten
- **(M) Monumento**
  Monument
  Monument
- **(SE) Sitio Etnológico**
  Ethnological Site
  Ethnologische Stätte
- **(SH) Sitio Histórico**
  Historical Site
  Historische Stätte
- **(ZA) Zona Arqueológica**
  Archaeological Area
  Archäologisches Gebiet
- **(ZP) Zona Paleontológica**
  Paleontological Zone
  Paläontologisches Gebiet

BIBLIOGRAFÍA
BIBLIOGRAPHY / BIBLIOGRAPHIE

- ACOSTA PADRÓN, VENANCIO. 2006. *El Hierro y sus Pueblos*. Editor Juan Francisco Delgado Gómez. Tenerife.
- CABRERA PÉREZ, JOSÉ CARLOS. 1992. *Lanzarote y los Majos*. La Biblioteca Canaria. CCPC. Tenerife.
- DELGADO GÓMEZ, J.F. 2004. *Tenerife y sus Pueblos*. Editado por el autor. Tenerife.
- JEREZ DARIAS, LUIS. 2006. *La Gomera y sus Pueblos*. Editor Juan Francisco Delgado Gómez. Tenerife.
- JIMÉNEZ GÓMEZ, Ma DE LA CRUZ. 1993. *El Hierro y los Bimbaches*. La Biblioteca Canaria. CCPC. Tenerife.
- SÁNCHEZ SILVA, R. 2005. *La Palma y sus Pueblos*. Editor Juan Francisco Delgado Gómez. Tenerife.
- TEJERA GASPAR, ANTONIO. 1992. *Tenerife y los Guanches*. Biblioteca Canaria. CCPC. Tenerife.
- VVAA. 1984. *Fauna (marina y terrestre) del Archipiélago Canario*. Director Juan José Bacallado Aránega. Edirca. Gran Canaria.
- VVAA. 1984-1988. *Geografía de Canarias*. Tomos I-VI. Directores: Leoncio Afonso y José Ángel Rodríguez Martín. Editorial Interinsular Canaria. Tenerife.
- VVAA. 1991-1992. *Flora y vegetación del Archipiélago Canario*. Tratado Florístico. Coordinador Gunther Kunkel. Edirca. Madrid.
- VVAA. 1992. *Geografía de Canarias 1985-1991*. Tomo VII. Directores: José Ángel Rodríguez Martín y Jesús Hernández Hernández. Editorial Interinsular Canaria. Madrid.
- VVAA. 1995-1999. *Gran Enciclopedia Canaria*. Tomos I-VII. Director Antonio Manuel Macías Hernández. Ediciones Canarias, S.A. . Tenerife.
- VVAA. 1999. *Natura y Cultura de las Islas Canarias*. Director y coordinador Pedro Hernández Hernández. 1a edición 1977, 7a edición 1999. Tafor Publicaciones, S.L.. Tenerife.
- VV.AA. 2001. *"Guía del Patrimonio Arqueologico de Gran Canaria"*. Cabildo de Gran Canaria. Área de Cultura y Servicio de Patrimonio Histórico. Las Palmas de Gran Canaria.
- VVAA. 2005. *Patrimonio Natural de la isla de Fuerteventura*. Coordinador y editor Octavio Rodríguez Delgado. Editado por el Cabildo de Fuerteventura, Gobierno de Canarias y Centro de la Cultura Popular Canaria. Tenerife.
- VV.AA. 2005. *"Guía del Patrimonio Arquitectonico de Gran Canaria"*. Cabildo de Gran Canaria. Área de Cultura y Servicio de Patrimonio Histórico. Las Palmas de Gran Canaria.
- www.gobiernodecanarias.org/istac
- www.gobiernodecanarias.org/medioambiente

NOTA / NOTE / ANMERKUNG

🇪🇸 Para visitar las cavidades naturales de Canarias hay que tener conocimientos de Espeleología. Las fotos expuestas en este libro han sido tomadas por especialistas. Si sientes curiosidad por el mundo subterráneo, contacta con la Federación Canaria de Espeleología o con el club más cercano a tu población.

🇬🇧 In order to visit the caves of the Canary Islands, it is necessary to have experience in caving. The photos in this book have been taken by specialists. If you feel curiosity about the underground world, contact the Federación Canaria de Espeleología of the nearest club to wherever you live.

🇩🇪 Um die Naturhöhlen der Kanaren zu besichtigen, sind Vorkenntnisse in der Höhlenkunde erforderlich. Die Fotos in diesem Buch sind von Spezialisten aufgenommen worden. Wenn Sie sich für die unterirdische Welt interessieren, wenden Sie sich bitte an die Federación Canaria de Espeleología oder an den nächsten von Ihnen befindlichen Club.